Thomas

Management of Diversity

Die Deutsche Bibliothek – CIP-Einheitsaufnahme
Ein Titeldatensatz für diese Publikation ist bei
Der Deutschen Bibliothek erhältlich

Aus dem Englischen von Martina Simonis.
Die Originalausgabe erschien unter dem Titel „Building a House for Diversity".
Copyright © 1999 by R. Thomas & Associates, Inc.
Published by AMACOM, a division of American Management Association,
International, New York

1. Auflage Mai 2001

Alle Rechte vorbehalten
© Betriebswirtschaftlicher Verlag Dr. Th. Gabler GmbH, Wiesbaden 2001

Lektorat: Jens Kreibaum

Der Gabler Verlag ist ein Unternehmen der Fachverlagsgruppe BertelsmannSpringer.

www.gabler.de

Gedruckt auf säurefreiem und chlorfrei gebleichtem Papier.

Umschlaggestaltung: Nina Faber de.sign, Wiesbaden
Satz: Fotosatz-Service Köhler GmbH, Würzburg
Druck und buchbinderische Verarbeitung: Wilhelm & Adam, Heusenstamm

Printed in Germany

ISBN 3-409-11742-3

R. Roosevelt Thomas

Management of Diversity

Neue Personalstrategien für Unternehmen

Wie passen Giraffe und Elefant in ein Haus?

In Zusammenarbeit mit Marjorie I. Woodruff

GABLER

Für Ruby, meine Frau

Inhalt

Geleitwort

Über Albert Einstein wird folgende Anekdote erzählt: Auf die Frage eines Journalisten, warum denn die Fortschritte in den Humanwissenschaften so gering ausfallen im Vergleich zu den enormen Errungenschaften, die man in den Naturwissenschaften erzielt hat, antwortete er: „Die Humanwissenschaften sind schwieriger."

Immer wieder während meiner beruflichen Laufbahn musste ich an diese kleine Geschichte denken, und an die Weisheit, die sie vermitteln will: Dass effektive zwischenmenschliche Kompetenz absolut unerlässlich ist für jeden, der Menschen motivieren will, und dass die Erlangung dieser Kompetenz niemals einfach ist.

Besonderes Augenmerk sollte dabei der Identifikation und dem Management der vielen Facetten von Diversity gelten, Herausforderungen, denen sich Dr. Roosevelt Thomas Jr. insbesondere verschrieben hat.

Meine erste Begegnung mit Dr. Thomas fand bei einem seiner Vorträge während eines Manager-Seminars in der Sunstrand Corporation statt, einem Unternehmen, in dem ich als einer der führenden Offiziere tätig war. Als ich 1994 zu McDonnell Douglas wechselte, bat ich Dr. Thomas zu unserer dortigen Führungsriege zu sprechen. Beide Male fesselte und inspirierte er seine Zuhörer.

Als McDonnell Douglas und Boeing fusionierten, bot sich mir eine weitere Gelegenheit, Dr. Thomas zusammen mit seinem Berater- und Trainingstrupp zu engagieren. Dieses Mal war meine Mission weiter gefasst. In dem gesamten Unternehmen sollte ein Programm zur Steigerung unserer Diversity-Management-Fähigkeiten eingeführt werden, die uns die erhofften Wettbewerbsvorteile bringen sollten. Wir baten Dr. Thomas und seine Firma, uns auf unserem Weg zu begleiten. Wir sind noch nicht am Ziel, aber wir wissen, was wir nicht wissen, und wir haben schon beträchtliche Fortschritte gemacht.

Mit „*Management of Diversity*" liegt nun ein Buch vor, das uns Hilfe und Begleitung auf unserem persönlichen Diversity-Weg verspricht. Im Mittelpunkt steht dabei die Rolle, die wir im Leben spielen, und die persönliche Verantwortung, die wir im Umgang mit Diversity haben. Die Fabel von der Giraffe und dem Elefanten ist wirklich eine Fabel über unser tägliches Leben. Diese Fabel und die sich anschließenden Tatsachenberichte spiegeln all die Erfahrungen wider, mit denen wir im Laufe unseres Lebens im beruflichen Alltag konfrontiert werden. Sie werden sich selbst in diesem Buch wiederfinden, sei es nun als „Giraffe" oder als „Elefant".

„*Management of Diversity*" kann Ihnen und Ihrem Team die Augen öffnen für die Komplexität und Ambiguität von Diversity-Fragen und Sie daran erinnern, dass Diversity weit mehr ist als nur der Unterschied von Rasse oder Geschlecht. Des Weiteren bietet es praktische Anweisungen für den Umgang mit Diversity und zeigt uns, wie Diversity-Management im Hinblick auf die Umsetzung der wirtschaftlichen Ziele aussehen kann. Dem Leser werden Mittel an die Hand gegeben, selbst zu prüfen, wie erfolgreich er Diversity-Zusammensetzungen und Spannungen in der Vergangenheit anging und wie gut er auf den Umgang mit Diversity für die Zukunft vorbereitet ist.

Einfallsreich verwendet dieses Buch eine Giraffen- und Elefanten-Fabel als Einführung in die grundlegenden Themen. Praktische Anwendbarkeit wird durch die der Selbstbewertung dienenden Einstufungs- und Kontrolltests über den Persönlichen Diversity-Reife-Index und nicht zuletzt durch die Fallstudien, die die Auswirkung ihres jeweiligen Ansatzes auf Diversity-Zusammensetzungen aufzeigen, gewährleistet.

Vor allem diesen letzten Punkt halte ich für überaus wichtig. Unsere Ansätze und unsere Reaktionen auf Diversity beeinflussen entscheidend die von uns gewählten Ansätze und Reaktionen auf Wandel und Neuerung. In diesem Sinne beeinflussen sie letztlich auch die ganze Art und Weise, wie wir das Leben angehen.

HARRY C. STONECIPHER
President und COO, The Boeing Company

Vorwort

Dieses Buch beginnt mit einer Fabel – einer Geschichte von einer Giraffe und einem Elefanten und ihrer Begegnung mit Diversity. Wie so viele andere Fabeln, die im Laufe der Jahrhunderte erzählt wurden, verdeutlicht auch diese Fabel die Essenz einer Geschichte auf eine lebhaftere und ansprechendere Weise, als es eine ähnliche Erzählung über zwei Menschen könnte. Dennoch sind die Lehren auf Menschen – oder, spezifischer ausgedrückt, Menschen innerhalb von Organisationen – übertragbar.

Diese Übertragbarkeit wird in den auf die Fabel folgenden Kapiteln deutlich. Wir stellen Ihnen elf verschiedene Personen vor, die sich den Herausforderungen von Diversity im Beruf stellten und sie mit wechselndem Erfolg meisterten. Es handelt sich um lebende Personen (allerdings wurden für dieses Buch die Namen geändert und die Unternehmen unkenntlich gezeichnet). Mit Ausnahme von Phil Jackson, dem legendären Coach der Chicago Bulls, waren sie alle einzeln interviewt und gebeten worden, ihre Geschichte in eigenen Worten zu erzählen.

Von jeder Person und jedem Bericht kann etwas Wertvolles gelernt werden. Einige der Interviewten erwiesen sich intuitiv in bestimmten Kompetenzen als besonders begabt in anderen dagegen gar nicht; die meisten verstanden einen Aspekt besser als den anderen; aber alle kämpften und kämpfen um einen effektiveren Umgang mit den Ähnlichkeiten und Unterschieden, wie sie unter den Mitarbeitern an einem sich immer stärker unterscheidenden Arbeitsplatz auftreten. Ich hoffe, dass es mir gelingt, durch die die Realität widerspiegelnde Gesamtheit aller dieser Erfahrungsberichte den organischen Lernprozess aufzuzeigen, der letztendlich zu Diversity-Effektivität führt.

Dieses Buch geht von der Prämisse aus, dass jedes Individuum – ungeachtet der Organisationsebene, auf der es sich befindet – dafür verantwortlich ist, ein Organisations-Umfeld zu schaffen, das allen zu Gute kommt. Wir sind auch der festen Überzeugung, dass Menschen, die Arbeitsplatz-Diversity mit Zutrauen angehen und einen kompetenten Umgang damit pflegen, ihre Organisationen dabei unterstützen können, effektiven Ansatz, Umgang und Verbesserung der Diversity in einer Art und Weise zu erlangen, die letztendlich dem eigenen Wettbewerbsvorteil dient. Und nicht zuletzt tragen sie damit auch zu ihrem eigenen beruflichen Erfolg bei.

Warum ist das so? Es hat sich erwiesen, dass eine Karriere weit eher durch Unfähigkeit zur produktiven Zusammenarbeit mit anderen als durch Mangel an technischem Wissen ins Stocken geraten kann. Hinzu kommt, dass die „anderen" in zunehmendem Maße von uns verschieden sind. Diese Realität der diversen Belegschaft bedeutet, dass Organisationen ein Umfeld schaffen müssen, in dem allen qualifizierten Mitarbeitern die Möglichkeit gegeben wird, effektive Leistung auf höchstem Niveau zu erbringen.

Der Ansatz dieses Buches ist sehr verschieden von den meisten anderen. Die üblichen Diversity-Anstrengungen konzentrieren sich vor allem darauf, die Kompetenzen des Managements im Umgang mit Diversity zu fördern, aber sie legen relativ wenig Wert auf die Kompetenzen und Geisteshaltungen, die für jeden Einzelnen, unabhängig von seiner jeweiligen hierarchischen Ebene, erforderlich sind. Zudem vermitteln sie den Eindruck, als würden alle Diversity gleich erleben, egal auf welcher hierarchischen Ebene sie sich befinden. Unsere Fallstudien beweisen aber in der Tat, dass dem nicht so ist. Diese Tatsache zu ignorieren, hieße zahlreiche, anfangs vielleicht sogar erfolgreiche Diversity-Vorstöße zu gefährden.

Viele Manager und Mitarbeiter verstehen sehr wohl den Ruf nach einem sensibilisierten Bewusstsein und sie streben durchaus eine harmonischere Zusammenarbeit mit denen an, die sowohl Ähnlichkeiten als auch Unterschiede mit ihnen aufweisen. Aber ihnen fehlen zuverlässige intellektuelle Handlungsvorgaben, nach denen sie ihre Aktionen ausrichten könnten, und sie haben kein Verständnis für die dynamischen Prozesse, die mit Diversity einhergehen. Und schließlich benötigen sie noch ganz spezifische zentrale Kompetenzen, die es ihnen erlauben, zeitgemäße und effektive Aktionen zum Thema Diversity durchzuführen.

Management of Diversity – Neue Personalstrategien für Unternehmen geht allen diese Fragen nach. Es bietet eine Hilfestellung für jeden Einzelnen auf den verschiedensten organisationellen Ebenen in seinem Bestreben, effektiv auf Diversity reagieren zu lernen, das heißt, das zu werden, was ich einen *effektiven Diversity-Respondenten* nenne. Ein Mensch also, der mit Zutrauen, Weisheit und Effektivität agiert, wenn er sich in Interaktionen mit anderen befindet, die in vielfältiger Hinsicht sehr viel anders als er selbst sein können. Das Zutrauen und die Weisheit kommen von dem, was ich *Diversity-Reife* nenne: einer Kombination von Wissen – über Diversity und seine Konzepte und Dynamiken – und einem positiven Umgang mit diesen dynamischen Prozessen. Dieses Meistern der fundamentalen Diversity-Management-Kompetenzen ist die Grundvoraussetzung für Erfolg. Das Buch kann sich als unschätzbar für die Manager erweisen, die den Fortschritt ihrer Organisation in Diversity-Management dadurch beschleunigen wollen, dass sie eigene Diversity-Kompetenzen entwickeln.

Deshalb ermutigen wir auch zu eingehender Lektüre und aktiver Beteiligung. Das Buch enthält einen Einstufungs- und einen Kontrolltest zum Persönlichen Diversity-Reife-Index, kurz PDRI genannt. Diese Tests erlauben dem Leser, seinen Wissensstand und den Grad an Positivität, die er den Diversity-Prinzipien und Dynamiken entgegenbringt, zu bewerten – und zwar sowohl vor als auch im Anschluss an die Lektüre dieses Buches. Machen Sie diese Tests! Es wird es Ihnen leichter machen, die Fallstudien auch im Hinblick auf etwaige Übereinstimmungen mit Ihrer eigenen Situation und den Ihnen typischen Reaktionen zu lesen. Außerdem können Sie sich so einen objektiven Überblick verschaffen über die Fortschritte, die Sie durch die Lektüre dieses Buches in Diversity-Reife gewonnen haben.

Schließlich befasst sich das Buch mit der Verbindung zwischen organisationeller Diversity-Reife und persönlicher Diversity-Reife und bietet Richtlinien für Manager, die ein effektives Umfeld für Diversity schaffen wollen.

Management of Diversity ergänzt die in meinen früheren Büchern *Beyond Race and Gender: Unleashing the Power of Your Total Workforce by Managing Diversity* (AMACOM, 1991) und *Redefining Diversity* (AMACOM, 1996) dargelegten Richtlinien für Manager und Organisationen. Es will Handlungsvorgaben entwickeln, die den Einzelnen befähigen, seine persönlichen Diversity-Kompetenzen zu entwickeln und zu verbessern – sowohl was die Anwendung im Berufs- als auch im Privatleben betrifft. Man muss nicht notwendigerweise die früheren Bücher gelesen haben, um das vorliegende Buch verstehen oder ohne Einschränkungen für sich nutzen zu können. Aber Leser, die ihr Verständnis der organisationellen Dynamiken rund um Diversity erweitern wollen, werden es vielleicht als wünschenswert empfinden.

Am besten beginnen Sie Ihre Reise jetzt gleich, indem Sie den folgenden Einstufungstest zu Ihrem Persönlichen Diversity-Reife-Index ausfüllen. So werden Sie Ihr Ziel, ein effektiver Diversity-Respondent zu werden, am ehesten erreichen.

Einstufungstest

Instruktionen für den Leser

Bevor Sie mit der Lektüre dieses Buches beginnen, sollten Sie sich einen Moment Zeit nehmen, um Ihren Persönlichen Diversity-Reife-Index (PDRI) und damit Ihren derzeitigen „Diversity-Reife-Grad" zu ermitteln.

Der folgende PDRI-Test basiert auf verschiedenen Szenarien. Gehen Sie alle zehn Szenarien nacheinander durch. Lesen Sie zuerst das gesamte Szenario sowie alle auf die verschiedenen Situationen zugeschnittenen Reaktionen durch. Wählen Sie dann den Buchstaben der Reaktion, die am ehesten der Handlung, mit der Sie auf das Szenario reagieren würden, entspricht. Tragen Sie den Buchstaben in den in Anhang B vorbereiteten Bewertungsbogen ein. Wenn Sie den Einstufungstest fertig ausgefüllt haben, nehmen Sie sich den Antwortschlüssel des Einstufungstests aus Anhang C vor und suchen Sie die für Ihre jeweiligen Reaktionen bzw. Buchstaben vermerkten Punktzahlen heraus. Notieren Sie Ihre Einzel- und Gesamtpunktzahl auf dem dafür vorgesehenen Bogen. Für die Interpretation Ihrer Gesamtpunktzahl lesen Sie Anhang E.

Am Ende des Buches finden Sie unter Anhang F einen weiteren PDRI-Kontroll-Test. Auf diese Weise können Sie Ihre Reaktionen vor und nach Lektüre des Buches miteinander vergleichen. Ein Ausfüllen beider PDRI-Tests ermöglicht Ihnen außerdem, die Entwicklung Ihrer Diversity-Reife mit Hilfe dieser Lektüre zu verfolgen.

1. *Sie leiten ein Fast-Food-Restaurant. Ihre Belegschaft besteht fast ausschließlich aus jungen Leuten. Vor kurzem stellten Sie nun zwei ältere Arbeitnehmer ein, die für die Bestellaufnahme zuständig sind. Bald darauf kommen Ihnen Gerüchte zu Ohren, dass die jüngeren Arbeitnehmer sich beklagten, bei den älteren würden Bestellungsaufnahme und Zubereitung viel länger dauern, da sie ständig mit den Gästen schwätzen und außerdem mit dem Computer-gestützten Bestellaufnahmesystem nicht zurechtkommen würden. Was tun Sie?*

a. Sie berufen eine Versammlung ein, um jedem die Möglichkeit zu geben, über Arbeitserfahrungen und verschiedene andere Belange zu sprechen.

b. Sie ignorieren das Problem. Da die jüngeren Mitarbeiter niemals lange bleiben, können Sie davon ausgehen, dass auch diese bald gehen werden. Die älteren Angestellten werden dann noch am Platz sein, wenn Sie wieder neue jüngere Beschäftigte in den Laden holen und diese Jungen werden mit der Arbeitsweise der Älteren keine Probleme mehr haben.

c. Sie prüfen die Situation. Machen die älteren Mitarbeiter gute Arbeit? Schafft ihr unterschiedlicher Arbeitsstil Zufriedenheit unter den Gästen oder verärgert er die Gäste eher?

d. Sie stellen gemischte Teams aus älteren und jüngeren Angestellten auf, so dass diese voneinander lernen können. Wenn das nichts hilft, setzen Sie die älteren Arbeitnehmer für Arbeiten ein, die nicht ein so effizientes Zeitmanagement erfordern.

2. *Sie engagieren sich in einer vor allem durch weiße Kirchgänger geprägten Kirchengemeinde. Ihre Gemeinde hat vor kurzem die Patenschaft für eine Schule im Stadtzentrum übernommen, die zu 95 Prozent von Schwarzen besucht wird. Sie sind dafür verantwortlich, eine Gruppe von 20 Gemeindemitgliedern zusammenzustellen, die als Mentoren für die Schüler fungieren sollen. Nun haben sich nur weiße Freiwillige für diese Aufgabe gemeldet. Wie gehen Sie mit der Situation um?*

a. Sie greifen nicht ein. Was allein zählt, sind das Engagement und die Persönlichkeit der einzelnen Teilnehmer, die als Mentor auftreten sollen, nicht ihre Hautfarbe.

b. Sie diskutieren die Angelegenheit mit anderen schwarzen Gemeindemitgliedern, um deren Ansichten zu hören.

c. Sie versuchen, auch einige Schwarze zu motivieren, sich als Mentoren zur Verfügung zu stellen.

d. Sie überlassen die Angelegenheit lieber anderen Kirchengemeinden und kommunalen Organisationen.

3. *Welches sehen Sie als den wichtigsten Grund an, um effektiv auf Diversity reagieren zu können?*

a. Die Moral und das Bestreben, das Rechte zu tun.

b. Mein Unternehmen wird dadurch wettbewerbstauglicher.

c. Das Gesetz verlangt es.

d. Es verhilft mir schneller zur Beförderung.

4. *Sie sind Marktleiter in einer Niederlassung einer Kette für Computer-Hardware. Sie erfahren, dass ein Konkurrent in Kürze einen neuen Markt in der Nähe eröffnen wird. Die beiden Geschäfte befinden sich in einer bürgerlichen, vorwiegend von Schwarzen bewohnten Gegend. Sie haben drei Tage Zeit, um einen Vorschlag auszuarbeiten, welche Sonderveranstaltung geeignet wäre, das Wohlwollen und die Aufmerksamkeit der Leute auf Ihren Laden zu lenken. Welcher der folgenden Vorschläge beschreibt am ehesten, was sie tun würden?*

a. Sie berufen die gesamte Belegschaft ein, stellen das Problem vor und verteilen die Zuständigkeiten. Die Belegschaft wird in kleine Gruppen aufgeteilt, die Ihnen täglich Berichte schicken sollen. Am dritten Tag stellen Sie die Vorschläge zu einem dicken Paket zusammen.

b. Da Ihnen nur so wenig Zeit bleibt, entschließen Sie sich, die Angelegenheit zur Chefsache zu machen und selbst verantwortlich zu zeichnen. Sie besprechen sich zwar mit dem Personal, arbeiten die Details aber selbst aus.

c. Sie arbeiteten vor kurzem mit zwei Leuten zusammen, die ein richtiges Tam-Tam veranstalteten. Sie brachten eine unglaubliche Menge Kreativität mit, die zwar auch Spannungen und Zwistigkeiten hervorrief, aber deren Erfolg sich wahrlich sehen lassen konnte. Sie rufen diese beiden Leute an und übertragen ihnen die Aufgabe.

d. Sie wählen vier Angestellte, die in der Nähe Ihres Marktes wohnen und Kontakte zu kommunalen Institutionen wie Kirchen und Schulen haben. Diese vier sollen Ihnen helfen, einen Event zu planen, der den speziellen Interessen und Prioritäten der Gemeinde entspricht.

5. *Sie sind Büroleiter eines Großraumbüros mit Schreibkräften und Datenerfassern in einer großen Wirtschaftsprüfungsgesellschaft. Einer Ihrer Untergebenen hat sehr strenge religiöse Überzeugungen. Auf seinem Schreibtisch liegt eine Bibel, und Bilder aus der Bibel schmücken seine Sichtschutzwände. Während der Pausen spricht er oft mit anderen Mitarbeitern über seine Kirche und ermuntert sie, doch zum Gottesdienst zu kommen. Mehrere Mitarbeiter aus Ihrer Umgebung haben sich schon beklagt, dass es ihnen schwerer falle, sich auf ihre Arbeit zu konzentrieren. Was würden Sie in dieser Situation tun?*

   a. Sie unterbreiten diesen Mitarbeitern Vorschläge, wie sie in Dialog mit diesem Mann treten könnten, um ihm ihre Gefühle klar zu machen.

   b. Sie tun nichts und hoffen, dass sich die Sache schon regeln wird. Schließlich wollen Sie nicht gegen seine Religionsfreiheit verstoßen.

   c. Sie sprechen mit dem Angestellten. Sie erklären ihm, dass er zwar frei ist, die Religion seiner Wahl auszuüben, aber dass seine Bekehrungsversuche sich mit der Fähigkeit seiner Kollegen, ihren Job zu tun, reiben würden. Sie sagen ihm, dass er natürlich die Bibel und Bilder lassen kann, wo sie sind, aber dass Sie von ihm erwarten, dass er die Diskussionen über Religion während der Arbeitszeit in Zukunft doch bitte unterlassen soll.

   d. Sie verschicken ein Memo an alle Mitarbeiter, in dem steht, dass politische und religiöse Unterschiede zwar in Ihrer Firma willkommen sind, aber dass sie am Arbeitsplatz selbst nichts zu suchen hätten, sondern sich doch bitte auf Aktivitäten außerhalb beschränken sollten.

6. *Sie gehören zu einer Gruppe, bestehend aus zehn technischen Mitarbeitern. Sie treffen sich wöchentlich, um den Fortschritt und die wirtschaftliche Entwicklung Ihres Unternehmens zu beraten. Eines der Gruppenmitglieder ist eine Amerikanerin asiatischer Abstammung. Ihre hervorragenden technischen Kompetenzen werden von der Gruppe sehr geschätzt. Aber die Gruppe pflegt einen ausgesprochen aktiven mündlichen Umgangsstil, während sie dazu neigt, während der Meetings still dazusitzen. Wie würden Sie mit dieser Situation umgehen?*

a. Sie gehen davon aus, dass hier wahrscheinlich kulturelle Faktoren am Werk sind. Aber Sie wissen auch, dass sie hervorragende Arbeit macht. Deshalb schweigen Sie und machen weder die anderen Gruppenmitglieder noch sonst jemanden darauf aufmerksam.

b. Sie sprechen mit Ihrer Chefin über Ihre Beobachtung und bitten sie, Ihre Kollegin doch zu ermutigen, sich aktiver in die Meetings einzubringen.

c. Sie suchen die Kollegin auf und besprechen mit ihr Ihre Beobachtung. Sie fragen sie, ob Sie ihr irgendwie helfen könnten, mehr in diese Meetings mit einbezogen zu werden.

d. Während der Meetings bitten Sie Ihre Kollegin aktiv um ihre Stellungnahme.

7. *Sie arbeiten in der Forschungs- und Entwicklungsabteilung in einem Industriebetrieb. Ständig sitzen Ihnen die Leute aus der Verkaufsabteilung im Nacken und wollen wissen, wann sie endlich das „neue, verbesserte" Produkt auf den Markt bringen können. Außerdem werfen sie den Mitarbeitern der Forschungs- und Entwicklungsabteilung vor, diese würden nur den Wissenschaftler heraushängen, aber das wirklich Wichtige, nämlich den Hauptgeschäftsbereich der Firma, hätten sie aus den Augen verloren. Was tun Sie?*

a. Sie sagen nichts. Die Verkaufsleute werden niemals die Leute aus den Forschungs- und Entwicklungsabteilungen verstehen! Es hätte also gar keinen Zweck, ihnen erklären zu wollen, woran Sie gerade arbeiteten – sie würden es doch nicht verstehen.

b. Sie geben zu, dass die Verkaufsleute einige berechtigte Sorgen und Belange haben. Aber Sie lassen sie auch wissen, dass sie schlicht und einfach nicht in der Lage sind, wissenschaftliche Entwicklungsprozesse zu verstehen.

c. Sie richten eine funktionsübergreifende Gruppe ein mit Repräsentanten sowohl aus der Verkaufs- als auch aus der Forschungs- und Entwicklungsabteilung. Sie beraumen Lunch-Treffen ein, die den Zweck haben sollen, Lösungen für die genannten Probleme zu finden und Aktionspläne zu entwickeln, die kompatibel mit den Zielen des Unternehmens sind.

d. Sie sehen sich den Hauptgeschäftsbereich Ihres Unternehmens an. Haben die Verkäufer unangemessene Anforderungen, die sich negativ auf die Innovationsfähigkeit des Unternehmens im Bereich der High-Tech-Produkte und nachteilig auf seine Wettbewerbsfähigkeit auswirken könnten? Oder ist die Entwicklungs- und Forschungsabteilung zu sehr an der Faszination von wissenschaftlichen Entdeckungen und nicht so sehr an der Profitabilität des Unternehmens interessiert? Sie treffen Ihre Entscheidung entsprechend den Antworten auf diese Fragen.

8. *Ihre Firma, die bisher fast ausschließlich in den USA tätig war, expandierte vor kurzem nach Übersee. Als Leiterin vor Ort des für ein südamerikanisches Land zuständigen Teams haben Sie eine Frau bestimmt. Nun kommt Ihnen zu Ohren, dass Ihr dortiger Hauptkunde große Probleme damit hat, eine Frau als Hauptansprechpartner bei dieser Unternehmung zu akzeptieren. Wie reagieren Sie?*

a. Sie befassen sich eingehender mit dieser Angelegenheit und prüfen, ob es tatsächlich ihr Geschlecht oder nicht eher andere Faktoren (wie ihre Persönlichkeit oder ihre Fähigkeiten) sind, die diesen Kunden so stören.

b. Sie belassen die Frau in ihrer Position, aber stellen ihr einen Mann als Assistenten mit besonderem Aufgabenbereich zur Seite, der die Zusammenarbeit mit dem Kunden übernimmt.

c. Sie ersetzen sie durch einen Mann, da es sehr wichtig ist, dass Ihre Firma die Bereitschaft zeigt, auf besondere Kundenwünsche einzugehen.

d. Sie kontaktieren den Kunden und fragen, welche Ergebniserwartungen seine Firma denn an einen Teamleiter stellt. Sie entscheiden, ob die derzeitige Teamleiterin diesen Erwartungen gerecht werden kann. Wenn sie es kann, teilen Sie das dem Kunden mit und erklären ihm, dass Sie diese Frau in ihrer Position belassen wollen. Wenn sie diese Erwartungen nicht erfüllen kann, weisen Sie den Job jemandem zu, der diesen Vorstellungen entspricht.

9. *Welche der folgenden Gruppen wird wohl am meisten Diversity demonstrieren?*

a. Eine Konferenz, deren Teilnehmer aus Wissenschaftlern beiderlei Geschlechts und unterschiedlicher Rasse bestehen.

b. Ein Treffen lokaler Vertreter, in dem es darum geht zu entscheiden, wie ein plötzlicher Steuersegen am besten zu verteilen sei.

c. Ein Weißer, ein Schwarzer und ein Südamerikaner bei einem lokalen Sport-Event.

d. Das kann ich erst sagen, nachdem ich die jeweiligen Personen beobachtet und mit ihnen gesprochen habe.

10. *Sie sind Regionalleiter einer Handelskette. Sie wollen gerade in eine Ihrer Filialen gehen, da hören Sie zufällig, wie sich zwei ältere Damen über einen Ihrer Kassierer unterhalten. Sie stellen sich vor und erklären ihnen, dass Sie in Ihrer Funktion gerne wüssten, welche Einkaufserfahrungen sie denn so haben. Eine der Frauen erzählt, dass sie sich bei dem Kassierer, der ihre Bestellung eintippte, äußerst unwohl gefühlt habe. Als der Kassierer ihre Waren einpackte, sei sein Hemdsärmel hochgerutscht und sie habe gesehen, dass er ein Tattoo auf dem Unterarm hatte. Sie sagt wörtlich: „Ich kaufe hier schon seit Jahren ein und habe bisher gedacht, dass Sie nur saubere und ordentliche junge Leute einstellten." Was würden Sie dieser Kundin anworten?*

a. Sie erklären, dass Ihr Geschäft stolz darauf ist, qualifizierte Angestellte zu haben, die das Wort Kundendienst groß schreiben, aber dass Sie auch stolz darauf sind, die Angestellten ihre Individualität ausdrücken zu lassen, solange diese nicht dem Kundenservice abträglich ist.

b. Sie sagen der Kundin, dass Sie mit dem Kassierer reden wollen und ihn bitten, sein Tattoo besser zu verbergen, damit die Kundschaft sich nicht daran stören muss.

c. Sie sympathisieren mit der Kundin und fallen in ihre Klage über die „Jungen heutzutage" ein, erklären ihr aber, dass der Firma hier die Hände gebunden sind und dass Sie, wenn Sie nicht vor Gericht kommen wollen, nichts tun könnten, da jeder nunmal das Recht hat, seine Individualität auszudrücken.

d. Sie entschuldigen sich bei der Frau und bieten ihr einen Fünf-Dollar-Gutschein an, den sie bei ihrem nächsten Einkauf einlösen kann.

Teil 1

Eine moderne Fabel

Kapitel 1

Die Giraffe und der Elefant

In einer kleinen Vorstadtgemeinde am Rande der großen Stadt Artiodact hatte eine Giraffe ein neues Haus ganz nach ihren Vorstellungen und Bedürfnissen gebaut. Für Giraffen war es ein wunderbares Haus, mit turmhohen Decken und einem hohen Eingangstor. Die weit oben angebrachten Fenster sorgten für maximales Licht von außen und einen guten Rundblick, gleichzeitig schützten sie die Privatsphäre der Giraffen vor den neugierigen Blicken der Nachbarschaft. Die engen Flure sparten Platz, ohne dass die Bequemlichkeit dadurch eingeschränkt wurde. Das Haus war so perfekt geplant und gebaut, dass es mit dem jährlich vergebenen Preis „Giraffenhaus des Jahres" ausgezeichnet wurde. Natürlich waren die Besitzer hierauf mächtig stolz.

Eines Tages war die Giraffe in ihrer mit allen Schikanen ausgestatteten Schreinerwerkstatt im Souterrain am Arbeiten. Bei einem zufälligen Blick aus dem Fenster sah sie einen Elefanten die Straße herunterkommen. „Den kenne ich doch," dachte sie. „Wie saßen doch zusammen in der Elternbeiratssitzung. Außerdem ist er auch ein hervorragender Schreiner. Ich werde ihn hereinbitten und ihm meine neue Werkstatt zeigen. Vielleicht könnten wir sogar bei manchen Projekten zusammenarbeiten." Also streckte die Giraffe ihren Hals aus dem Fenster und lud den Elefanten ein.

Der Elefant war hoch erfreut. Er hatte gern mit der Giraffe im Elternbeirat zusammengearbeitet und freute sich darauf, sie besser kennen zu lernen. Außerdem hatte er schon von der Schreinerwerkstatt gehört und wollte sie sich gerne anschauen. Erwartungsvoll ging er zur Eingangstüre und wartete, bis man ihm aufmachte.

„Kommen Sie rein, kommen Sie rein," sagte die Giraffe. Aber sofort wurden sie vor ein gravierendes Problem gestellt. Der Elefant konnte zwar seinen Kopf durch die Tür stecken, weiter kam er aber nicht.

„Zum Glück hatten wir für die Tür gleich Erweiterungsmöglichkeiten vorgesehen, um meine Werkstattausrüstung hereinschaffen zu können," sagte die Giraffe. „Geben Sie mir eine Minute Zeit, dann haben wir Ihr kleines Problem gelöst." Sie entfernte einige Bolzen und Bretter und ließ den Elefanten eintreten.

Die beiden Nachbarn unterhielten sich gerade angeregt über das Schreinergeschäft, als die Frau der Giraffe ihren Kopf zur Kellertreppe hinunterstreckte und ihren Mann rief: „Telefon, Liebling. Dein Chef ist am Apparat."

„Den Anruf nehme ich besser in meinem Arbeitszimmer entgegen," sagte die Giraffe zum Elefanten. „Setzen Sie sich und machen Sie es sich bequem. Das kann eine Weile dauern."

Der Elefant schaute sich um. Er sah ein halbfertiges Stück auf der Drehbank in der hinteren Ecke liegen und beschloss, es sich genauer anzusehen. Als er jedoch durch den Durchgang, der in den hinteren Teil der Werkstatt führte, gehen wollte, gab es ein verdächtiges Knirschen. Er trat zurück und kratzte sich am Kopf. „Vielleicht gehe ich besser nach oben zur Giraffe," dachte er. Doch als er die Treppe hoch gehen wollte, bemerkte er, dass die Stufen unter ihm zu krachen begannen. So schnell er konnte sprang er herunter, stürzte dabei aber gegen die Wand. Auch die bekam Risse. Er war noch ganz bestürzt und benommen, als die Giraffe die Treppe herunter kam.

„Was, um Himmels willen, ist denn hier passiert?" fragte sie voller Erstaunen.

„Ich hatte versucht, es mir bequem zu machen," antwortete der Elefant. Die Giraffe sah sich um. „In der Tat, jetzt sehe ich das Problem. Der Durchgang ist zu eng. Wir müssen Sie schlanker bekommen. Hier in der Nähe gibt es ein Fitnessstudio. Nach einigen Wochen Training dürften wir Sie auf die richtige Größe heruntertrainiert haben."

„Vielleicht," sagte der Elefant wenig überzeugt.

„Und außerdem ist die Treppe zu schwach für Ihr Gewicht," fuhr die Giraffe fort. „Wenn Sie abends noch in die Ballettstunde gehen, bekommen Sie Ihr Gewicht bestimmt in den Griff. Ich würde mich wirklich darüber freuen, ich habe Sie sehr gerne hier."

„Kann sein," sagte der Elefant. „Aber ehrlich gesagt bin ich mir nicht sicher, ob ein für eine Giraffe entworfenes Haus je für einen Elefanten passen wird, außer es würden einige tiefgreifende Umbaumaßnahmen vorgenommen."

Wir kennen alle den Spruch „ein Bild ist mehr wert als tausend Worte". Aber eine bilderreiche Geschichte wie die Fabel, das ist meine Erfahrung, kann doppelt so viel wert sein. Seit Jahren benutze ich Geschichten von der Giraffe und dem Elefanten, um den Menschen die Dynamik von Diversity deutlich zu machen: Was sie bedeutet, wie sie funktioniert, wie wir früher mit ihr umgingen und warum unsere Anstrengungen so oft im Sande verlaufen.

Insbesondere diese Geschichte hat uns viel zu sagen.

Die wahre Bedeutung von Diversity

In meinen Geschichten stellen der Elefant und die Giraffe eine Diversity-Zusammensetzung dar, die für mich für jede Art von menschlichem Miteinander steht, bei dem Individuen aufeinandertreffen, die sich in einigen Punkten unterscheiden, in anderen ähnlich sind. In dieser kollektiven Zusammensetzung liegt wahre Diversity.

Das ist ein kritischer Ansatz, der unser überkommenes Bild von Diversity in Frage stellt: dass es nämlich in jeder Situation, jedem Unternehmen, jeder Gesellschaft die „Einen", die „Normalen", gibt und dann noch die „Anderen" – die, die sich in irgendeiner Weise (üblicherweise durch ihr Geschlecht oder ihre Rasse) unterscheiden. In dieser traditionellen Sichtweise werden nur die „Anderen" als Diversity gesehen.

Sobald wir aber beginnen, Diversity als kollektive Zusammensetzung zu akzeptieren, die sich sowohl aus den „Normalen" als auch den „Anderen" zusammensetzt, wird offenkundig, dass sich Diversity nicht auf Rasse oder Geschlecht oder sonstige Gegensatzpaare beschränkt, sondern dass es eine komplexe, sich ständig erneuernde Mischung von Eigenschaften, Verhaltensweisen und Talenten darstellt.

Die Giraffe und der Elefant stellen eine Diversity-Zusammensetzung der tierischen Natur dar. In einigen gundsätzlichen Dingen sind sie sich ähnlich: sie leben im gleichen Wohnviertel, haben die gleichen Interessen (Schreinern, Mitarbeit im Elternbeirat) und den beiderseitigen Wunsch, sich näher kennen zu lernen. In anderen einschneidenden Dingen wiederum – Größe, Gewicht, Figur – sind sie sehr verschieden.

Und diese Unterschiedlichkeit erweist sich in ihrem Fall auch als ihr Ruin.

In unserer Geschichte stellt die Giraffe den Vertreter der Hauptgruppe dar, der „normalen" Leute. Es ist ihr Haus, ihr Entwurf, ihr Gesetz. Sie trägt die Verantwortung. Der Elefant repräsentiert die „Anderen". Er wird herzlich eingeladen und aufs freundlichste willkommen geheißen. Dennoch bleibt er im Haus der Giraffe ein Außenseiter und wird es immer bleiben. Das Haus war nicht für Elefanten konzipiert worden.

Die traditionelle Auffassung von Diversity

Die Erlebnisse der Giraffe und des Elefanten illustrieren im Wesentlichen auch die drei Grundumgangsformen, die Wirtschaftsunternehmen im Umgang mit Diversity wählen: die affirmative Aktion, das heißt Anstrengungen zur Überwindung von Diskriminierung, das Verständnis für Unterschiedlichkeit und das Diversity-Management.

Als die Giraffe beschließt, den Elefanten einzuladen, unternimmt sie durch das Entfernen der Bretter zur Erweiterung der Tür besondere Anstrengungen, um den Elefanten hereinlassen zu können. Das ist die *affirmative Aktion*, die die Betonung auf Eingliederung setzt und zur Überwindung von Ungleichgewichten aufruft.

Die Giraffe und der Elefant verstehen sich gut. Die Giraffe lädt den Elefanten ein, weil sie seine Gesellschaft schätzt und die Bekanntschaft vertiefen möchte. Der Elefant nimmt die Einladung aus den gleichen Gründen an. Das ist das *Verständnis für Unterschiedlichkeit*. Hier geht es im Kern um zwischenmenschliche Beziehungen und die Frage, wie Menschen in den Unternehmen miteinander auskommen.

Als der Besuch zum Desaster wird, unterbreitet die Giraffe dem Elefanten mehrere Vorschläge, welche Abhilfemaßnahmen er ergreifen könnte. Der Elefant weigert sich aber, die ganze Last der notwendigen Veränderungen zu tragen. Er ist der Meinung, dass vielleicht auch am Haus der Giraffe einige Umbaumaßnahmen unternommen werden sollten. Diese zweigleisige Perspektive ist *Diversity-Management*, das heißt das Streben, ein Umfeld zu schaffen, bei dem die Talente aller Teilnehmer Zugang finden.

Diversity in Aktion: schlüsseldynamische Prozesse

Wenn wir uns diesen kurzen, aber katastrophalen Besuch näher anschauen, wird deutlich, dass uns die Fabel von der Giraffe und dem Elefanten noch andere wichtige Dinge über Diversity lehrt.

- *Unterschiedliche Komponenten einer Diversity-Zusammensetzung haben auch unterschiedliche Perspektiven.* Die Giraffe und der Elefant sehen die Situation durch unterschiedliche Brillen. Die Giraffe ist entsetzt über das Ausmaß der Zerstörung, die der Elefant angerichtet hat, und ihre spontane Reaktion ist die Aufforderung, dass sich der Elefant zu ändern habe. Er soll die Qualitäten aufgeben, die ihn zum Elefanten machen, und stattdessen mehr wie eine Giraffe werden. Sie sagt ihm durch die Blume: „Da Sie nicht in das Haus passen, müssen wir Sie passend machen."
Der Elefant ist sich da nicht so sicher. Er weiß sehr wohl, dass er ein Elefant bleiben wird, egal wie viel Fitness- und Ballettstunden er auch nehmen wird. Er weiß auch, dass ein Haus, das für eine Giraffe gebaut wurde, nie seinen Bedürfnissen entsprechen wird, egal wie gut oder schlecht er und der Hausbesitzer sich auch verstehen.
Sofern sich also die Giraffe und der Elefant keine kreativeren Lösungen einfallen lassen, ist es unwahrscheinlich, dass ihre Freundschaft lange halten wird. Ihre Diversity übersteigt ihre Kompetenz zum Diversity-Management.

- *Vielen fehlt der Wille, wahre Diversity in vollem Umfang zuzulassen.* Es ist kein Zufall, dass die Giraffe hofft, den Elefanten „einpassen" zu können. Sie liebt ihr Haus genau so, wie es ist. Wahrscheinlich ist ihr nie in den Sinn gekommen, dieses komfortable, preisgekrönte Haus umzubauen. Es würde eines triftigen Grundes bedürfen, sie dazu zu überreden. Wieviel näher liegt es da, stattdessen die Freundschaft mit dem Elefanten aufzukündigen.

- *Spannungen innerhalb von Diversity sind unvermeidlich.* Wo immer unterschiedliche Perspektiven gegeben sind, wird es auch zu Spannungen kommen. Das hat nichts mit Schuldzuweisung an die eine oder andere Partei zu tun. Es ist auch nicht gleichbedeutend mit Konflikt und es ist auch nicht automatisch negativ. Es ist schlicht und einfach eine Tatsache.

Sowohl die Giraffe als auch der Elefant sind vom Ausmaß des Schadens, den der Elefant verursacht hat, entsetzt und sie grämen sich über den Schaden, den ihre beginnende Freundschaft dadurch nimmt. Hinzu kommt, dass sie beide von diesem Desaster regelrecht überrumpelt wurden: sie hatten nicht im Traum daran gedacht, dass es Probleme bereiten würde, einen Elefanten in ein Giraffenhaus einzuladen. Doch selbst wenn ein Team aus Giraffen- und Elefanten-Architekten ein perfektes Giraffen-Elefanten-Haus baute, wären Spannungen unvermeidlich, spätestens dann, wenn beide die Oberfläche verlassen und zu einer tieferen Ebene vordringen würden. Ihre Aufgabe wäre dann, die Anstrengungen zu verdoppeln und trotz beständiger Spannung weiter an ihrer Freundschaft zu arbeiten.

■ *Komplexität ist der unvermeidliche Begleiter von Diversity.* Beide Tiere sehen sich nun mit einer komplexen Situation konfrontiert. Die Giraffe denkt: „Meine Familie und ich hätten hier noch ewig leben können, ohne dass wir auch nur annähernd soviel Schaden zustande gebracht hätten. Wie soll ich das nur reparieren und wer soll das alles bezahlen?" Der Elefant grübelt: „Wie ist es nur möglich, dass ein harmloser Besuch in so einem Desaster enden konnte?" Dennoch sind sich beide bewusst, dass etwas Lohnenswertes auf dem Spiel steht. Beiden ist gemeinsam, dass sie ihre Freundschaft vertiefen wollen. Diversity abzulehnen, nur weil sie Spannung und Komplexität verursacht, bedeutet auch eine Entscheidung gegen Wachstum und gegenseitige Befruchtung.

Giraffen und Elefanten:
Wem gehört das Haus?

In den folgenden Kapiteln werde ich Elefanten und Giraffen als Metaphern für Menschen verwenden. Genauer gesagt für Menschen bei der Arbeit, denn dort tritt die ganze Dynamik von Diversity zutage: In der Zusammensetzung zweier Typen von Menschen und ihrer Zugehörigkeit entweder zur dominanten Partei oder zur dominierten Partei derer, die in untergeordneter Stellung arbeiten. Dominanz kann, aber muss nicht automatisch mit numerischer Überlegenheit einhergehen. In Südafrika zum Beispiel waren die Weißen eine numerische Minderheit, und doch kontrollierten sie das Land für eine lange Zeit. Oder das Beispiel

Frauen: Obwohl sie in vielen Organisationen die numerische Mehrheit bilden, sind sie oft nur in untergeordneten Positionen beschäftigt.

Die Mitglieder der dominanten Komponente – die Giraffen – sind die entscheidungsbefugten Leute. Sie oder ihre Vorfahren bauten das Haus. Sie bestimmen die Politik und das Procedere, sie entscheiden über die grundlegenden Voraussetzungen für Erfolg, sie schreiben die Systeme zur Reflexion dieser Voraussetzungen fest. Die Giraffen kennen die ungeschriebenen Erfolgsregeln, weil sie sie geschaffen haben. Sie kennen die Spielregeln, deswegen gewinnen sie. Ihre Stimme wird gehört, wenn es darum geht, wer in eine Organisation eintreten darf, wem Erfolg zugebilligt wird und wer nur toleriert wird.

Die Mitglieder der untergeordneten Komponente – die Elefanten – verfügen über wenig oder gar keine Macht. Sie sind die Neuankömmlinge, die Außenseiter. Ihnen fehlt das interne Wissen, dennoch müssen sie sich irgendwie die ungeschriebenen Erfolgsregeln aneignen und sich entsprechend anpassen. Ihre eigenen Bedürfnisse werden vom Umfeld ihrer Organisation nicht befriedigt. Ihnen bleibt in der Tat nur, diese zu ignorieren oder sich ganz davon zu lösen. Um in einem fremden Haus zurecht zu kommen, müssen sie ihre Bedürfnisse und Unterschiedlichkeit draußen vor der Tür lassen.

Wer trägt die Verantwortung?

In der Vergangenheit lag für die meisten von uns der Schluss nahe, etwas so Kompliziertes wie Diversity den Managern und Hausbesitzern zu überlassen. Wir hielten mit unseren eigenen Ansichten und Überzeugungen schön hinter dem Berg und warteten darauf, dass die oberen Etagen die offizielle Haltung des Unternehmens zu diesem Thema festlegten.

Das war falsch. Diversity ist nicht einfach nur ein Management-Problem für die Führungsebene. Es ist ein Bestandteil des modernen Berufslebens und jeder in einer Organisation, von ganz unten bis ganz oben, sollte sich damit befassen. Wenn sich echte Diversity in einer Organisation entwickeln kann, so nur deshalb, weil ihr durch ein entsprechendes Klima der Weg geebnet wird. Aber dieses Klima ist ein Produkt der Überzeugung und des Verhaltens aller Mitarbeiter: Manager und Sachbearbeiter, dominanter und untergeordneter Gruppenmitglieder.

Die Schaffung eines solchen Klimas hängt nicht davon ab, wie die eine oder die andere Gruppe Diversity interpretiert. Sie hängt stattdessen von der Einstellung und dem Verhalten Einzelner innerhalb beider Gruppen ab und von der Art und Weise, wie diese interagieren.

Dies ist die Quintessenz dessen, was uns die Giraffe und der Elefant lehren: Echtes Diversity-Management beginnt und endet beim Individuum. Es beginnt damit, dass jeder von uns seine Verantwortung als Mitspieler im Diversity-Szenario akzeptiert, und endet damit, dass wir uns bestimmte Kompetenzen aneignen und dass wir einen hohen Reifegrad in unserem Denken und Handeln hinsichtlich Diversity erreichen.

Die Giraffe und der Elefant sind noch nicht so weit. Die Giraffe lehnt ihre persönliche Verantwortung für Diversity ab, und weder die Giraffe noch der Elefant haben viel Erfahrung darin, welcher Kompetenzen es beim Diversity-Management bedarf. Aber indem sie uns ihre Fehler und die katastrophalen Folgen dieser Fehler aufzeigten, haben sie uns schon die wichtigste Lektion überhaupt erteilt.

Kapitel 2

Diversity-Effektivität: Ein Überblick

Dieses Kapitel zeigt auf, welcher Verflechtung von Ideen, Dynamisierungsprozessen und Kompetenzen es bedarf, um den idealen Zustand von Diversity-Effektivität zu erreichen. Sie werden nur deshalb als individuelle Komponenten erläutert und einzeln nacheinander aufgeführt, weil es keinen anderen Weg gibt, ein Buch zu schreiben.

Denn im wirklichen Leben geht es selten so wohlgeordnet zu. Im organisatorischen Rahmen, also dort, wo Diversity ständig auf der Tagesordnung steht, sind die Ideen, die hier als monolithisch für sich stehende Konzepte präsentiert werden, ebenso komplex und verzahnt wie die Teile eines Kaleidoskops. Alle Teile sind miteinander verknüpft und formen ein großes Ganzes. Alle interagieren untereinander und in ihrer Interaktion verändern sie die Wirklichkeit. Eine kleine Drehung am Kaleidoskop genügt und schon wechselt das Puzzle zu einem neuen Muster.

Dieses Kapitel ist darum auch so etwas wie eine Vorschau. Alle fundamentalen Prinzipien von Diversity-Effektivität werden hier in abgekürzter Form dargelegt, um den Leser mit den Konzepten und der Terminologie vertraut zu machen. Er ist also in der Lage, einschätzen zu können, wie er die einzelnen Prinzipien, die in den nachfolgenden Kapiteln vertieft behandelt werden, im Großen und Ganzen einzuordnen hat. Die in diesem Kapitel verwendeten Bezeichnungen werden entsprechend in späteren Kapiteln wieder aufgegriffen, wenn es darum geht, den abstrakten Ideen durch aktuelle Beispiele aus der oft so vertrackten Realität eine greifbare Form zu geben.

Der effektive Diversity-Respondent

Die Giraffe und der Elefant sind nicht einzig in ihrer Kategorie. In Klein- und Großbetrieben kämpfen Menschen aller hierarchischen Ebenen um die Lösung von Diversity-Problemen und die Frage, welche Rolle sie dabei spielen sollen. Sie engagieren sich aktiv in diesem manchmal unbequemen Kampf, weil sie sich der Herausforderung Diversity stellen wollen und diese für die Erreichung ihrer Ziele und zu Gunsten ihrer Organisation durchsetzen wollen. Dieses Verhalten macht sie zu dem, was ich einen *„effektiven Diversity-Respondenten (EDR)"* nenne. Auf gut Deutsch also jemand, der auf die Fragen, die Diversity aufwirft, effektiv respondiert oder reagiert, jemand, der sich durch eine gesunde Mischung aus Diversity-Reife und zentraler Diversity-Kompetenz auszeichnet.

Bei dem Wort *Reife* denkt man an Urteilsvermögen und Weisheit, die aus Erfahrung schöpft. Im Arbeitsleben fordern uns gereifte Menschen Respekt ab, da ihre Leistung sowohl auf Erfahrung als auch auf technischer und beruflicher Sachkenntnis beruht. Diversity-Reife bedeutet Wissen um die fundamentalen Konzepte von Diversity und eine gewisse Abgeklärtheit im Denken und Handeln. Wir können diese konzeptionelle Klarsicht und die Diversity-Prinzipien durch Schulung (sei sie nun formell oder informell) und durch persönliche Reflexion erlernen. Die Reife ergibt sich durch das tagtägliche Umsetzen dieser Prinzipien in die Tat.

Auch Diversity-Kompetenzen können erlernt werden, da sie relativ unkompliziert sind. Aber ihre Beherrschung erfordert Übung. Diversity-Kompetenz, auch wenn man sie einigermaßen beherrscht, reicht allein nicht aus, um wahre Diversity-Effektivität zu erreichen. Das wäre das Gleiche als würde man glauben, ein 15-jähriger, der ein Auto lenken und das Bremspedal drücken kann, wäre bereits ein guter Fahrer.

Ähnlich wie die Fahrpraxis beim Autofahren, erfordert auch Diversity-Effektivität beides, sowohl Reife als auch Kompetenz. Weder das eine noch das andere lässt sich schnell und mühelos erringen. Zum Glück beeinflussen sich die Entwicklung von geistiger Reife und das Einüben der Kompetenz gegenseitig: Durch das Üben der Kompetenzen gewinnen wir Reife, und mit steigender Reife merken wir, dass uns das Einüben der Kompetenz leichter fällt.

Diversity-Effektivität: Ein Überblick

Diversity-Reife

Individuen mit hoher Diversity-Reife verhalten sich folgendermaßen:

■ Sie akzeptieren persönliche Verantwortung im Hinblick auf die Steigerung ihrer eigenen Effektivität und der ihrer Organisaton.

■ Sie demonstrieren situatives Verständnis. Das heißt, sie kennen sich und ihre Organisation und sie verstehen die wichtigsten Konzeptionen und Definitionen von Diversity.

■ Sie sind sich über die Voraussetzungen im Klaren und richten sich in ihren Entscheidungen über die Ein- bzw. Nicht-Eingliederung von Unterschieden danach, inwieweit diese dazu beitragen können, den unternehmerischen Erfordernissen gerecht zu werden.

■ Sie wissen, dass Diversity mit Komplexität und Spannung einhergeht und sie sind darauf vorbereitet, diese zu meistern, um so größere Diversity-Effektivität zu erlangen.

■ Sie sind bereit, konventionelle Weisheiten in Frage zu stellen.

■ Sie lassen sich auf kontinuierliches Lernen ein.

Akzeptieren von Verantwortung

Individuen mit hoher Diversity-Reife betrachten sich und nicht die anderen als verantwortlich dafür, mit Diversity effektiv umzugehen. Sie wissen, welche entscheidende Wirkung eine Organisationskultur auf den Umgang mit Diversity hat, aber sie nehmen es nicht als Vorwand oder Entschuldigung für eigene Inaktivität und Gleichgültigkeit.

Stattdessen sagen sie: „Ich bin selbst ein Handelnder. Ich kann meinen Mangel an Diversity-Effektivität nicht meiner Erziehung, meinem Chef, den Verantwortlichen für Fort- und Weiterbildung oder irgendeinem anderen Teil der Organisation anlasten. Es gibt nur eine Person, die für meine Beziehung zu Diversity verantwortlich ist: Ich selbst! Und es gibt auch nur eine Person, die auf diesem Gebiet Änderungen herbeizuführen vermag: Ich selbst!"

Eine unmittelbare Folge dieser Denkart ist, dass man sich selbst als Teil der Diversity-Zusammensetzung versteht, d.h. man sieht sich selbst als ebenso unterschiedlich oder ähnlich wie alle anderen. Das ist nicht so einfach wie es klingt. Es ist sehr verführerisch, unter Diversity „all die anderen" zu verstehen; indem man jedoch die eigene Verantwortung in Bezug auf Diversity-Effektivität akzeptiert, stellt man sich auf eine Ebene mit allen anderen und sieht sich selbst als einen von vielen innerhalb der Diversity-Zusammensetzung.

Wie solche Selbstverantwortung in der Praxis aussehen kann, finden Sie in den Kapiteln 3, 4, 8 und 12, wo über die Erfahrungen von Phil Jackson, Bill Smith, Joan und Kirk berichtet wird. Bei Debra in Kapitel 7 wird deutlich, wie wankelmütig sie in ihrer Akzeptanz der Eigenverantwortung ist, und Ray in Kapitel 6 bietet ein Beispiel für jemanden, der die Existenz von Diversity schlicht verneint.

Demonstrieren von situativem Verständnis

Individuen, die sich und ihre Organisation gut kennen, die die Diversity-Konzepte verstehen und entsprechend handeln, demonstrieren situatives Verständnis.

Das Wissen um die eigene Persönlichkeit. Menschen, die sich in diesem Prozess der aktiven Arbeit an ihrer Diversity-Effektivität befinden, wissen, dass der Weg dorthin bei ihnen selbst beginnt. Sie entwickeln persönliche Ziele, Perspektiven und Erfordernisse und überdenken sie regelmässig. Sie hinterfragen auch immer wieder, ob ihre Situation ihre spezifischen persönlichen Erfordernisse befriedigt oder befriedigen kann.

Joan, Richard (beide in Kapitel 8), Jeff (Kapitel 11) und Kirk (Kapitel 12) zeigen, wie so eine Suche nach Selbsterkenntnis aussehen kann. Des Weiteren wird das Thema ausführlicher in den Kapiteln 9 und 13 diskutiert werden.

Menschen mit hoher Diversity-Reife schätzen ihre Gefühle und Haltungen gegenüber Diversity als äußerst wichtig ein. Sie wissen, dass in modernen Wirtschaftsorganisationen der erreichte Grad an Diversity-Effektivität eine entscheidende Rolle im persönlichen Fortkommen spielen kann.

Die Erfahrungen von Phil Jackson und Richard (Kapitel 3 und 8) zeigen, wie sehr sich diese beiden über dieses Thema Gedanken gemacht haben. Leser, die selbst eine höhere Diversity-Effektivität erlangen möchten, täten gut daran, sich selbst die folgenden Fragen zu stellen.*

---

* Anm.: Im Folgenden steht G für Giraffe; E für Elefant.

Persönliche Fragen zu Diversity

G Fällt es mir leicht, mit Menschen aus allen demografischen Gruppen zusammen zu arbeiten?

E Gibt es eine oder mehrere Gruppen, mit denen mir die Zusammenarbeit schwer fällt?

G Wenn ja, wie habe ich bisher versucht, meine Vorurteile zu überwinden?

E Inwieweit kann die Tatsache, dass es mir leicht bzw. schwer fällt, mit anders gearteten Leuten zusammenzuarbeiten, mein Fortkommen an meinem jetzigen Arbeitsplatz beeinträchtigen?

G Schätze ich Diversity?

E Wenn ja, welcher Art?

G Wenn ja, in welchem Umfang?

Wissen um die Organisation. Individuen mit hoher Diversity-Reife wissen ebenso viel über ihre Organisation wie über sich selbst. Sie wissen, dass sie ihren persönlichen Zielen am besten dienen, wenn sie ihre Organisation bei der Erfüllung ihrer Zielvorgaben unterstützen.

Mission und Vision. Individuen mit hoher Diversity-Reife verstehen, wie essenziell wichtig die Analyse ihrer Organisation und die Beantwortung folgender Fragen sind:

G Welche Vision hat das Unternehmen?

E Welche Mission?

G Welche grundlegenden Ziele?

E Welche Schlüsselstrategien?

Natürlich ist es für alle Angestellten, die einen entscheidenden Beitrag zur Entwicklung ihrer Firma leisten wollen, wichtig zu wissen, welche die Missionen und Visionen ihres Unternehmens sind. Wir sprechen hier jedoch über den spezifischen Beitrag dieser Fragen im Verhältnis zu Diversity. Eine klare Artikulation der Mission führt geradewegs zur Artikulation der wirtschaftlichen Motivation für Diversity.

Die wirtschaftliche Motivation. Organisationen lernen in zunehmendem Maße, dass ein gutes Diversity-Management eine wirtschaftliche Notwendigkeit ist, da es Vorteile sowohl für den internen Arbeitsplatz als auch für die externe Marktplatzierung bringt. Führende Vertreter des Diversity-Prinzips folgen der Fragestellung: Inwieweit hilft uns Diversity-Effektivität, unsere Zielvorgaben zu verwirklichen? Würde es einen Unterschied machen, wenn wir das Personal speziell im Hinblick auf seine Diversity-Kompetenz schulen würden?

Zusätzlich zu diesem volkswirtschaftlichen Verständnis haben Menschen mit hoher Diversity-Reife ein Gespür dafür, welche Diversity-Zusammensetzung am besten zur Verwirklichung der Missionen und Visionen ihrer Organisation beitragen. Das erlaubt ihnen eine Entscheidung über die Frage, welche Zusammensetzungen zu fördern sind und über die Frage nach dem Wie und Warum.

In beiden Fällen – sowohl im volkswirtschaftlichen Rahmen als auch in der spezifischen Situation – ist die Beantwortung der Fragen zur Organisations-internen Diversity eine gute Vorgehensweise, sich Klarsicht zu verschaffen.

Diese Klarsicht über die wirtschaftlichen Motivationen wird in den Kapiteln 5 und 9 und in Kapitel 13 diskutiert, wenn es um Verhaltens-Analysen geht. Deutlich wird dieser Punkt in den persönlichen Erfahrungsberichten von Phil Jackson (Kapitel 3) und Bill Smith (Kapitel 4), die, so scheint es, die wirtschaftliche Motivation nie aus den Augen verloren haben. Auch Joan (Kapitel 8) und Kirk (Kapitel 12) scheinen hierfür ein Gespür gehabt zu haben. Jeff in Kapitel 11 dagegen fehlt dieses Verständnis.

Organisations-relevante Fragen zu Diversity

G Brauchen wir in unserer Organisation (oder in unserer Situation) Diversity?

E Wenn ja, welcher Art?

G Wenn ja, in welchem Umfang?

Konzeptionelle Klarsicht bezüglich Diversity. Effektive Diversity-Respondenten wissen bereits, dass „Diversity" mehr ist als nur Unterschiedlichkeit in Rasse und Geschlecht. Sie definieren *Diversity* als kollektive Zusammensetzung jedweder Art, die Ähnlichkeit und Unterschiedlichkeit beinhaltet.

Der Elefant und die Giraffe, deren Geschichte wir aus Kapitel 1 kennen, sind ein Beispiel für diese Definition wahrer Diversity. Joans Definition von Diversity als „Vielfältigkeit von Gedanken und Meinungen und Sichtweisen" ist ebenso anwendbar wie Richards weitreichende Interpretation (beide nachzulesen unter Kapitel 8). Kirks Erkenntnis in Kapitel 12, dass die Leute größere Probleme haben, sich über „Moral- und Glaubensfragen hinwegzusetzen, als über Unterschiede in der Hautfarbe", illustriert das ebenso.

Ein wichtiger Punkt dieser Konzeption wird leider oft übersehen: dass nämlich Diversity beides, sowohl Unterschiedlichkeit als auch Ähnlichkeit umfasst. Der Umgang mit den Unterschieden kann so viel von unserer Energie verschlingen, dass wir darüber die Ähnlichkeiten vergessen. Soweit dürfen wir es nicht kommen lassen. Effektive Diversity-Respondenten wissen, dass das Sich-Bewusst-Machen von Ähnlichkeiten Kooperation und Zusammenhalt fördert. Je komplexer ein Unternehmen oder eine Situation ist, desto wichtiger werden in der Tat gewisse Gemeinsamkeiten. Effektive Diversity-Respondenten wissen aber auch, dass man mit Unterschieden umgehen muss. Das Überbetonen von Ähnlichkeiten mit dem Ziel, illusorische Gleichheit zu erreichen, kann Diversity ersticken und, als Folge daraus, zu einem Erlahmen von Kreativität und Vitalität führen. Hier eine Balance zu finden, gestaltet sich vor allem für Elefanten sehr schwierig, da sie ja die Vorteile ihrer Einzigartigkeit gegen die der Assimilation abwägen müssen. Dieses Abwägen empfanden alle Elefanten, deren Beispiele in Teil 3 aufgeführt werden, als mehr oder weniger große Herausforderung.

Diversity-reife Individuen wissen, dass Diversity nicht gleichbedeutend ist mit Eingliederung. Diversity verwirklichen bedeutet nicht, einfach nur sicherzustellen, dass die Zusammensetzung einen Querschnitt durch die gesamte Bevölkerung und damit aller potenziellen Mitglieder bietet. Ersteres bedeutet Offenheit gegenüber andersartigen Meinungen, Vorstellungen und Verhaltensweisen. Zweiteres sollte korrekterweise unter dem Begriff *Eingliederung* geführt werden und ist im Grunde nichts anderes als eine Rechenaufgabe: „Gehen wir sicher, dass wir aus allen Bevölkerungsgruppen einen Repräsentanten haben, in einem mehr oder weniger proportionalen Verhältnis." In den meisten Unternehmen wird Human-

Resources-Diversity bis zum heutigen Tage so verstanden und wird durch affirmative Aktionen als übliches Mittel zu erreichen versucht.

Individuen mit hoher Diversity-Reife wissen, dass proportionale Repräsentation nicht per se echte Diversity garantiert. Das ist eine grundlegende Erkenntnis. Wenn man „Diversity" sagt, aber „Repräsentation" meint, so vermischt man die wesentlichen Punkte und hemmt seine Fähigkeit, wirklich effektiv auf Diversity hinzuarbeiten.

Der Unterschied zwischen Diversity und Eingliederung wird am besten deutlich, wenn man die Erfahrungen von Phil Jackson in Kapitel 3 mit denen von Carol (Kapitel 6), George (Kapitel 10) und Jeff (Kapitel 11) vergleicht. Während Phil Jackson Dennis Rodmans unkonventionelles Verhalten akzeptierte und darüber Zugang zu seinem Talent zu bekommen versuchte, sprachen letztere zwar von „Diversity", meinten aber „Eingliederung". In der Tat wird in den meisten Erfahrungsberichten bis zu einem gewissen Grad eine Vermischung der beiden Begriffe Diversity und Eingliederung deutlich. Es ist interessant für den Leser, darauf zu achten, inwieweit der Grad der Vermischung sich negativ auf die Effektivität der Organisation auswirkt.

Menschen mit hohem Diversity-Grad unterscheiden zwei Hauptarten der Diversity: nämlich *Personen-immanente* oder *attributive Diversity* (Eigenschaften wie ethnische Gruppenzugehörigkeit, Alter und Bildungsniveau) und *Verhaltens-immanente Diversity* (wie Menschen in bestimmten Situation reagieren als Folge oder Nicht-Folge ihrer Personen-immanenten Eigenschaften). Sie wissen, dass eine Beurteilung der Personen-immanenten Diversity wenig Aussagekraft in Bezug auf die Verhaltens-immanente Diversity einer Gruppe hat.

In einer Organisation gibt es hierfür zwei Hauptgründe. Der erste hat mit den Menschen zu tun. Es gibt innerhalb einer demografischen Gruppe ebenso viel Diversity in Bezug auf deren Meinungen, Vorstellungen und Verhaltensweisen wie zwischen verschiedenen demografischen Gruppen. Der zweite hat mit der Organisationskultur zu tun. In Organisationen, in denen Assimilierung die Norm ist, ist ein großes Maß an Verhaltens-immanenter Diversity eher unwahrscheinlich, unabhängig davon, wer sich gerade im Raum befindet. In Unternehmen, in denen Unterschiede akzeptiert werden, kann ein einziger Raum voll Männer weißer Hautfarbe ein ganz beträchtliches attributives Diversity-Potenzial fassen. Wir sollten also diese beiden Arten von Diversity nicht verwechseln, geschweige denn diese Verwechslung als Grundlage für un-

Diversity-Effektivität: Ein Überblick

ser Handeln nehmen. Unser Umgang mit Diversity wäre dann weniger effektiv, als er es anderenfalls sein könnte.

Dieses Konzept wird eingehender in Kapitel 13 beschrieben. Beispiele hierfür finden sich in den Kapiteln 7 (Mark und Debra) und 12 (Kirk), obwohl natürlich die meisten Erfahrungsberichte eine gewisse Konfusion der Begriffe belegen.

Klarsicht in Bezug auf die Erfordernisse

Unternehmens-Missionen und Visionen mit Hilfe des Diversity-Managements zu erreichen, erfordert die Fähigkeit, zwischen echtem Erfordernis und bloßer Vorliebe, Bequemlichkeit oder Tradition zu unterscheiden und sich in seinen Aktionen in nichts anderem als den echten Erfordernissen zu orientieren. Das klingt einfach, erweist sich aber als ein häufiger, ernst zu nehmender Stolperstein. Oft wird eine Entscheidung für oder gegen ein bestimmtes Element in der Diversity-Zusammensetzung mit den Worten begründet: „Es ist notwendig". Dabei läge die Wahrheit viel eher in den Sätzen „Ich will es lieber so" oder „Dieses Verhalten lehne ich ab". Effektive Diversity-Respondenten können die wahren Erfordernisse isolieren und sie beständig als Grundlage für ihre Entscheidungen bei Diversity-Fragen nutzen.

Dieses Unterscheiden-Lernen zwischen echten und falschen Erfordernissen wird in den Kapiteln 5, 9 und 13 vertieft. Zu den Personen, die ihre Lektion schon gelernt haben, gehören Phil Jackson (Kapitel 3), Bill Smith (Kapitel 4), Joan (Kapitel 8) und Kirk (Kapitel 12). Mark, Debra (Kapitel 7) und Richard (Kapitel 8) müssen noch daran arbeiten. Beim Lesen sollte auf den Zusammenhang von Handeln nach eigenen Vorlieben und persönlicher Frustration bzw. reduzierter Unternehmens-Effektivität geachtet werden.

Meistern von Diversity-Komplexität und Spannung

Wahre Diversity erhöht die Komplexität. Hier gilt der Satz „Wer A sagt, muss auch B sagen". Individuen mit hoher Diversity-Reife schrecken nicht vor dieser Komplexität zurück. Sie akzeptieren sie als Teil der Diversity.

In Kapitel 1 erleben der Elefant und die Giraffe zu beiderseitigem Unbehagen Komplexität. Zu den Personen, die Komplexität erlebt und akzeptiert haben, gehören Phil Jackson (Kapitel 3), Bill Smith (Kapitel 4), Richard (Kapitel 8) und Kirk (Kapitel 12). Ray (Kapitel 6), Mark (Kapitel 7), George (Kapitel 10) und Jeff (Kapitel 11) kämpfen noch damit.

Individuen mit hoher Diversity-Reife wissen, dass Spannungen entstehen, sobald Menschen mit unterschiedlichem kulturellen Hintergrund, Perspektiven und Zielen sich offen äußern. Diese Spannungen sind an sich weder positiv noch negativ, weder gut noch schlecht; sie sind einfach da. Spannungen, die gesunden Wettbewerb fördern, können gut sein. Spannungen, die eine Abteilung lähmen, sind schlecht.

Die Schwierigkeit ist, dass viele Individuen – und ebenso viele Organisationen – Spannungen als unangenehm empfinden und eher darauf bedacht sind, sie aus der Welt zu schaffen, denn produktiv mit ihnen umzugehen. Sie setzen Harmonie höher als Zielverwirklichung.

Individuen mit hoher Diversity-Reife lernen, auch in der Spannung zu funktionieren. Für sie verlieren Spannungen ihren persönlichen Charakter und werden zu einem Teil bzw. Grundstein des dynamischen Prinzips von Diversity.

Phil Jackson (Kapitel 3) zeigt eine große Kompetenz darin, Spannungen ins Blickfeld zu rücken und produktiv umzusetzen, ebenso Bill Smith (Kapitel 4), Richard (Kapitel 8) und mit Einschränkungen auch Kirk (Kapitel 12). Ray und Carol (Kapitel 6), Debra (Kapitel 7) und George (Kapitel 10) empfinden sie dagegen eindeutig als störend.

Zu betonen ist aber noch einmal, dass Spannung und Konflikt nicht das Gleiche sind. Spannung wird zum Konflikt, wenn inadäquat mit ihr umgegangen wird. Diversity-Konflikte treten dort auf, wo so unproduktive Fragen gestellt werden wie zum Beispiel: „Was ist los mit dir, warum versuchst du nicht zu sein wie ich?"

Bereitschaft, konventionelle Weisheiten in Frage zu stellen

Individuen mit hoher Diversity-Reife stellen immer wieder konventionelle Weisheiten in Frage und lassen andere Anschauungen zu.

Kontext-bezogene Einschätzung von Unterschieden

Vor kurzem starteten einige Unternehmen in den USA Aktionen zum Thema „Unterschiede feiern" mit dem Ziel, die Akzeptanz und Wertschätzung aller Arbeitnehmer zu stärken und zu betonen, dass Unterschiedlichkeit insgesamt gut sei.

Effektive Diversity-Respondenten wissen aber, dass Unterschiede einfach nur da sind. Sie existieren. Ob sie gut oder schlecht oder weder das eine noch das andere sind, hängt vom Kontext ab; das heißt davon, ob die Unterschiede eine positive oder negative Auswirkung bei der Verwirklichung der Unternehmensziele haben. Effektive Diversity-Respondenten treffen ihre Ein- bzw. Nicht-Eingliederungs-Entscheidungen entsprechend ihrer Einschätzung, wie sich die Unterschiede in die Unternehmensrealitäten eingliedern lassen. Sie können daher bestimmte Eigenschaften, die in das Unternehmen passen, akzeptieren, auch wenn sie damit ihre persönlichen Präferenzen vergewaltigen.

Die Wichtigkeit, Unterschiede Kontext-bezogen einzuschätzen, kommt fundamental in den Geschichten von Phil Jackson (Kapitel 3), Bill Smith (Kapitel 4), Carol (Kapitel 6), Richard (Kapitel 8) und Kirk (Kapitel 12) zum Tragen.

Loslassen von hinderlichen Konzeptionen. Individuen mit hoher Diversity-Reife sind fähig, hinderliche Konzeptionen über Bord zu werfen. Das heißt, sie beherrschen die Kunst des „Verlernens". Sie müssen – falls sie es nicht schon getan haben – sich von der Vorstellung trennen, dass nur mit außergewöhnlich interkommunikativen Kompetenzen ausgestattete Manager im Diversity-Management Erfolg haben können.

Das bedeutet nicht, dass sie die Notwendigkeit, Stereotypen in Frage zu stellen, nicht richtig einschätzten und nicht offen für Unterschiede oder nicht flexibel wären – also all das, was gemeinhin als notwendige Charakteristika für eine Annäherung an Diversity angesehen werden. Aber sie weigern sich, diese als persönliche Eigenschaften oder Charakteristika anzusehen, die entweder angeborene Begabung oder spezielle Schulung erfordern. Sie wissen, dass jeder, der bereit ist, Diversity-Konzepte zu erlernen und andere Anschauungen zuzulassen, sich die notwendigen Verhaltensmuster aneignen kann.

Joan (Kapitel 8) und Kirk (Kapitel 12) haben erfahren, dass eine effektive Diversity-Kompetenz nicht von der angeborenen Begabung abhängt.

Einlassen auf kontinuierliches Lernen

Individuen mit hoher Diversity-Reife wissen, dass sie in einen unaufhörlichen Lernprozess involviert sind. Diversity-Effektivität erfordert den Willen und die Fähigkeit, sich selbst und seine Umwelt kritisch zu beleuchten, sich selbst regelmäßig zu hinterfragen und immer wieder neue Wege zu finden, die neu erlernten Konzepte umzusetzen, so dass sie schließlich zur zweiten Natur werden.

Die Vorzüge dieses kontinuierlichen Lernprozesses und die Nachteile, wenn er nicht vorhanden ist, werden explizit oder implizit in jedem der Erfahrungsberichte der späteren Kapitel deutlich.

Effektive Diversity-Respondenten haben sich ein kontextuelles Wissen und ein Verständnis von Diversity und seiner grundlegenden Konzepte erarbeitet und sie haben gelernt, das dynamische Prinzip von Diversity zu akzeptieren. Aber um diese Prinzipien kontinuierlich in die Tat umsetzen zu können, brauchen sie noch etwas anderes: Handlungsvorgaben. Sind diese erst einmal verinnerlicht, schaffen sie eine Struktur, die die Entscheidungsfindung in spezifischen Situationen erleichtert. Sie hilft, die Situation schnell zu erfassen und sie effektiv und effizient handzuhaben. Sie dient als Ratgeber, der uns sagt, was zu tun sei, und als Bewertungskriterium, wie gut wir etwas gemacht haben.

Mein früheres Werk, *Redefining Diversity**, bietet solche Handlungsvorgaben. Sie bestehen aus drei Schritten, die man auch als die drei zentralen Diversity-Kompetenzen bezeichnen kann: Die kontinuierliche Anwendung der Vorgaben in Verbindung mit den darin eingebetteten Kompetenzen ist die zweite Voraussetzung dafür, ein effektiver Diversity-Respondent zu werden.

Zentrale Diversity-Kompetenzen: einige Handlungsvorgaben

■ *Die Fähigkeit, Diversity-Zusammensetzungen und ihre daraus resultierenden Spannungen zu identifizieren.* Das ist eine entscheidende Kompetenz, da ein Umgang mit nicht identifizierten Zusammensetzungen unmöglich ist. Oberflächlich betrachtet scheint diese Regel einfach und unkompliziert zu sein, dennoch scheitern viele an ihrer Umsetzung. Die natürliche Tendenz geht dahin, sich auf die Diversity-Zusammensetzung zu konzentrieren, an der man ein Interesse hat, und die anderen zu ignorieren.

---

* Thomas, R. Roosevelt, Jr., *Redefining Diversity* (New York: AMACOM, 1996)

Diversity-Effektivität: Ein Überblick

In einigen der folgenden Erfahrungsberichte wird eine Dimension von Diversity – meist die der Rasse oder des Geschlechts – überbetont. Die Identifizierung anderer Zusammensetzungen, die eine vielleicht größere Rolle bei der Zielumsetzung spielen könnten, wird dabei oft vergessen.

▨ *Die Fähigkeit, die Zusammensetzungen und die damit verbundenen Spannungen zu analysieren.* Nicht mit allen identifizierten Zusammensetzungen ist ein gesonderter Umgang nötig. Eigentlich nur mit denen, die die Umsetzung unserer Ziele behindern. Wie entscheidend ist die Zusammensetzung? Wie zerstörerisch sind die Spannungen? Ist Handlungsbedarf gegeben? Können entsprechende Maßnahmen helfen, den wichtigsten Unternehmenszielen gerecht zu werden?

Phil Jackson (Kapitel 3) und Bill Smith (Kapitel 4) bewiesen dieses Vermögen zur Analyse. In anderen Erfahrungsberichten dagegen wird deutlich, wie die Überbetonung einer Lieblings-Diversity-Dimension mit der mangelnden Fähigkeit einherging, andere wichtige Zusammensetzungen identifizieren zu können. Das führte zu Frustrationen und beeinträchtigte entscheidend die Einschätzungsfähigkeiten der Leute, welche Zusammensetzungen und Spannungen eines Einschreitens bedürfen und welche nicht.

▨ *Die Fähigkeit, eine angemessene Reaktion zu wählen.* Wenn Handlungsbedarf besteht, worin soll die Handlung bestehen? Handlungsvorgaben helfen dabei, eine klare Struktur zu schaffen, die es ermöglicht, Handlungen gegeneinander abzuwägen. Diese Vorgaben, die in *Redefining Diversity* vorgestellt werden, zeigen acht generelle, auf jede Situation anwendbare Handlungsoptionen auf. (Diese acht Optionen beinhalten: (1) Verstärkung/Verminderung, (2) Verneinung, (3) Assimilierung, (4) Unterdrückung, (5) Isolierung, (6) Tolerierung, (7) Aufbau zukünftiger Beziehungen und (8) Förderung wechselseitiger Adaption. Sie werden im Anhang zu diesem Buch näher erläutert.) Sie dienen als eine Art mentale Checkliste, um Menschen sicher durch ihren Gedankenirrgarten zu geleiten und zu gewährleisten, dass sie eine möglichst große Zahl von Optionen in Betracht ziehen. Die Kompetenz liegt in der Fähigkeit, möglichst schnell die möglichen Optionen gegeneinander abzuwägen und dann die effektivste zu wählen. Wie so viele andere Kompetenzen erlernt man auch diese am besten durch ihre Umsetzung in die Praxis.

Die Frage, inwieweit die Testpersonen diesen drei zentralen Kompetenzen gerecht werden, wird in allen Interview-Kapiteln analysiert. Die Personen mit dem stärksten Engagement für Eingliederung und Assimilierung zeigten diese Kompetenz am seltensten. Die Personen, die mit Verhaltens-immanenter Diversity am besten zurecht kamen, waren auch die, die diese Kompetenzen am ehesten nutzten. Um ein effektiver Diversity-Respondent zu werden, bedarf es zweier Erfordernisse. Die kontinuierliche Anwendung dieser Vorgaben und der in ihnen eingebetteten Kompetenzen ist eine der beiden.

Effektive Diversity-Respondenten zeichnen sich durch eine Diversity-Reife aus, die es ihnen erlaubt, grundlegende Diversity-Konzepte zu verinnerlichen und diese in Handlung umzusetzen. Sie verfügen über die zentralen Diversity-Kompetenzen. Beide zusammen, Diversity-Reife und Kompetenz, erfordert Erziehung, Schulung und Praxis. Das Resultat – nämlich sich einen effektiven Diversity-Respondenten nennen zu dürfen – ist die Anstrengung wert.

Teil 2
Leit-Giraffen in Aktion

Wenn wir unter Giraffen die Leute verstehen, denen das Haus gehört, so sind die Leit-Giraffen diejenigen, die letztendlich die Verantwortung tragen. Sie entscheiden darüber, auf welchem Weg und wohin eine Organisation geht, und sie entscheiden über die Organisationskultur, die in ihrem Hause herrscht.

Die Ansichten, Vorstellungen und Praktiken der Führungsspitze – der Leit-Giraffen der Organisation – haben einen enormen Einfluss auf das Geschehen innerhalb einer Organisation. Ihre Verantwortung ist umfassend.

In den folgenden beiden Kapiteln wird der Leser zwei Leit-Giraffen kennenlernen. Die eine war bis vor kurzem der Kopf einer der größten U.S.-Sport-Organisationen. Die andere ist Vorsitzender einer Tochter eines großen Industriekonzerns. Beide demonstrieren einen außergewöhnlich hohen Grad an Kompetenz und Reife im Umgang mit Diversity.

Kapitel 3

Der geborene Diversity-Manager: Phil Jackson

Phil Jackson/Chicago Bulls

Wie so oft walzten die Chicago Bulls bei den Basketball-Weltmeister-schaften alles nieder, was sich ihrem Weg zum Sieg entgegenstellte. Aber natürlich sagten die Basketball-Fans, die dieses Schauspiel miterleb-ten, nicht zueinander: „Dieser Phil Jackson ist ein großartiger Diversity-Manager."

Wenn jedoch unter Diversity-Management die Gabe verstanden wird, mit einer Mannschaft aus hochqualifizierten, aber völlig unterschied-lichen Individuen kollektive Ziele zu verfolgen, dann kann man Phil Jackson sogar als einen ganz außergewöhnlichen Diversity-Manager be-zeichnen. Innerhalb von neun Jahren führte er ein Team dickschädeliger, ungleicher, talentierter und alternder Spieler sieben Mal zum Sieg bei den National Basketball Association (NBA) Championships.

Jacksons Erfolg war kein Zufall. Er war vielmehr das Resultat einer klar definierten Mission und Vision, einer gemeinsamen Philosophie, einem Strategiemuster und effektiver Techniken, die dazu eingesetzt wurden, Erfordernisse zu identifizieren. Während dieser Aufsehen erregenden Jahre bei den Bulls gelang es Jackson, ein Basketball-Haus zu bauen, das Räume für eine enorm talentierte und bunte Gruppe von Elefanten und Giraffen und für ihn selbst als Leit-Giraffe bereit hielt.

Der Aufbau eines Teams

Als Phil Jackson 1988 das Traineramt der Chicago Bulls übernahm, träumte er nicht nur von Siegen bei den Championships, er wollte sie auch auf seine Art herbeiführen: durch die Kombination seiner beiden größten Leidenschaften, nämlich Basketball und spiritueller Reflexion (das heißt, der Erforschung der Beziehung zwischen innerem und äußerem Leben).

Sein Ziel war es, ein Team zu schaffen, das individuelles Talent mit höchstem Gruppenbewusstsein verbinden würde – ein „Team, das in der Lage sein soll, große Siege zu erringen, ohne dabei an Größe zu verlieren".[1]

Offensichtlich hatte Jackson klare Vorstellungen von seiner Arbeit. Sein erster Anlauf galt der Herausforderung, aus einer Gruppe von grundverschiedenen und verdrossenen Einzelspielern, die von dem höchst talentierten, aber frustrierten Michael Jordan dominiert wurden, ein Team aufzubauen. Jordan war ein Phänomen an Vielseitigkeit, ein „Michelangelo in Sporthosen". In der Saison 1987/1988 hatte er durchschnittlich 35 Punkte erspielt und seinen ersten von vielen Punktsieger-Titeln errungen.[2] Das Team selbst aber hatte keinen Titel geholt. Jordan war ziemlich wütend deswegen und hatte sich von seinen Teamkameraden zurückgezogen.

Jacksons Ansatz

Gewöhnliche Methoden hätten nicht ausgereicht, um das Team zu formen, das sich Jackson vorstellte. Er versuchte, sich dieser Herausforderung über eine spirituelle, praxisnahe und symbolische Sichtweise zu nähern. Sein Ziel war, ein Teamumfeld zu schaffen, das auf dem Konzept von Selbstlosigkeit aufbaute, das er sich selbst durch seine Verbindungen zum christlichen Glauben, dem Zen-Buddhismus und den Lehren der Lakota-Sioux angeeignet hatte.[3] Er glaubte, dass solch ein Umfeld ein Gefühl des Zusammenhalts erzeugen könnte – in seinen Augen der Schlüssel zum Erfolg des Teams.

Offensichtlich fehlte es der Mannschaft, die er übernommen hatte, völlig an diesem Verbundenheitsgefühl. Wenn er es erreichen wollte, musste er die Spieler, die das Feld mit Michael Jordan teilten, stärken.

---

[1] Phil Jackson und Hugh Delhanty, *Sacred Hoops: Spiritual Lessons of a Hardwood Warrior* (New York: Hyperion, 1995), p. 4
[2] ebd., S. 172
[3] ebd., S. 4

Der geborene Diversity-Manager: Phil Jackson

Dafür brauchte es mehr als eine Philosophie; was er brauchte war eine breit ausgelegte Strategie und eine überzeugende Metapher.

Die „Triangle Offense"

Jackson wurde fündig in der „Triangle Offense" von Tex Winter, seinem früheren Coach und Mentor. Diese Offensive, von manchen auch „Fünf-Männer-Tai-Tschi" genannt, legt besonderen Wert auf Kooperation und Freiheit. Sie dirigiert den Strom der Bewegung und lockt die Defensive aus der Balance. Sie stärkt zwar einzelne Spieler, fordert aber gleichzeitig ihre ungeteilte Aufmerksamkeit gegenüber der Gruppe.[4]

Für Jackson war diese doppelte Fähigkeit der Spieler, während eines Spieles individuelle und kollektive Entscheidungen treffen zu können, fundamental. Er war überzeugt, dass die Gruppenintelligenz der Mannschaft bei weitem die des Trainers und die der einzelnen Spieler übertreffen würde, sobald die Spieler dieses System erst einmal verstanden hätten.

Jackson befürchtete, dass derjenige, der am meisten zu verlieren hatte, der sowieso schon am meisten zum Erfolg des Teams beitrug, sich mit diesem System wohl am schwersten anfreunden würde. Voraussetzung für den Erfolg der Team-Offensive war daher, dass auch Michael Jordan akzeptierte, dass er durch diese Offensive eventuell weniger Punkte holen und seinen Titelgewinn riskieren würde und dass er Spieler, in die er bisher wenig Vertrauen gesetzt hatte, am Angriff zu beteiligen hatte. Jordan kämpfte. Im Prinzip fand er die „Triangle Offense" einleuchtend. Aber seine Durchsetzung würde ihn Punkte kosten. Er schwankte zwischen Kooperation und Rebellion, warf die Möglichkeit auf, dass die Offensive misslingen könne. Jackson blieb optimistisch und glaubte daran, dass Michael und seine neu erstarkten – und geforderten – Teamkameraden sich einpassen und die Strategie Erfolg haben würde. Er hatte Recht.

Die Metapher vom Heiligen Weg

Der Erfolg der „Triangle Offense" sicherte zwar den Zusammenhalt des Teams, aber die spirituelle Reflexion, die Jackson als unerlässlich ansah,

---

[4] ebd., S. 89

förderte er nicht. Jackson glaubte, dass dies eine allumfassende Metapher und das Erlernen von auf Spiritualität gegründeter Konzepte und Techniken erforderte.

Da Jackson mehrere Aufenthalte in der Basketball-Klinik im Pine Ridge Reservat, der Heimat der Lakota-Sioux, hatte, fiel ihm die Wahl der Metapher nicht schwer. Er wählte das Bild des Lakota-Kriegers und seinen „heiligen Weg".[5]

Lakota-Kriegern war alles, auch ihre Feinde, heilig, und sie sahen alles Lebendige als miteinander verbunden an. Ihre Stammesgemeinschaft gründete auf dieser Verbundenheit alles Lebendigen. Ein Krieger trachtete nicht danach, sich aus der Reihe seiner Mitstreiter hervorzutun. Er handelte vielmehr in dem Maße mutig und ehrenwert, wie es die Gegebenheiten der Gruppe erforderten.

Jackson glaubte, dass die Bulls immer dann ihren Sieg verspielten, wenn sie sich im Spiel gegen die Detroit Pistons von ihrer Wut aus der Konzentration bringen ließen. Er suchte nach einem Konzept, wie er seinen Spielern helfen könnte, ihre Köpfe klar und frei vor Wut zu halten. Er glaubte, solch ein Konzept im Ansatz der Lakotas zu finden, die die Menschlichkeit auf beiden Seiten ehrten, ohne aber zu vergessen, dass es nur einen Sieger geben konnte.[6]

Um diese Ideale konkreter werden zu lassen, dekorierte Jackson den Gruppenraum mit Indianertotems und Fetischen. Er wollte ein Umfeld schaffen, in dem der „Teamgeist" Form annehmen könne.[7]

Mentale Disziplin

Jackson wusste, dass sein Team noch einer Kompetenz mehr bedurfte, um diese Team-bildende Offensive und Strategie und dieses allumspannende spirituelle Paradigma zu vervollständigen: der mentalen Disziplin. Er fand sie im Zen-Buddhismus.

Jacksons Interesse an buddhistischen Ideen hatte seine Wurzeln in einer Baseball-Verletzung, die er sich während seines ersten Jahres am College

---

[5] ebd., S. 108
[6] ebd., S. 109
[7] ebd., S. 112

Der geborene Diversity-Manager: Phil Jackson

zugezogen hatte. Sein Bruder schlug Selbsthypnose als Mittel vor, seinen Schlagrhythmus wiederzufinden, und er führte ihn in das Zen-Konzept des Sich-bewusst-werdens, einer Meditationsübung, ein. Dabei ist das Ziel ein befreites Bewusstsein, das ein Maximum an Aufmerksamkeit und Teilnahme am Augenblick erlaubt.[8]

Jackson erkannte den Wert dieses Konzepts für sein Team. „Basketball," schrieb er, „ist ein komplexer Tanz, der den Wechsel von einer Sache zur nächsten in Lichtgeschwindigkeit erfordert. Um Herausragendes zu leisten, braucht man ein klares Bewusstsein und völlige Konzentration auf das, was jeder Spieler auf dem Feld in eben diesem Augenblick tut."[9]

Um seine Spieler in ihrem Streben nach einem befreiten Bewusstsein zu unterstützen, führte Jackson noch die Visualisierung ein. Und schließlich brachte er eine weitere Idee des Buddhismus ins Spiel, einer Philosophie, die sehr befreiend mit Gewinnen und Verlieren umgeht. „Die Dinge werden am ehesten den uns gewünschten Verlauf nehmen, wenn wir aufhören, uns darum Sorgen zu machen, ob wir gewinnen oder verlieren und unsere ganze Aufmersamkeit stattdessen darauf richten, was *in eben diesem Augenblick* passiert," sagte er.[10]

Die Akquisition von Dennis Rodman

1995 stellte die Akquisition von Dennis Rodman, ähnlich wie das frühere „Jordan-Problem", Jacksons Konzepte und Praktiken auf den Prüfstein. Zahlreiche Stimmen sagten voraus, dass Rodman Jackson, die Bulls und ihr Modell kompromittieren würde. Ein Sportreporter schrieb: „Typhoid Mary, Moammar Gadhafi, Charles Manson, Lizzie Borden, Jeffrey Dahmer – alle wären sie geeignetere Neuzugänge für die Bulls als Dennis Rodman."[11]

---

[8] ebd., S. 26
[9] ebd., S. 115
[10] ebd., S. 4
[11] Bernie Linicicomo, „Disaster Will from This Desperate Move", *Chicago Tribune*, 3. Oktober 1995

Aber Jackson war gewillt, das Risiko einzugehen. Horace Grants Abgang hatte die Bulls um ihren stärksten Rebound-Mann gebracht, und Jordans Rückkehr zum Baseball hatte zu Abstimmungsproblemen zwischen ihm und dem Team geführt. Die Bulls waren in der zweiten Runde der 1994/1995 NBA Playoffs ausgeschieden. Jackson war also ernsthaft auf der Suche nach einem starken Rebound-Spieler.

Dennis Rodman war so jemand. Ein starker Rebounder, der in dem Ruf stand, ein hochqualifizierter, engagierter Spieler zu sein, der die Drecksarbeit machte (Verteidigung, Rebound, Ball-Zurückgewinnung) und der sich keine Sorgen über mögliche Anpassungsschwierigkeiten machte.[12]

Aber Rodman war vorbelastet: Es gab Geschichten um Suspendierungen wegen versäumter Trainingsstunden, vorzeitigem Abgang bei Spielen und seiner Weigerung, bei einer Serie von Meisterschafts-Playoffs mitzumachen; eine Reihe von Fehlzeiten wegen einer ausgerenkten Schulter; und außerdem seine Vorliebe für flegelhaftes Benehmen, nicht Clubgemäße Kleidung und häufig wechselnde Haarfarben.[13] Rodman hatte noch einen weiteren Nachteil: Er war die personifizierte Antithese des Spielertyps, den der Sportdirektor der Bulls bevorzugte.

Aber die drängende Suche nach einem Rebounder veranlasste die Bulls schließlich doch, mit Rodman zu reden. Nach einem Gespräch mit Rodman über seine früheren Vergehen, aber auch über seine Fähigkeit, sich in die „Triangle Offense" einzupassen, entschloss sich Jackson, die Chance zu nutzen. Mit Einwilligung des Sportdirektors und der Zustimmung der beiden Kapitäne Jordan und Scottie Pippen, bot er Rodman einen Platz in seinem Team an.[14]

Nicht alles ging glatt über die Bühne. Es gab Suspendierungen, verpasste Spiele, Vorurteile und Vertragsstreitigkeiten. Aber Rodman, der Jackson den NBA-Meisterschaftstitel versprochen hatte, tat sein Bestes, um dieses Ziel auch zu erreichen; und Jackson ließ ihm genügend Spielraum, er selbst zu sein. Jackson erwieß sich als Meister darin, Belohnungen an Voraussetzungen zu knüpfen. Zum Beispiel hatte er in

---

[12] Jackson und Delehanty, *Sacred Hoops*, S. 211
[13] Terry Armour, „Bulls Warm Up to „Worm" Roll Dice, Obtain Rodman for Perdue", *Chicago Tribune*, 3. Oktober 1995
[14] Terry Armour and Sam Smith, „Rodman Likely to Meet With New Teammates", *Chicago Tribune*, 3. Oktober 1995

Rodmans 1997/1998-Vertrag Leistungsprämien vorgesehen, was zur Folge hatte, dass Rodman kontinuierlicher spielte und mehr verdiente als jemals zuvor.

1998 holten die Bulls ihren dritten aufeinanderfolgenden Meisterschaftstitel. Offensichtlich hatte Jackson dieses Team aus starken, aber grundverschiedenen Spielern in einer Art und Weise geführt, die die Fähigkeiten sowohl der einzelnen Spieler als auch des gesamten Teams maximierten.

Ende 1998 kündigte Jackson seinen Rückzug vom Traineramt der Bulls an. Er ließ nichts über seine zukünftigen Pläne verlautbaren. Es gibt aber kaum Zweifel, dass er nicht wieder eine neue Arena finden wird, in der er seine einzigartige Management-Kompetenz unter Beweis stellen kann.

Jackson als effektiver Diversity-Respondent

Als Jackson in der Funktion des Assistenztrainers zu den Bulls gekommen war, fand er ein siegreiches, unterhaltsames, aber unter seinem Können spielendes Team vor. Die Spieler unterschieden sich in Talent, Entwicklungsstand, Dauer der Zugehörigkeit zum Team, Bekanntheitsgrad, Persönlichkeit und dem Grad der Zufriedenheit mit dem Team selbst.

Seine Aufgabe bestand darin, die Spieler auf ein Ziel hin zu einen und ihr Engagement für das Team zu wecken. Sie sollten so gestärkt werden, dass sie ihr Bestes im Dienste der Mannschaft geben würden. Sein größtes Hindernis bei der Verwirklichung dieser Ziele war die Schieflage des Teams, die durch das „Jordan-Problem" entstanden war. Die Diversity des Teams war, kurz gesagt, seine größte Gefahr und seine größte Chance zugleich.

Basketball als heiliger Weg

Nichts zeigt ausführlicher, wie kreativ Jackson im Streben nach einem größeren Ganzen die unterschiedlichsten Elemente miteinander zu verflechten wusste, als seine Verknüpfung von Basketball mit spiritueller Reflexion. Damit schuf er den Bulls eine Mission und eine Vision. Die Bulls sollten ein starkes und offenes Team sein – ein Team, bei dem die Spieler im Augenblick spielten und sich füreinander in Zuneigung und

Respekt einsetzen. Das Ringen um den NBA-Pokal sollte sein heiliger Weg sein.[15]

Die Umsetzung des Traums

Die einzige Vorbereitung für diese Aufgabe, auf die Jackson zurückblicken konnte, waren seine Erfahrung, sein Training sowie seine persönliche Geschichte und Veranlagung. Er begann seine Arbeit damit, dass er eine Mission und Vision für sein Team entwarf, die auf ganz kreative Weise die Lakota-Philosophie und -Symbole mit den Lehren und Praktiken des Zen-Buddhismus verbanden und die ihren Schwerpunkt in der Verbundenheit allen Seins hatten. Der Gedanke, ein Basketball-Team auf eine spirituelle Basis zu stellen, schien zuerst weit hergeholt. Aber erst durch diese spirituelle Reflexion konnte Jackson sein einzigartiges Erfolgsmodell schaffen: ein Team aus gleich starken Spielern, die im Augenblick spielten, die in Freundschaft und Respekt miteinander kommunizierten, die das Ringen um den NBA-Pokal als heiligen Weg zu verstehen wussten.

Um diese Vision voranzutreiben und sein Modell zu festigen, begann Jackson an einer auf fünf Grundvoraussetzungen basierenden Organisationskultur zu arbeiten:

- Wenn es uns gelingt, das Spiel Basketball in den spirituellen Kontext einzubinden, können wir größeres Engagement erreichen, größere Befriedigung erzielen und gewinnen – auch wenn gewinnen nicht alles ist.

- Wenn wir als Team spielen, können wir gewinnen.

- Wenn wir mit gegenseitiger Wertschätzung spielen, können wir gewinnen.

- Wenn wir selbstlos spielen, können wir gewinnen.

- Wenn wir im Augenblick spielen, können wir gewinnen.[16]

Kritisch wurden diese kulturellen Voraussetzungen und ihre Manifestationen erst, als es um die Einführung der „Triangle Offense" ging.

---

[15] Jackson und Delehanty, *Sacred Hoops*, S. 3–7
[16] ebd.

Die Einführung der „Triangle Offense"

Die Einführung der „Triangle Offense" war für alle mit großen Belastungen verbunden und es sollte anderhalb Jahre dauern, bis sie sich auch im Spiel etabliert hatte.[17] Während dieser Zeit bewies Jackson seine wahre Größe. Er ging mit Gleichmut auf Jordans Widerstand und auf die Unsicherheit der anderen Spieler ein, da er überzeugt war, dass die Zukunft seiner Strategie Recht geben würde.

Nicht jeder hätte so handeln können. Jackson konnte es auf Grund zweier zusammenhängender Kompetenzen, die er sich im Laufe seines Lebens angeeignet hatte: Seine Fähigkeit, Erfordernisse zu identifizieren und sie in den Mittelpunkt zu rücken und die Fähigkeit, Diversity-Spannungen zu tolerieren. Die erste half ihm zu bestimmen, was wichtig war und was nicht und diese Gewichtung den Spielern zu vermitteln. Die zweite erlaubte ihm, standfest zu bleiben und auch dann nicht die Richtung zu ändern, wenn die Spannungen in offenen Konflikt übergingen.

Erfordernisse in den Mittelpunkt rücken

Wenn Jackson auf das Verhalten eines Spielers reagierte, schien er nie zu fragen: „Schätze ich dieses Verhalten?" Sein Ansatz war stattdessen, das Augenmerk stets auf die Erfordernisse gerichtet zu halten, nach dem Motto: „Passt dieses Verhalten in das Konzept des heiligen Weges und erhöht es die Siegeschancen der Bulls?" Bei Rodman zum Beispiel begrüßte er die Rebounder-Fähigkeiten des Spielers, blieb aber in der Öffentlichkeit sehr zurückhaltend, was Rodmans außersportliche Aktivitäten anging. Dagegen erteilte er Rodman eine klare Abfuhr, wenn ihn sein unfaires Verhalten – auf Kosten seiner Mannschaftskameraden – wieder auf die Spielerbank gebracht hatte.[18]

Tolerieren von Diversity-Spannungen

Ähnlich ging Jackson auch mit den Diversity-Spannungen innerhalb der Mannschaft und zwischen ihm, dem Management und den Spielern um.

---

[17] ebd., S. 102
[18] Sam Smith, „Rodman Situation Is in Good Hands With Jackson", *Chicago Tribune*, 4. Oktober 1996

Er ging sehr umsichtig und überlegt mit den Spannungen um, die seine Fähigkeit, den Erfordernissen gerecht zu werden, beeinträchtigten. Spannungen, die ihn nicht unmittelbar behelligten, ließen ihn unbeeindruckt.

Bei der Überlegung, wie mit diesen Spannungen umzugehen sei, wählte Jackson seine Antwort entsprechend den jeweiligen Erfordernissen. Zum Beispiel die Einführung der „Triangle Offense". Er hatte sich dafür entschieden, und nun erwartete er von allen Beteiligten, sich entsprechend anzupassen und die Entscheidung umzusetzen.

Diversity-Management in Aktion

Phil Jackson nutzte im Umgang mit seinem Basketball-Team all das instinktive Wissen, das er als hoch kompetenter Diversity-Manager mitbrachte. Ein Studium seiner Reaktionen auf einige typische Diversity-Situationen kann deshalb sehr lehrreich sein.

Szenario 1: Während der 1992/93er Saison schienen die Teammitglieder nicht mehr synchron zu spielen. Auf die Frage nach dem Warum erfuhr Jackson von den Kapitänen Cartwright und Jordan, dass einige der Spieler sich emotional vom Team distanziert hätten.
Reaktion: Jackson ermutigte die Spieler zu einer Super Bowl Party. Als das Team sich zusammengefunden hatte, sprach er erneut von der Heiligkeit des Wegs. Er erinnerte die Spieler an die innere Belohnung eines solchen Weges und an die Liebe, die sie füreinander und für das Spiel empfänden. Die Spieler fanden wieder zusammen.[19]

Szenario 2: Als Jackson den Trainerposten der Bulls übernahm, fand er ein Team vor, das durch eine der zentralen Diversity-Zusammensetzungen charakterisiert wurde: nämlich ein Superstar auf der einen Seite und auf der anderen der „Rest". Dieses Team wurde seinen kollektiven Möglichkeiten nicht gerecht.
Reaktion: Jacksons Ansatz konzentrierte sich darauf, alle Rollen neu zu definieren. Er fing bei dem Superstar an. Superstar ist nicht der, sagte er, der den Tag rettet, sondern der, der das Spielniveau aller Spieler erhöht. Er nutzte den durch die Einführung der „Triangle Offense" er-

---

[19] ebd., S. 161–162

reichten strukturellen Wechsel, um jedermann wieder in Ausgangsposition zu bringen: als ein Spieler in einem Team. Alle Spieler mussten ein neues System erlernen und ihre Spielweise ändern. Dieser Wechsel ermöglichte ihm, einen Kontext zu schaffen, der den Spielern erlaubte, sich neu als Team zusammenzufinden.[20]

Szenario 3: Jackson und Horace Grace, vor Rodman der wichtigste Rebound-Spieler, gerieten über Grants Weigerung, mit einer Sehnenentzündung zu spielen, aneinander. Grant fürchtete, er könne sich verletzen und seinen Wert als Freiläufer im kommenden Jahr einbüßen. Jacksons erste Reaktion war Wut. Er warf Grant vor, nicht dem Motto des Teams „Play hard, play fair, and play now" („Spiele hart, spiele fair und spiele jetzt") nachzukommen, und suspendierte ihn, bis er seine fünf Sinne wieder beisammen hätte. Zu diesem Zeitpunkt existierten enorme Diversity-Spannungen zwischen den beiden.

Reaktion: Jackson ging mit dieser Konfrontation um, indem er sich eine Periode der Selbstreflexion und der Diskussion mit seiner Frau auferlegte. Er kam zu dem Schluss, dass er Grant die gleiche Selbstlosigkeit und Wertschätzung vorleben musste, die er von ihm auf dem Spielfeld verlangte. Diese Sichtweise erlaubte ihm, ihre Beziehung wieder zu kitten.[21]

Szenario 4: Bei den Spielen gegen Detroit arteten die Diversity-Spannungen und der Wettkampfgeist oft in Wut aus, die die Bulls von ihrer Spieltaktik ablenkte.

Reaktion: Jackson entwarf eine nicht-kriegerische Form des Wettkampfes, die zugleich Mut und Gentlemanship erforderte. Er führte das Lakota-Ideal von Teamwork ein und das Taoistische Prinzip, den Gegner kraftlos zu machen, indem man der Gewalt weicht. Er forderte die Bulls auch auf, nicht in jeder Konfrontation einen persönlichen Test ihrer Männlichkeit zu sehen. Stattdessen sollten sie solche Konfliktmomente überspielen.[22]

Szenario 5: 1995 brachte Jackson Dennis Rodman ins Team. Rodman war zwar ein unbestreitbar talentierter Spieler, brachte aber ein enormes Konfliktpotenzial mit ins Team – kein Vorteil in einem Team, das sich vor allem durch Selbstlosigkeit definierte.

---

[20] ebd., S. 84–92
[21] ebd., S. 155–156
[22] ebd., S. 136

Reaktion: Jacksons Annäherung an Rodman zeigt in hohem Maße, was „effektiv auf Unterschiede reagieren" heißt. Rodman brachte offensichtlich ein hohes Maß an Unterschiedlichkeit mit in das Team der Bulls. Manches hing direkt mit seiner Stärke als Basketball-Spieler zusammen und war hoch willkommen. Anderes wurde akzeptiert und respektiert, auch wenn es nicht in- oder explizit zur spielerischen Klasse der Bulls beitrug.

Im Grunde sagten die Bulls, dass sie Rodman nicht ändern wollten, sondern einfach nur Zugang zu seinem Basketball-Talent haben wollten. Die Diversity und Unterschiedlichkeit, die Rodman mitbrachte, waren nicht immer ein Gewinn für das Team. Manchmal mussten sie einfach angenommen werden, um Zugang zu seinem Talent zu finden. Das ist die Grundessenz dessen, was Diversity akzeptieren bedeutet.

Schlussfolgerung

Die Erfahrung von Phil Jackson und den Chicago Bulls bietet einige Lektionen in Punkto erfolgreichem Umgang mit Diversity:

- *Klarsicht ist wichtig.* Jackson erläuterte sehr klar und eindeutig seine Vision vom heiligen Weg und den Erfordernissen für die Verwirklichung dieser Vision.

- *Gemeinsame Überzeugungen und Zielvorgaben sind wichtig.* Jacksons Konzept von dem „Heiligen Weg" bot den Spielern einen Zugang zu seinen Überzeugungen und Zielvorgaben und ermutigte sie, ihre individuelle Unterschiedlichkeit in seine Sichtweise mit einzubringen. Diese Unterschiedlichkeit im Standpunkt wurde nicht ignoriert, sondern wurde, ebenso wie die Ähnlichkeiten, in Betracht gezogen.

- *Respekt, Vertrauen und Empathie – die Fähigkeit, auch den Blickwinkel des anderen zu sehen – sind wichtiger als die Art von Kumpelei und Geselligkeit, die so oft mit zwischenmenschlicher Harmonie assoziiert wird.* Es versteht sich nicht von selbst, dass die einzelnen Spieler der Bulls sich mögen und in perfekter Harmonie leben. Es versteht sich von selbst, dass sie sich respektieren und einander vertrauen und sich verpflichtet fühlen, auf dem Spielfeld zusammenzuarbeiten.

- *Unterschiede müssen im Kontext betrachtet werden.* Weder billigte Jackson Unterschiede auf breiter Font, noch ignorierte er sie. Er akzeptierte einfach ihre Realität und reagierte darauf je nach Auswirkung, die sie auf die Bulls hatten. Die, die die Erfüllung der Vision unterstützten, waren geschätzt und willkommen. Die, die keine Auswirkung auf die Verwirklichung hatten, wurden zwangsläufig akzeptiert. Die, die der Erfüllung zuwiderliefen, wurden nicht akzeptiert und stellten bisweilen sogar einen Ausschlussgrund vom Team dar.

- *Die Konzentration auf den Augenblick erleichtert es, mit Diversity effektiv umzugehen.* Klarsicht in Bezug auf die Erfordernisse ist essenziell für das Diversity-Management. Menschen, die sich anstatt mit der unmittelbaren Gegenwart zu sehr mit der Vergangenheit oder der Zukunft beschäftigen, werden leicht unsicher in ihrer Beurteilung der Erfordernisse.

- *Alle Mitarbeiter, nicht nur die Manager, müssen effektiv im Umgang mit Diversity sein.* Der Erfolg der Bulls im Umgang mit Diversity und ihren Spannungen kann sowohl den Spielern als auch Jackson zugute gehalten werden. Sie scheinen das Wunder vollbracht zu haben, interne Querelen auf einem Minimum zu halten, die Kooperation auf dem Spielfeld dagegen auf ein Maximum zu fahren.

- *Jede Art von Diversity ist eine Herausforderung.* Einige hatten in Michael Jorden den Inbegriff des Allround-Talentes und in Dennis Rodman den Prototyp des Unruhestifters, der sich nicht einfügen lässt, gesehen. Mit Sicherheit gingen sie davon aus, dass Rodman das wohl größte Diversity-Problem darstellen würde. Doch das „Jordan-Problem" der Bulls ist der Beweis dafür, dass auch „gute" Diversity zur Herausforderung werden kann.

Als „Leit-Giraffe" der Chicago-Bulls bewies Jackson seine Meisterschaft im Diversity-Management. Er führte sein Team starker und unterschiedlicher Spieler zu sechs NBA-Meisterschaftstiteln in 8 Jahren.

Offensichtlich rührte ein guter Teil seines Erfolg von seinem Respekt gegenüber den Spielern her und von seiner Fähigkeit, mit ihnen eine Bindung einzugehen. Ebenso wichtig war aber auch seine Fähigkeit, ein organisatorisches Umfeld zu schaffen, das jeden seiner Spieler in die Lage versetzte, sein Maximalpotenzial zu erreichen, und zwar sowohl was die Verwirklichung der Ziele des Teams als auch die der persönlichen Ziele anging. Jackson sah Parallelen zwischen dem heiligen Weg der Krieger und dem Leben in der NBA.

Ein weiterer Punkt in Jacksons erfolgreichem Diversity-Management war sein Hang zu praxisbezogenem Lernen: Analyse, Reflexion, Experimentieren, Lernen und folgerichtiges Handeln. Der Umgang mit Diversity ist ein fließender Prozess. Man muss „im Augenblick leben". Eine Anschauung, die zu einer bestimmten Zeit gültig erscheint, kann ein anderes Mal eine Neubeurteilung erfordern. Ein Ansatz, der in einer Situation funktionierte, kann in einer anderen schon nicht mehr funktionieren. Flexibilität ist das Schlüsselwort. Effektives Diversity-Management heißt, offen sein zu lernen und entsprechend dem neu Erlernten zu handeln.

Der geborene Diversity-Manager: Phil Jackson

Kapitel 4

Der gelernte Diversity-Manager:
Bill Smith

Die nun folgende Geschichte handelt von einem echten Unternehmen und einer echten Person. Beide Namen sind geändert worden, nicht aber die Geschehnisse. Der Mann, den wir Bill Smith nennen, hat seine Geschichte auf einer kürzlich in seinem Unternehmen stattgefundenen Betriebsleiter-Hauptversammlung erzählt.

Der Konzern, für den Smith tätig ist, hatte in der letzten Zeit zahlreiche Schritte in Richtung eines ernsthaften, konsequenten, facettenreichen und strategisch vielseitigen Diversity-Managements unternommen. Da Smith selbst Betriebsleiter einer Konzerntochter ist, war er gezwungen, in seinem Betrieb für die Umsetzung dieses Prozesses zu sorgen. Er ist überzeugt, dass seine früheren Erfahrungen mit „Diversity" und seine Entwicklung zum „Diversity-Manager" dabei geholfen haben, ihn gut auf diese Aufgabe vorzubereiten.

Bill Smiths Bericht

Als ich noch ein junger Mann war, arbeitete ich zweimal in Werk 6, einem von mehreren Werken, die landwirtschaftliche Maschinen und Zubehörteile herstellten. Von 1977 bis 1978 war ich dort als Produktionsleiter tätig, arbeitete danach im Firmenbüro, um 1980 als Werksleiter wiederzukehren. Sowohl das Werk als auch die Vorbereitung für die Verantwortung, die ich zu tragen hatte, waren wohl einzigartig.

Die Erfahrungen, die ich dort gemacht habe, wirkten sich entscheidend auf meine Ansichten aus, wie Menschen – sowohl die mir ähnlichen als auch die mir unähnlichen – zu führen seien. Diese Erfahrungen vermittelten mir auch den tiefen Glauben an den Wert einiger grundlegender Management-Prinzipien und Praktiken. Als solche waren sie also für meine spätere Karriere von entscheidender Bedeutung.

Die Tätigkeit als Produktionsleiter:
Meine erste Herausforderung

Werk 6 unterschied sich in mehrfacher Hinsicht von den anderen Werken. Jedes der anderen Werke war regional eingebunden, nicht Gewerkschafts-orientiert und mit nur einer Produktionslinie ausgestattet. Werk 6 dagegen produzierte Teile für alle anderen Produktionslinien, einschließlich einer Vielzahl elektronischer Leiterplatten und Bauteile, verschiedener Schalter, Sender und Tachometer. Dies alles erforderte die verschiedensten Grafik- und Wählprogramme und eine Vielzahl von Konfigurationen aller möglichen Sonderzubehörteile. Das Werk hatte wahrscheinlich mehr Originalnummern für Geräteteile als alle anderen Werke zusammen. Häufige Wechsel in den Modellen und Standflächen waren bezeichnend für die Produktion, ebenso die vielen neuen Stücknummern, Designs und Fachbezeichnungen.

Das Werk unterschied sich noch auf zwei weitere Arten. Es lag in einer gewerkschaftlich sehr aktiven Gegend und war selbst ein durch Gewerkschaftsarbeit geprägtes Werk mit einer langen Geschichte von gewerkschaftlich-unternehmerischer Zusammenarbeit. Es war auch das Werk mit dem niedrigsten Leistungsniveau innerhalb des gesamten Werkskomplexes.

Meine Unterschiedlichkeit lag in meinem Werdegang. Ich war Wirtschaftsingenieur und hatte meine Karriere als Leiter von kostenreduzierenden Programmen begonnen. Danach hatte ich zwei Jahre als Bereichsleiter in einem datenverarbeitenden Unternehmen gearbeitet. Zwei weitere Jahre – bevor ich zu Werk 6 kam – war ich als Verfahrensingenieur mit Schwerpunkt Design von Montagebändern tätig. Als ich zu Werk 6 kam, hatte ich also noch nie längere Zeit im produzierenden Bereich gearbeitet.

Die Modell- und Teiländerungen, mit denen Werk 6 1977 konfrontiert wurde, fielen noch dramatischer aus als gewöhnlich. Das gesamte Farm- und Landmaschinenzubehör-Design war 1978 aufgrund der Ölkrise Mitte der 70er-Jahre geändert worden. In einem unserer Produktbereiche war die Situation besonders schlimm, nämlich bei den biegsamen Wellen, die die Gerätebündel zur Umsetzung der Geschwindigkeitsleistung mit dem Getriebe verbanden. Die neue biegsame Welle erforderte, dass wir 84-Inch-Kabel herstellten. Das stellte uns vor ein schwieriges Problem. Wir hatten eine vollautomatische Maschine, die man einfach durch Verändern der Schneidelänge in etwa zwei Minuten von einer Teile-nummer auf die nächste umstellen konnte. Aber das Längste, was wir produzieren konnten, waren 81-Inch-Kabel.

Durch die neue biegsame Welle erhöhte sich auch die Anzahl der Kabel, die wir pro Tag produzieren mussten. Und um das Desaster perfekt zu machen, hatte die Verfahrenstechnik für Werk 6 keinen Plan für die Modelländerungen entwickelt, da die biegsamen Wellen Kleinpreisarti-kel waren und nicht viel Geld darauf verwendet werden sollte.

Bevor ich zu Werk 6 kam, hatte man mir gesagt, dass mehrere Tausend Stück dieser Teile in einem der südlichen Werke produziert werden könnten. Nach einem Monat erfuhr ich nun doch, dass das nicht möglich war. Wir mussten selbst einen Weg finden, diese Teile herzu-stellen.

Das Management-Team

Die Hauptakteure, die diese verfahrene Situation meistern sollten, fanden sich in einem Management-Team zusammen, das aus sieben Bereichs-leitern und einem Verfahrenstechniker, der uns zugewiesen worden war, bestand.

Der Verfahrenstechniker und fünf der Bereichsleiter waren Weiße. Er und einer der Leiter waren schon etwas älter und sehr erfahren. Der zweite Bereichsleiter war ein junger Mann, der seine Laufbahn beim Mi-litär begonnen hatte und der auch am Ende eines anstrengenden 12-Stunden-Tages so frisch und energiegeladen aussah wie am Anfang.

Der dritte Bereichsleiter war ein junger Ingenieur, der hierher nach Werk 6 versetzt worden war, um den traditionell ineffizienten Elektro-nikbereich „auf Vordermann zu bringen", nachdem er seine Effizienz bereits in anderen Anlagen unter Beweis gestellt hatte. Tatsächlich war dieser Mann so erfolgreich als Produktionsleiter und leitender Inge-nieur, dass er wohl nie verstanden hat, warum er nicht an meiner Stelle Produktionsleiter in Werk 6 geworden war.

Der vierte war nach dem erfolglosen Unterfangen, multifunktionale Er-fahrungen in einem anderen Werk zu sammeln, ins Werk 6 geschickt worden. Ich glaube, er war wohl eher aus heilpädagogischen Gründen als Leiter für die dritte Schicht in Werk 6 ausgewählt worden.

Der fünfte Leiter (und das sechste Team-Mitglied) war Bob. Bob war Meister in einer im Nordwesten gelegenen Anlage gewesen, die geografisch äußerst entfernt gelegen und wohl die unkonventionellste aller Produktionsanlagen war. Die Leiter dort bliesen ihren eigenen Marsch. Das Werk war bekannt dafür, dass es zwar erfolgreich war, aber dass die Manager alle einen „Hau" weg hatten.

Bob war als Rotnacken und Cowboy bekannt; und dafür, ein alter Gauner und alles andere als ein Teamarbeiter zu sein. Er hatte auch, zumindest für meine Ohren, eine etwas seltsame Art sich auszudrücken. Er hatte keine formelle Ausbildung genossen, hatte keinen Technikerabschluss. Aber er hatte viel Talent. Er war dem Werk als Werkzeugmeister zugeordnet worden, um das Desaster mit den biegsamen Wellen beheben zu helfen. Er war da, weil auf Grund der mangelhaften Vorbereitung der Modelländerung bei den biegsamen Wellen der Leiter der Verfahrenstechnik und der Chef meines Chefs wütend aufeinander waren und nicht mehr miteinander redeten.

Die sechste Bereichsleiterin war Pat, eine junge weiße Frau mit einem Diplom als Sozialarbeiterin. Pat, die erst kürzlich als Leiterin für Produktionskontrolle Werk 6 zugestellt worden war, hatte etwas – aber nicht viel – Erfahrung in Produktionskontrolle durch ihre Arbeit in der Hauptverwaltung gewonnen.

Der siebente Leiter und das achte Team-Mitglied war Jack, ein der zweiten Schicht zugewiesener Meister. Jack war ein Schwarzer in den Vierzigern mit einer Vorliebe für extrem bunte, dreiteilige Anzüge und viel Goldschmuck. Am Anfang seiner beruflichen Laufbahn, als er für einen Automobilhersteller arbeitete, hatte er sich aktiv in der Gewerkschaftsarbeit engagiert. Als ich ihn kennenlernte, stand er auf bestem Fuße mit dem Betriebsratsvorsitzenden in unserer Anlage mit ihren 12 000 Mitgliedern. Er hatte schon seinen Ruf weg im Werk.

Mit den ersten vier Team-Mitgliedern hatte ich keinerlei Probleme, und auch dem fünften stand ich neutral gegenüber. Aber die letzten drei machten mich skeptisch. Vor allem um Pat machte ich mir Sorgen. Ich sagte zwar nichts; aber angesichts der vielen Dinge, die falsch liefen, dachte ich bei mir: *Warum muss gerade ich das Pech haben, mit einer Frau zusammen arbeiten zu müssen, die auch noch Sozialarbeiterin ist?*

Nicht nur, dass mir das Vertrauen in einige der Mitglieder meiner Crew fehlte, ich hatte auch mit nicht wenigen Selbstzweifeln zu kämpfen. Mein Vertrauen in meine eigenen Management-Fähigkeiten war nicht

Der gelernte Diversity-Manager: Bill Smith

gerade groß und ich litt – wie die meisten, die mit neuen Problemen konfrontiert werden – unter Angstzuständen und Magenbeschwerden.

Ich wusste, dass ich noch ein Grünschnabel war – ein im Produktionsbereich sehr unerfahrener Mann, der mit einem verantwortungsvollen Job in einem äußerst schwierigen Werk betraut worden war. Warum, weiß ich nicht. Ich vermute, es war einfach ein Experiment. Man wollte sehen, wie ich mich durchschlagen würde.

Ich wusste auch, dass sich meine neue Crew meiner Unzulänglichkeiten sehr wohl bewusst war. Die meisten der Team-Mitglieder waren langgediente Produktionsleute und ich vermutete ganz richtig, dass sie mich auf Grund meiner beruflichen Laufbahn nicht respektierten. Mir war bewusst, dass ich diese Leute sehr effektiv würde führen müssen, um aufkommenden Zynismus zu vermeiden. Ich war sehr unsicher und machte mir Sorgen darüber, wie ich ihren Respekt erringen könnte.

Was mich aufrecht hielt, war das Wissen, dass ich einen Job zu machen hatte. Ich wusste auch, dass ich mir in der EDV-Abteilung, die ich geleitet hatte, bereits einen Ruf als Problemlöser erarbeitet hatte.

Die Crew-Mitglieder in Aktion

Bob

Meine Befürchtungen in Bezug auf Bob erfüllten sich schon in den ersten Wochen voll und ganz. Offensichtlich war er frustriert gewesen, weil er einen Werkstisch auf dem üblichen Verwaltungsweg nicht von einem Bereich in den anderen versetzen konnte. Er löste das Problem, indem er die Arbeiter aus ihrem markierten Arbeitsfeld am Band herausholte und sie den Tisch für ihn verrücken ließ. Dadurch brachte er die gesamte Arbeitervertretung und die Vertretung der Produktionsabteilung in der Hauptverwaltung gegen sich auf.

Heute hört sich das, was er tat, trivial an. Aber das war in Michigan, wo in den 30er-Jahren Sitzstreiks und Maschinengewehre regiert haben. Noch heute gibt es Leute, die sich an den Missbrauch, den sich das Management in diesen frühen Jahren manchmal leistete, erinnern.

Diese Erinnerung hatte Konsequenzen. Noch vor zwanzig Jahren waren die Gewerkschaftsbeziehungen in dieser Gegend so strukturiert, dass Bobs Handlung zu einer ernsthaften Krise führte – das ließen mich die gewählten Gewerkschaftsvertreter, mein Chef und andere leitende Führungskräfte während ihrer vielen Telefonate wissen. *So sieht es also aus, wenn man Bob leiten muss*, dachte ich bei mir.

Ich hatte gemischte Gefühle. Einerseits dachte ich: *Oh Mann, warum musste das jetzt schon passieren?* Andererseits bewunderte ich Bob, weil mir klar wurde, dass er nur seinen Job machen wollte. Und als er keinen bürokratischen Weg sah, hatte er einen anderen Weg versucht. Nach außen hin sagte ich: „Bob, das hätte nicht passieren dürfen". Im Stillen lachten wir uns eins. Ich sagte ihm: „Tu dein Bestes und sieh dich vor, sie nicht noch mal vor den Kopf zu stoßen".

Als er dann endlich auf seiner Stelle angefangen hatte, erwies sich Bob als fleißiger Arbeiter. Offensichtlich verstand er etwas von Mechanik und Fließband-Traditionen. Er wusste, wie man mit den Arbeitern und Werkzeugmeistern umgeht, damit sie ihre Arbeit erledigten. Sein vorrangiges Augenmerk galt der Unfähigkeit unserer Drahtwicklungsabteilung, genug Meter an biegsamen Wellen pro Tag zu produzieren. Bald hatten er und ein anderer junger Leiter die Leistung in diesem Bereich beträchtlich erhöht.

Zwischenzeitlich war das Problem bei der Produktion von biegsamen Wellen noch drängender geworden. Die Dinge liefen so schlecht, dass wir uns täglich mit dem Betriebsleiter und seinem gesamten Stab trafen. Ich stand auf der einen Seite der Tabellentafel, der Leiter der Qualitätssicherung stand auf der anderen Seite. Gemeinsam verglichen wir den täglichen Warenversand mit der Zahl der versprochenen Lieferungen und gingen die verschiedenen Wege zur Vermeidung und Lösung wichtiger Probleme durch. Aber wie wir uns auch anstrengten, eine Lösung zur Herstellung von 84-Inch-Kabel fanden wir nicht.

Diese Treffen und die große Frustration dauerten schon etwa einen Monat, als eines Tages Bob und unser Werkzeugmeister in mein Büro kamen. Sie sagten, sie hätten eine Methode gefunden, wie wir die vollautomatischen Maschinen auf 84-Inch lange biegsame Wellen umstellen konnten. „Das weiß ich," sagte ich. „Das Problem ist, dass wir nicht die sechs Monate Zeit haben, die es nach Angaben der Ingenieursabteilung und des Leiters der Werkzeugmeisterei brauchen würde." Die zwei standen nur da und grinsten.

„Wie lange würdet ihr brauchen?", fragte ich.

„Eine Nacht", sagten sie.

„Habt ihr irgendwelche genauen Pläne, Skizzen – irgendetwas – um die Leute davon zu überzeugen, dass dieser Plan funktionieren könnte?" fragte ich.

„Die Pläne sind alle in meinem Kopf," antwortete Bob.

Ich nahm mir die Zeit, um soviel wie möglich über ihren Plan zu erfahren und brauchte dann nochmals mehrere Stunden, um mich zu einer Entscheidung durchzuringen.

Dann, während eines unserer allabendlichen Treffen, das noch schlimmer als gewöhnlich ablief und bei dem uns die Betriebsleitung wieder mit der Frage quälte, was wir denn mit diesem altbekannten Problem zu tun gedächten, schaute ich den Betriebsleiter an und sagte: „Bob und Bruce sagen, sie können die Maschinen auf 84-Inch-Wellen umstellen." Die Leiter der Ingenieurabteilung und der Werkzeugmeisterei antworteten entnervt: „Das wissen wir. Aber es würde zu viel Geld und sechs Monate Zeit kosten, um es durchzuführen!"

Ich spielte meinen Trumpf aus: „Bob und Bruce glauben, dass sie es in einer Nacht machen können."

Das Zimmer explodierte förmlich in einer Mischung aus Gelächter und Geschrei über die Lächerlichkeit meines Vorschlags. Ich wartete, bis sich der Tumult gelegt hatte. Dann schaute ich zum Betriebsleiter hinüber und sagte:. „Tja, aber mit unserer jetzigen Strategie kommen wir nicht weiter. Was sagen Sie dazu?"

Er dachte einen Moment lang nach, schaute dann auf den Rest der Gruppe und sagte: Versuchen Sie es!"

Wir blieben alle bis spät in die Nacht. Während meiner ganzen Laufbahn habe ich nie mehr so viele gelernte Arbeiter so hart an einer Sache arbeiten sehen. Sie kletterten buchstäblich überall an dieser Maschine herum und arbeiteten nach den Plänen, die Bob im Kopf hatte.

Ich ging irgendwann, um eine Mütze voll Schlaf zu bekommen. Ich kam aber früh am nächsten Morgen wieder, etwa eine Stunde bevor der Meister kommen wollte, um zu sehen, wie die Dinge standen.

Etwas beklommen fragte ich Bob: „Na, wie sieht es aus?"

„Nun, ein Problem hatten wir." *Ich wusste es*, dachte ich. Aber dann sagte er: „Eine Röhre, von der wir dachten, sie sei nur zur Abstützung da, musste gekappt werden. Als wir sie mit dem Schweißbrenner aufsägten, merkten wir, dass sie voller Kabel war. Wir mussten also letzte Nacht noch etliche Leitungen an der Maschine neu verlegen. Aber wir glauben, dass wir sie jetzt soweit haben."

Ich weiß, es klingt melodramatisch. Aber gerade in dem Moment, als der Meister den langen Gang zur Maschine entlang kam und um die Ecke bog, begann die Maschine ihre ersten Teile zu produzieren.

Bobs Metzgersarbeit bei der Änderung der Konfiguration dieser Maschine funktionierte nicht nur am ersten Tag. Wie er versprochen hatte, lief die Maschine auch weiterhin und produzierte 84-Inch lange biegsame Wellen während dieser ganzen kritischen Zeit der Startphase und dieses ersten Jahres.

Pat

Pat erwies sich als eine der professionellsten, Projekt-bezogensten Menschen, mit denen ich je zusammen gearbeitet habe. Ihr Auftreten war neutral, aber bestimmt und hartnäckig. Damals waren Bereichsleiter typischerweise meist ungehobelte, mit der Faust auf den Tisch hauende Männer. Pat war nicht aggressiv. Sie nahm Probleme ins Visier, nicht Menschen. Die harte Arbeit, die sie leistete, ihre Hartnäckigkeit und Entschiedenheit gewannen schließlich jedermanns Respekt.

Außerdem lehrte mich Pat eine Lektion, die ich seitdem oft in meinem Berufsalltag verwenden konnte. Sie war für zwei Dinge verantwortlich: in der erforderlichen Zeit eine möglichst große Zahl des erforderlichen Materials zu beschaffen und darauf zu achten, dass der Versand unserer Produkte zu unseren Großlagern im Zeitplan blieb.

Eines Tages arbeiteten wir an einem besonders schwierigen Problem – es ging um technische Fragen, Lieferungs- und Ausführungsgarantien, im Prinzip also um alle Arten von Problemen, die sich uns überhaupt stellen konnten. Nun war ich Ingenieur und hatte als solcher immer und immer wieder die Situation gedreht und gewendet, um sicher zu gehen, dass wir auch alles logisch Mögliche getan hatten. Obwohl ich davon überzeugt war, standen wir kurz vor dem Scheitern. Und da mir selbst nichts mehr einfiel, war ich fast soweit, unser Scheitern zuzugeben.

Als wir das Problem erneut überdachten, gaben einige Bereichsleiter sehr logische Gründe dafür an, warum es ihnen nicht möglich war, die Produktion in dem Umfang, wie Pat es verlangte, voranzutreiben. Ich muss zu meiner Schande gestehen, dass ich mit ihnen übereinstimmte.

Nachdem sie sich alles angehört hatte, sah mir Pat ruhig in die Augen und sagte: „Sei es wie es will, Bill, es ist nicht gut genug."

Ich wusste nicht, was ich darauf sagen sollte. Natürlich hatte sie Recht. Der Kunde musste beliefert werden, und wir hatten dafür einen Weg zu finden. Als wir uns mit Pats unbeugsamer Haltung konfrontiert sahen, überprüften wir unsere Pläne erneut und fanden einen Weg, die benötigte Menge an Teilen zu produzieren.

Seit dieser Erfahrung mit Pat haben mir Leute schon unzählige Male die logischsten Gründe dafür genannt, warum ein Scheitern unausweichlich sei. An einem Punkt der Verhandlungen habe ich ihnen einfach in die Augen gesehen und gesagt: „Sei es wie es will, es ist nicht gut genug. Findet einen Weg."

Jack

Jack hatte ewas an sich, das einem das Gefühl gab, ihm besser nicht im Dunkeln zu begegnen. Doch bei allen Macho-Allüren war er ein erstaunlich warmherziger und charismatischer Mann – jemand, den man gerne als Freund hat.

Ich machte Jack gegenüber nie Anspielungen auf seine Kleidung, obwohl mir bei seinem Anblick zu Anfang ganz übel wurde. Irgendwann spielte es keine Rolle mehr. Seine Anzüge und sein Schmuck waren Teil seines Charakters. Er wäre nicht Jack gewesen, wenn er sich wie eine graue Maus gekleidet hätte.

Außerdem steckte hinter diesem protzigen Äußeren ein sehr solider Manager. Er schulte seine Untergebenen in den Grundlagen des Wirtschaftslebens und brachte ihnen effektives Arbeiten bei. Er überarbeitete die Pläne der ersten Schicht und lieferte wichtige Beiträge. Außerdem hatte er einen enorm guten Riecher für das Werksgeschehen und konnte gut mit Menschen umgehen.

Diese Merkmale kamen ihm bei einem Zwischenfall, an den ich mich besonders gut erinnere, zugute. Ich machte mir Sorgen um einen jungen schwarzen Leiter der dritten Schicht. Er schien ein guter Mann zu sein, aber seine Leistungen lagen beträchtlich unter denen der Leiter der anderen Schichten. Nachdem ich alles versucht hatte, ging ich schließlich zu Jack und fragte, ob er nicht dem jungen Mann helfen könnte, auch wenn es nicht in seinen Tätigkeitsbereich fiele.

Innerhalb weniger Wochen vollzog der Leiter eine 180 Grad-Wende. Seine Effizienz war plötzlich der der anderen Leiter ebenbürtig, wenn sie nicht sogar noch höher lag.

Neugierig fragte ich Jack, wie er das gemacht habe: „Hast du mit ihm gearbeitet? Er macht sich jetzt viel besser. Da war ich neugierig, wie du das geschafft hast."

Jack erzählte, dass er mit dem jungen Mann gesprochen hatte. Dabei hatte sich herausgestellt, dass das Problem eine ganz simple Ursache hatte. Drei Bandarbeiter hatten ihn eingeschüchtert. Sie hatten ihm zu verstehen gegeben, dass sie so arbeiten würden, wie es ihnen passte, und wenn er etwas dagegen hätte, würden sie ihn draußen schon zu finden wissen und ihm dann eine reinhauen.

Ich war erschüttert darüber, was alles so im Werk ablief und fragte: „Und was hast du gemacht?"

„Ich habe einfach die drei Männer draußen aufgegabelt. Ich sagte ihnen, ich hätte Gerüchte gehört, sie würden einen unserer Leiter einschüchtern und glaube, dass die Gerüchte wahr seien. Ich sagte, falls diesem Leiter draußen irgendetwas passiert, werde ich annehmen, dass ihr drei dafür verantwortlich seid und werde das auch draußen vor der Polizei und nicht im Werksbüro geregelt haben wissen."

Ich glaube, es war Jacks Drohung, wie er mit dieser Affäre umgehen würde, die die Männer dazu brachte, es sich anders zu überlegen.

Nachdem ich Jack besser kennengelernt hatte, versuchte ich ihn zu überreden, die Verantwortung für die erste Schicht zu übernehmen. Ich sagte ihm, dass sich das positiv auf seine Beförderung auswirken würde. Aber er war nicht interessiert. Er liebte seinen Job und er tat ihn gut. Er war ein wirklich zufriedener Mensch. Ich habe ihn als echten Freund schätzen gelernt.

Werksleiter: die nächste Herausforderung

So, wie mich die Arbeit als Produktionsleiter den Umgang mit Menschen gelehrt hatte, so lehrten mich meine Erfahrungen als Werksleiter die Grundlagen meiner späteren Management-Philosophie.

Der Anfang stand unter einem ebenso unheilvollen Stern wie der Beginn meiner Arbeit als Produktionsleiter. Meine Rückkehr fiel auf ein Jahr, das einer ganzen Reihe von Fehlkalkulationen folgte.

Die Dinge liefen schlecht. Weder das Werk noch die Angestellten hatten sich von dieser schwierigen Zeit erholt.

Mein Chef begrüßte mich mit den Worten, ich sei ja nicht seine erste Wahl für den Job gewesen. Dann schickte er mich eine Woche lang vor Ort in das Werk. Dort traf ich in erster Linie auf fehlende Organisation, Ineffizienz und eine Arbeitsmoral auf dem Tiefpunkt. Des Weiteren fielen mir die auswuchernden Fehlzeiten und Verspätungen auf, die erbärmlichen Arbeitsmethoden und Arbeiter, die auf der Arbeit lasen – es war, kurz gesagt, ein ineffizientes Werk mit einer demoralisierten Arbeiterschaft.

Am Ende dieser Woche rief mich mein Chef zu sich: „Wenn Sie es nicht schaffen, das Werk auf Vordermann zu bringen, wird die Anlage geschlossen und die Arbeit an andere Gebiete mit ausreichenden Kapazitäten verteilt werden. Wie lautet also Ihr Plan?"

Zu dieser Zeit waren Führungskräfte vor allem damit beschäftigt, zusätzliche Aufgaben übertragen zu bekommen, indem sie sich als Allround-Manager erwiesen und die neuesten Weisheiten der Business-Gurus vorweisen konnten. Aber mir lag das nicht. „Ich möchte wieder mehr Disziplin schaffen," sagte ich. „Wir müssen an den Grundlagen arbeiten. Zuerst konzentrieren wir uns auf unsere Hausaufgaben: jedes Teil bekommt seinen Platz in der Fabrik zugewiesen, um ein sicheres Umfeld zu schaffen und ein Element der Disziplin reinzubringen. Als nächsten fassen wir die Abfall- und Ausschusswirtschaft ins Auge, die Fehlzeitenquote, die Effizienz und das Lesen am Arbeitsplatz. Um mehr müssen wir uns im Moment nicht kümmern."

„Das ist kein schlechter Anfang," sagte er und ließ mich allein.

Die Regeln, die ich in der Folgezeit einführte, schafften mir keine Freunde. Die Ankündigung, dass Lesematerial am Arbeitsplatz nicht erlaubt sei, solange das Band am Laufen war, war besonders unpopulär. Nach Ablauf einer Woche fand sich der Betriebsratsvorsitzende in meinem Büro ein, um mir zu sagen, dass sie noch nie einen so schlechten Manager wie mich gehabt hätten. „Diese Regel wird die Stimmung massiv beeinträchtigen," warnte er mich. Ich stimmte zu, dass das für die erste Zeit tatsächlich zutreffen könnte, versicherte ihm aber, dass die Moral mit steigendem Arbeitserfolg wieder besser werden würde.

Er ging und wir zogen das Programm durch. Ich bin nicht so naiv zu glauben, dass wir das Lesen überall unterbinden konnten. Aber es wurde auf jeden Fall sehr viel weniger gelesen. Es war kein Riesenthema. Aber es war eine Frage der Disziplin.

Der Erfolg stellt sich ein

Die Mannschaft, die wir in Werk 6 zusammengestellt hatten, erlangte weithin den Ruf, die Anlage vorangebracht zu haben. Ansehen brachte uns vor allem die effiziente Ausschöpfung unseres Budgets. Alles begann damit, dass ich naiverweise eine sehr positive Einschätzung unserer Fähigkeiten im Hinblick auf eine effiziente und kostenreduzierende Produktion der restlichen Jahresmodelle abgab. Als mein Chef das anzweifelte, war ich zu stolz, um zuzugeben, dass ich einen Fehler gemacht hatte.

Als ich mein Problem den Bereichsleitern erläuterte, sagten sie: „Wenn die Firma allen Leitern goldene Cross-Füller und Kugelschreiber verspricht, dann schaffen wir auch die Zielvorgaben." Sie schafften es, und wir feierten das Resultat gebührend, indem jeder der 50 Teammitglieder einen mit seinem persönlichen Logo versehenen goldenen Cross-Füller und Kugelschreiber bekam.

Wie konnte es funktionieren?

Wenn ich meine Erfahrungen in Werk 6 rückblickend betrachte, so kann ich doch einige Faktoren und Management-Prinzipien isolieren, die mir dabei halfen, meine Ziele durchzusetzen.

Als Erstes ist wohl mein persönlicher Hintergrund zu nennen, der mich für den Umgang mit Unterschieden prädestinierte. Ich wuchs in einer stabilen Familie der unteren Mittelschicht in einer Kleinstadt in Pennsylvania auf, wo alle gängigen Vorurteile anzutreffen waren. Ich war ein strebsamer Schüler und Student, was leicht zu meiner Isolation hätte führen können. Aber ich war gut im Sport, und das glich vieles aus. Ich war ein Streber, der gern bei den Unternehmungen von Leuten mitmachte, die sich schon fast an der Grenze der Jugendkriminalität bewegten. Ich hatte sowohl weiße als auch schwarze Freunde. Meine Freunde waren von ihrem wirtschaftlichen Hintergrund ebenso unterschiedlich wie sie es auch in anderer Hinsicht waren.

Einer, der diese Haltung ermöglichte, war mein Vater. Er hatte nie irgendwelche Vorurteile gezeigt, keinem gegenüber. Er bewertete die Menschen einfach nicht. Bevor ich mein College-Examen in der Tasche hatte, hatte ich mehrere Jahre für ihn gearbeitet.

Es war mir zu dieser Zeit nicht bewusst, aber ich entwickelte eine Sympathie und Wertschätzung für Diversity. Sicher haben sich auch bei mir über die Jahre Vorurteile und Voreingenommenheiten angesammelt. Aber durch meine frühen Erfahrungen wurde ich davor bewahrt, nach diesen Voreingenommenheiten zu handeln.

Ein anderer Faktor, der mir, glaube ich, half, war meine Fähigkeit, mit diesem so talentierten Team in eine Arbeitsbeziehung zu treten, die freundschaftlich, teilnehmend, aber auch autoritär geprägt war. Das klingt wie ein Widerspruch, ist es aber nicht. Meine Hartnäckigkeit hing ganz von der Situation ab. Manchmal fügte ich mich auch in das Team ein, um mich im Ringen um eine Lösung auf die gleiche Verantwortungsebene zu stellen. Ein anderes Mal stellte ich mich bewusst abseits, um die Resultate bewerten zu können. Je nach Fall und Gegebenheit musste ich lernen, welche Situation nach welcher Reaktion verlangte.

Das Gleiche galt auch für die Interaktionen mit den einzelnen Individuen. Manchmal war ich einfach nur gern ein Freund, dem man einen Witz erzählt oder mit dem man sich über private Dinge unterhält. Manchmal musste ich über die Höhe der Gehaltsaufstockung entscheiden oder eine Beurteilung schreiben. Und manche Situationen verlangten, dass ich einen Mitarbeiter maßregelte, um ihn dann später, zu gegebener Zeit, wieder aufzubauen. Mein Ziel war nicht, in jeder Situation Geradlinigkeit zu zeigen. Vielmehr wollte ich mir ein gleichmäßiges Muster erarbeiten. Es scheint, dass mir dieser zwischenmenschliche Stil über all die Jahre recht gut gedient hat.

Meine Entscheidung, den Schwerpunkt auf die Grundlagen zu legen, trug ebenfalls zu unserem Erfolg bei. Diese Gewichtung wurde im Übrigen immer und immer wieder während meiner Laufbahn bestätigt. Wenn man es mit grundlegenden Problemen zu tun hat, macht man sich nur etwas vor, wenn man an den peripheren Problemen herumdoktert, um sich den Anschein von Aktivität zu geben.

Lektionen, die ich gelernt habe

Ich war immer jemand gewesen, der sich schnell einen ersten Eindruck von einer Sache oder einem Menschen machte. Wenn ich mit einer Situation oder einer Person konfrontiert werde, springe ich auf die erstbeste Entscheidung, die mir auf Grund dieses Eindrucks von einer Situation oder Person in den Sinn kommt. Aber ich habe gelernt, dass eine der wichtigsten Lektionen des Lebens darin besteht zu erfahren, als wie falsch sich diese ersten Eindrücke erweisen können.

Auch jetzt noch mache ich mir schnell einen ersten Eindruck, aber ich bin sehr vorsichtig darin geworden, meine Entscheidungen auch danach zu richten. Auch wenn ich spontan handle, bleiben meine Antennen doch auf jeden Fall auf Empfang gestellt, um eventuelle neue Signale nicht zu verpassen. Der erste Eindruck, den ich von Bob gewonnen hatte, war teils richtig, teils falsch gewesen. Mein erster Eindruck von Pat war falsch, ebenso der von Jack. Es gibt viele Leute, die ich zuerst völlig falsch eingeschätzt habe. Einer meiner Vorgesetzten, den ich sehr schätzte, sagte mir einmal: „Man kann die Menschen nicht kennen. Sie enthüllen sich uns über einen langen Zeitraum hinweg."

Ich habe auch gelernt, dass ich den anderen vertrauen muss. Das ist eines der Dinge, in die ich im Laufe der Jahre hineingewachsen bin, als mir mein Vertrauen in andere dabei half, ständig größer werdende Krisensituationen zu meistern.

Letztendlich habe ich auch das Gleichmaß schätzen gelernt, das sich einstellt, wenn man das Augenmerk auf die jeweiligen Erfordernisse der Situation gerichtet hält. Je mehr Verantwortung eine Führungskraft hat, desto weitreichender sind die Konsequenzen unnötig eingeleiteter Veränderungen. Man kann einen Betrieb nicht ständig umkrempeln, indem man jedes Jahr ein neues Programm, jeden Tag eine neue Idee einführt. Ein Unternehmen hat ein gewisses Eigenmoment. Das Wichtige ist, dass man den Betrieb in die richtige Richtung laufen lässt und ihm die nötige Geduld mit auf den Weg gibt.

Lektionen, die ich fortgeführt habe

Während meiner Arbeit in den letzten Jahren bot sich vielfach die Gelegenheit, die Lektionen, die ich in Werk 6 gelernt habe, anzuwenden.

Sie hat mich vor neue Herausforderungen gestellt und mich neue Lektionen gelehrt.

Vor einigen Jahren wechselte ich zu einem Industrieunternehmen, das in Punkto Diversity dem übrigen Land etwa zwei Jahrzehnte hinterherhinkte. In diesem Unternehmen war man sich zwar schon der Diversity in Bezug auf Minderheiten bewusst, nicht aber in Punkto Frauen.

Eine fast unüberbrückbare Barriere war die von allen geteilte, unerschütterliche Überzeugung, dass eine Frau kein Servicetechniker sein konnte, da das eine anspruchsvolle, einsame und manchmal auch gefährliche Arbeit war. Aber gerade die Erfahrung in diesem Bereich war unerlässlich für das berufliche Fortkommen. So kam es, dass weibliche Angestellte zwar in der Gehaltsstufe 8 der höchsten Tarifklasse vertreten waren, nicht aber als gewerbliche Mitarbeiter oder außertariflich eingestellte Mitarbeiter.

In meinem ersten Jahr hatte ich genug andere Probleme, so dass ich keine Zeit fand, mich damit zu beschäftigen. Dann war ich eines Tages auf einer Sitzung, auf der wir die Ergebnisse einiger Motivations-Studien vorgelegt bekamen. Wir sollten darüber nachdenken und uns einige Besserungsvorschläge überlegen. Ich fühlte mich zwar geschmeichelt, wusste aber, dass mir hierfür die nötigen Informationen fehlten. Also machte ich mich auf, diese zu bekommen.

Anfang 1977 beraumte ich ein Treffen ein. Teilnehmer waren ein bunter Querschnitt aller in unseren US-amerikanischen und kanadischen Firmen arbeitenden Frauen. Dieses Treffen brachte zwei bedeutende Dinge zum Vorschein.

Ich warb gerade für die Vorzüge des Personalabteilungsausschusses vor einer Gruppe von weiblichen Abteilungsleitern der 8. Gehaltsstufe und darunter. Dieser Ausschuss war einberufen worden, um über Entscheidungen betreffend die Mitarbeiter auf den unteren Organisationsebenen zu bestimmen. Da stand eine Frau auf und fragte: „Wie viele Frauen gibt es in diesem Ausschuss?" Ich musste zugeben, dass ich es nicht wusste. Eine Teilnehmerin, die besser Bescheid wusste, meldete sich zu Wort. „Es gibt keine," sagte sie. Innerhalb eines Monats wählten wir eine dem Proporz entsprechende Anzahl von Frauen in diesen Ausschuss. Das war der erste Schritt.

Wir kamen auch zu dem Schluss, dass eine Frauenorganisation das beste Forum wäre, um die Behandlung von Frauen-relevanten Themen voranzutreiben. Es gab so eine Organisation in Kanada, nicht aber in den Vereinigten Staaten.

Eine Kerngruppe von 15 oder 20 US-Frauen traf sich von nun an regelmäßig, wählte sich ihre Vorsitzenden, eine Tagesordnung und entschied über ihre Budgetvorstellungen, tat alles, was man zur Gründung einer Organisation so braucht. Ihre erste Vollversammlung fand vor einigen Monaten statt. Die Frauen hatten die ganze Arbeit allein gemacht: Organisation, Umfragen, alles. Ich habe mich mehrmals mit dieser Gruppe getroffen.

Die Zusammenarbeit mit dieser Frauengruppe war nicht immer leicht gewesen und es war auch nicht immer einfach, die aus ihrer Arbeit resultierenden Entscheidungen zu respektieren. In Kanada zum Beispiel entschieden wir uns, die Kernarbeitsstunden innerhalb der flexiblen Arbeitszeit zu reduzieren und ein Arbeitszeitkonto einzuführen. Ich werde den Versuch starten, aber ich glaube nicht, dass er gut ist. Es ist wichtig, flexibel arbeiten zu können, aber Flexibilität muss in einem Kontext stattfinden, der dem Geschäft dient.

Ich sagte der Gruppe: „Wir haben alle eines gemeinsam. Jeder von uns wird seinen Job verlieren, wenn wir nicht wettbewerbsfähig bleiben. Ich arbeite nicht mit Ihnen zusammen, weil ich Sozialaktivist bin, sondern weil ich überzeugt bin, dass berufliche Gleichberechtigung und Aufmerksamkeit gegenüber Frauenbelangen unerlässlich sind, wenn wir wettbewerbsfähig bleiben wollen."

Ich ließ sie immer wissen, dass ich mitmache, weil ein geschäftliches Interesse besteht. Das macht es ihnen leichter zu verstehen, dass ich von meiner Haltung, Entscheidungen entsprechend dem betrieblichen Wohl zu treffen, nicht abrücken werde. Manchmal ist das, was dem Unternehmen dienlich ist, auch den Frauen dienlich. Manchmal verlangt das, was dem Unternehmen dienlich ist, einige Opfer von den Frauen.

In Verbindung mit den Prinzipien und den Menschen bleiben

Wenn man in einem Unternehmen nach oben rückt, wird es immer schwieriger, sich nicht zu isolieren. Und doch ist es sehr wichtig, dass das nicht passiert. Die Zusammenarbeit mit der Frauengruppe ist ein

Weg, um mit den Management-Prinzipien, die so wichtig für meine Karriere waren, und den Menschen innerhalb der Organisation in Verbindung zu bleiben.

Ein anderer Weg, den ich eingeschlagen habe, sind meine monatlich stattfindenden Treffen mit einer Auswahl unserer gewerkschaftlich organisierten Arbeitnehmer aus unseren beiden Werken. Die Tatsache, dass ich diesen Leuten jeden Monat ins Gesicht blicken muss, zwingt mich, meine Position und Geradlinigkeit immer wieder zu überdenken.

Diese ständige Neubewertung und die Geradlinigkeit sind, glaube ich, der Schlüssel zu effektivem Management einer dynamischen und unterschiedlichen Arbeitskraft.

Smith als effektiver Diversity-Respondent

Bill Smiths Fähigkeit, eine Firma unter schwierigsten Umständen vor dem Niedergang zu retten, gelang in großen Teilen dank vier persönlicher Charakterzüge:

1. Seine Konzentration auf die wesentlichen Erfordernisse.

2. Seine Bereitschaft, anfängliche Befürchtungen zu überwinden und mit jedem, der verfügbar war, zusammenzuarbeiten.

3. Seine Fähigkeit, sich zu beobachten und sich in seinen Reaktionen den Situationen und Menschen anzupassen.

4. Seine Fähigkeit, aus der eigenen und der Erfahrung anderer zu lernen.

Tatsächlich war Smith nicht auf der Suche nach Diversity. Er war, wie die große Mehrheit der Führungskräfte, in sie hineingestolpert, als er seine Arbeit tat. Er dachte auch nicht in Begriffen wie „Diversity-Zusammensetzung". Er wusste nicht, dass das Wort überhaupt existiert. Und doch reagierte er instinktiv auf die verschiedenen Zusammensetzungen in einer Art und Weise, die ihm erlaubte, den Erfordernissen gerecht zu werden und derweil einiges über sich selbst und die anderen zu lernen.

Um erfolgreich miteinander arbeiten zu können, mussten Smith und die ihm direkt Unterstellten zuerst den Umgang mit der interne Spannungen verursachenden Diversity lernen: d. h. mit der Diskrepanz zwischen den Eigenschaften, die man sich für seine direkten Untergebenen, bzw. seinen Manager gewünscht hätte, und denen, die sie tatsächlich mitbrachten.

Smith war ein konservativer Weißer mit einer ingenieurwissenschaftlichen Ausbildung, der sich auf die Logik verließ, wenn es darum ging, Probleme zu lösen. Ihm wären ähnlich denkende Mitarbeiter lieber gewesen. Aber seine direkten Untergebenen erwiesen sich als Menschen mit geringer Bildung aber viel Erfahrung, die sich beim Lösen von Problemen auf ihre Intuition verließen und die sich demografisch in Rasse, Geschlecht und Sozialstatus unterschieden.

Die Smith direkt Unterstellten hätten einen erfahrenen Produktionsleiter bevorzugt. Ihnen war ein unerfahrener und aus ihrer Sicht schlecht vorbereiteter Mann vor die Nase gesetzt worden.

Was brachte sie dazu, produktiv zusammen zu arbeiten? Der wichtigste Punkt war vielleicht, dass beide Seiten darum wussten, dass sie keine andere Wahl hatten. Wenn es ihnen nicht gelingen würde, die Anlage wieder auf Vordermann zu bringen, würde sie geschlossen werden.

Ebenso wichtig war Smiths Fähigkeit, sich selbst als Teil der Diversity-Zusammensetzung Manager/Untergebene zu sehen. Er identifizierte die Unterschiede und Ähnlichkeiten in Erziehung, Bildung, Problemlösungsstrategien, Rasse, Geschlecht, sozialem Status und Alter sowohl zwischen seinen Unterstellten als auch zwischen diesen Untergebenen und ihm selbst. Er scheint verstanden zu haben, dass er selbst ebenso „verschieden" oder „idiosynkratisch" war wie sie.

Smiths intuitives Verständnis von Diversity-Management und Diversity-Zusammensetzung erlaubte ihm, adäquate Führerschaft bei der Restrukturierung des Werks zu zeigen und gleichzeitig offen für das Lernen und den Gebrauch der Ideen und Lösungsvorschläge seiner Unterstellten zu sein. Er interagierte sowohl mit seinen Untergebenen als auch mit anderen in einem Diversity-Rollen-Gemisch, das die Rolle des Freundes, des Richters, des Zuchtmeisters, des Ordens-Verleihers, des Bittstellers, des Entscheidungsbefugten und des mitfühlenden Kollegen umfasste. Immer wählte er seine jeweilige Rolle entsprechend den betrieblichen Erfordernissen.

Ebenso wie Smith sich nichts unter dem Begriff Diversity-Management vorstellen konnte, ebenso war ihm auch das Motto *Förderung wechselseitiger Adaption* unbekannt. „Ich wusste nur, dass ich einen Job zu tun hatte," sagte er, als er seine Motivation für sein Verhalten erklärte. Aber indem er sich darauf konzentrierte, die wirtschaftlichen Erfordernisse zu identifizieren und damit umzugehen, eine angemessene Mischung verschiedener Führungsrollen an den Tag zu legen und an den Stärken einer Gruppe von grundverschiedenen Leuten zu bauen, ist er das Paradebeispiel für diese Handlungs-Option. In dieser Hinsicht war er seiner Zeit voraus.

Kapitel 5

Diversity-Effektivität:
Die Herausforderungen für Leit-Giraffen

Leit-Giraffen haben in ihrer Funktion als Leiter einer Organisation eine Verantwortung, die andere Giraffen und Elefanten nicht haben. Ein großer Teil dieser Verantwortung wirkt sich direkt oder indirekt auf die Qualität des Diversity-Managements in der Organisation aus. Die Entscheidungen, die Leit-Giraffen fällen, schlagen sich in der Organisationskultur nieder und bestimmen in hohem Maße, ob Diversity-Management in dieser Organisation Fuß fassen kann.

Phil Jackson und Bill Smith sind hoch effektive Diversity-Manager. Von außen mag es scheinen, als ob sie sich größtenteils durch ihre Intuition hätten leiten lassen.

Dem ist aber nicht so. Natürlich beruht ein großer Teil ihrer Diversity-Effektivität auf ihrem persönlichen Wissen um die Wichtigkeit von Stärkung und Respekt. Doch hinzu kommt ihre Zielgerichtetheit auf die Erfordernisse und die Fähigkeit, eine Organisationskultur zu schaffen, die es allen Mitarbeitern erlaubt, den Erfordernissen gerecht zu werden und sie dazu ermutigt, dieses auch zu wollen.

Ihre Erfahrungen sind speziell und universell zugleich. Denn sie halten einige Lektionen für uns bereit, die man fast als einen Diversity-Effektivitäts-Plan für Leit-Giraffen bezeichnen könnte.

Die Bedeutung des Organisations-Modells

Die Aufgabe, ein Organisations-Modell zu entwerfen, fällt allein den Leit-Giraffen zu. Das Modell, das sie entwickeln, schafft einen Kontext für alle Organisationsaktivitäten. Ein klares Organisations-Modell wird ein Unternehmen eher in die Lage versetzen, auf seine Organisationsziele hingerichtete Entscheidungen treffen zu können. Ein überzeugendes Modell wird auch einen in seiner Zusammensetzung unterschiedlichen

Mitarbeiterstab eher dazu befähigen, an einem Strang zu ziehen, um diese Zielvorgaben erreichen zu können.

Um dieses Organisations-Modell entwerfen zu können und um sicherzustellen, dass es sich so weiterentwickelt, wie die Umstände es erfordern, sollten Leit-Giraffen regelmäßig die folgenden Fragen überdenken:

- Inwiefern verändert sich das Umfeld des Unternehmens?
- Was sollte die Mission, Vision, Strategie und Kultur des Unternehmens sein?
- Wie sollten die Kräfte zwischen den Mitarbeitern der Organisation verteilt sein?
- Wie können wir sicherstellen, dass unser unterschiedlicher Mitarbeiterstab effektiv im Hinblick auf die Umsetzung der Unternehmensziele hin funktioniert?
- Wie können wir die Erfordernisse der Interessenvertreter befriedigen, um so die Überlebensfähigkeit der Organisation zu gewährleisten?

Phil Jackson demonstrierte, wie Leit-Giraffen dies schaffen können. Seine Klarsicht in Bezug auf das Umfeld, die Organisationsmission und seine eigene Person sowie die Skepsis, mit der er seiner Fähigkeit, ein Meisterschaftsteam aufzustellen, gegenüberstand, ließ ihn Handlungsvorgaben aufstellen, die seinen Entscheidungen und Handlungen Struktur gaben.

Das Organisationsumfeld

Ein sinnvoller Weg, das immer komplexer werdende äußere Umfeld in den Griff zu bekommen ist der, das gegenwärtige Umfeld mit dem der Vergangenheit und dem potenziellen in der Zukunft zu vergleichen. Wenn die Leit-Giraffe nicht in der Lage ist, die vergangene und die mögliche zukünftige Entwicklung eines Unternehmens richtig zu deuten, kann das den Untergang des ganzen Betriebes bedeuten.

Die Führungsaufgabe besteht hierbei aus drei Aspekten:

1. Zu verstehen, inwiefern sich das Umfeld ändert.
2. Die Bedeutung dieser Veränderungen zu verstehen und zu vermitteln suchen.
3. Diese Information auch für die eigenen Entscheidungen die Organisation betreffend zu nutzen.

Bill Smith hatte keine Probleme damit, sein Umfeld zu verstehen. Es war durch eine die Organisation und – im Falle seines Scheiterns – auch ihn selbst bedrohende Krise geprägt. Diese Klarsicht half ihm dabei, das Augenmerk auf die Erfordernisse zu richten und unkonventionelle Arbeiter und Ansätze zuzulassen.

Mission, Vision, Strategie und Kultur

Die Mission ist der Hauptsinn und Zweck einer Organisation. Mit ihrer Hilfe lassen sich Fragen beantworten wie: „Warum sind wir hier?" und „Wonach suchen wir?". Die Mission zu artikulieren ist eine Aufgabe der Leit-Giraffen. Leit-Giraffen müssen bewusst sicherstellen, dass sich die Mission ihrer Organisation mit ihrer Umwelt entwickelt. Dafür müssen sie unablässig die Missionen von gestern, heute und gegebenenfalls von morgen im Licht der jeweiligen Umweltrealitäten begutachten. Ist eine Mission erst identifiziert, muss sie vermittelt und mit Sinn erfüllt werden.

Phil Jackson machte das hervorragend. Er überlegte, wie er im Kontext eines Organisations-Modells dem Basketball und seinen Realitäten Sinn geben könnte. Schließlich entwickelte er ein Verständnis von Basketball im Kontext der Spiritualität. Indem er dieses Verständnis seinem Team zu vermitteln wusste, schaffte er es, aus einer Mission – „Jede Saison ein Meisterschaftstitel" – einen „Heiligen Weg" zu machen.

Je eher eine Organisations-Mission als sinnvoll erachtet werden kann, desto eher werden ihre Mitglieder auch bereit sein, etwas dazu beizutragen – nichts anderes spiegelt Jacksons Bild des Heiligen Weges wider. Eine sinnvolle Mission stärkt das Band zwischen Organisation und Individuum.

Die Vision ist eng mit der Mission verknüpft. Die Organisations-Vision macht deutlich, wie die Umsetzung der Mission in die Tat aussehen könnte. Die Hauptaufgabe der Leit-Giraffe ist hierbei, die Vision mit Leben zu erfüllen und sie den einfachen Mitgliedern effektiv zu vermitteln. Je lebendiger und detaillierter die Vision ist, desto eher werden die Mitglieder der Organisation sie verstehen und sich daran gebunden fühlen.

Die dritte Komponente des Modells ist die Strategie. Die Strategie entscheidet darüber, wie erfolgreich die Organisation im Wettstreit mit ihrer Konkurrenz sein wird. Sie macht deutlich, was bei der Umsetzung der

Mission und Vision zur Aufrechterhaltung der Wettbewerbsvorteile getan werden muss. Ohne eine klare Mission und Vision ist es nicht möglich, eine effektive Strategie zu entwickeln.

Die letzte Komponente dieses für Leit-Giraffen so bedeutende Organisations-Modells ist die *Organisationskultur*. Sie besteht aus den grundlegenden Voraussetzungen – den Vorbedingungen für Erfolg –, die eine Organisation bestimmen: ihre Praktiken, Systeme, Strukturen und andere daraus resultierende Komponenten.

Organisationen, die eine Richtungsänderung durchführen wollen, müssen auch die ihnen zugrunde liegenden Voraussetzungen ändern. Die Leit-Giraffe muss hier die Richtung vorgeben. Phil Jacksons Erfahrung illustriert, wie eine Leit-Giraffe die Grundvoraussetzungen, die das Herz der Organisationskultur darstellen, entwickeln und vermitteln konnte.

Die Schwierigkeit für Leit-Giraffen, die ihr Unternehmen zur Änderung ermutigen wollen, liegt darin, dass in etablierten Wirtschaftsorganisationen die Unternehmenskultur als so allmächtig und unwandelbar angesehen wird, dass sie schwer zu identifizieren und noch schwerer zu ändern ist. Doch unser äußeres Umfeld wird immer unvorhersehbarer und die Gelegenheiten für Unternehmen, die fähig und gewillt sind, strategische Risiken einzugehen, werden zahlreicher. Deswegen können Leit-Giraffen nicht länger die Variablen ihres Modells als gegeben hinnehmen. Auch von ihnen wird man erwarten, dass sie die Organisations-immanenten Voraussetzungen und das Umfeld nach Bedarf verändern.

Die Machtverteilung

Leit-Giraffen müssen sicherstellen, dass die Macht so verteilt wird, wie es die Absicherung des Unternehmenserfolges heute und morgen erfordert. Das ist die Aufgabe der Leit-Giraffe.

Als Bill Smith seine jeweiligen Ämter übernahm, war die Machtverteilung nicht auf den Erfolg der Organisation zugeschnitten. Tradition und hierarchisches Gefüge hatten ihm alle Machtstränge in die Hand gespielt, obwohl er relativ wenig über die Organisation, für die er verantwortlich war, wusste. Wenn man die Dringlichkeit einer Produktivitätssteigerung bedenkt, so schrie diese Verteilung geradezu nach Veränderung.

Eine angemessenere Verteilung würde ganz anders aussehen als die, in der sich Smith und seine Untergebenen wiederfanden. Ideologie und persönliche Präferenzen würden keine Rolle spielen. Die Machtverteilung würde von den Erfordernissen der momentanen Situation diktiert werden. Smith selbst veränderte die Kräfteverteilung auf zwei Arten: Er hörte auf seine Teamkollegen und unterstützte sie, und er bat um Hilfe, wenn es nötig war.

Auch Phil Jackson sah sich mit der Herausforderung ungleicher Machtverteilung konfrontiert, nämlich dem, was man gemeinhin das „Jordan-Problem" nannte. Jackson ging diese Herausforderung von zwei Seiten an. Er definierte den Begriff des „großen" Spielers neu und er eignete sich eine Offensivtaktik an, die die Beteiligung aller Team-Mitglieder verlangte.

Beide Männer gingen ihr Problem dadurch an, dass sie andere stärkten; dabei führte in keinem der beiden Fälle die Erstarkung des einen zur Schwächung des anderen.

Führungskräfte neigen manchmal dazu zu glauben, dass Stärkung genau dazu führen könnte. Sie scheinen zu befürchten, dass die Stärkung anderer sie selbst schwächen könnte. Das gilt besonders unter solchen Umständen wie sie Smith erlebt hat, wenn die Führung weniger weiß als die Untergebenen. Hier hat es den Anschein, als führte die Stärkung anderer zu einem Verlust an Führungs-Kontrolle. Doch Smiths Erfahrungen beweisen das Gegenteil. Je mehr Macht er an seine Unterstellten abgab, desto effektiver wurde er als Manager, desto mehr wurde er respektiert.

Eingliederung unterschiedlicher Mitarbeiter

Leit-Giraffen tragen die Hauptverantwortung, wenn es darum geht sicherzustellen, dass die einzelnen Teile eingebunden werden und im Sinne des Organisationszieles funktionieren. Sie müssen zum Beispiel sicherstellen, dass die Zusammenarbeit zwischen ihren in vieler Hinsicht ähnlichen und unähnlichen Mitarbeitern funktioniert. Das ist der Schlüssel zu ihrem Erfolg. Die Diversity-Zusammensetzung der Arbeitnehmerschaft kann enorm zur Zielumsetzung beitragen. Sie kann aber auch zum Chaos führen.

Wenn man eine Zusammensetzung zum Arbeiten bringen will, ist es wichtig, sich ständig über den Unterschied zwischen Erfordernissen und

Präferenzen im Klaren zu sein und entsprechend zu handeln. Effektive Diversity-Respondenten (EDR) rücken bei Fragen der Assimilierung die Erfordernisse in den Mittelpunkt, indem sie sich klar über Art und Umfang der Diversity, die akzeptiert werden kann, äußern. Gleichzeitig antizipieren und akzeptieren sie Diversity im Umfeld von Nicht-Erfordernissen und sind bereit, die Spannungen, die diese Diversity schaffen kann, auszuhalten.

Sie wissen darum, dass oberflächliche Ähnlichkeiten und Unterschiede nicht die ganze Wahrheit sind. Bill Smiths erster Eindruck von seinen direkten Untergebenen gab ihm allen Grund zur Besorgnis. Während der Arbeit mit diesen Menschen entdeckte er aber, dass sich unter diesen so unterschiedlichen Oberflächen solides wirtschaftliches Urteilsvermögen und Kompetenz verbargen. Jackson sah über Dennis Rodmans Unterschiedlichkeit hinweg und entdeckte einzigartige Kompetenzen, die im Ringen um die Meisterschaft genutzt werden konnten. Das verschaffte ihm den Zugang zu Rodmans Talent.

Bedeutung der Interessenvertreter

Alle Organisationen müssen sich einer Zusammensetzung von Interessenvertretern – natürlichen und juristischen Personen mit einem Interesse an der Lebensfähigkeit des Unternehmens – gegenüber verantworten. Diese Gruppe ist schon von Natur aus sehr unterschiedlich. Es ist die ureigenste Aufgabe der Leit-Giraffe, Führung beim Management dieser Diversity-Zusammensetzung zu garantieren.

Schlüsselkomponenten sind die Aktionäre, die Leit-Giraffe, Führungskräfte, Angestellte, Kunden, Händler und Kommunalbehörden. EDR-Leit-Giraffen versuchen, die Agenda, die Bedürfnisse und Forderungen jeder einzelnen Komponente zu verstehen. Es ist ihre Aufgabe, die Bedürfnisse der Organisation und die der Interessenvertreter in Einklang zu bringen. Hierfür müssen sie sicherstellen, dass sich die Einbeziehung und Eingliederung der einzelnen Interessenvertreter in dem Rahmen bewegt, wie es die Umsetzung der Organisationsziele zulässt.

Das Management dieser Diversity-Zusammensetzung ist ein entscheidender Aspekt in der Rolle der Leit-Giraffe. Da die Organisation nicht nur einer Interessengruppe gehört, kann Enttäuschung auf Seiten einer der Interessenvertreter bedeutende Folgen haben. Der Begriff des Interessenvertreters zeigt die Komplexität und Diversity auf, die der Rolle einer Leit-Giraffe zukommt.

Leit-Giraffen als Haupt-Diversity-Manager

Als obere Führungskraft einer Organisation ist die Leit-Giraffe der Hauptverantwortliche für Diversity-Fragen. In dem Maße, wie die Leit-Giraffe an Diversity-Effektivität gewinnt, gewinnt die Organisation als Ganzes, gewinnen alle Beteiligten – zumindest die, die darauf achten. Dieses Grundcharakteristikum von Führerschaft bedingt auch, dass die meisten fundamentalen Diversity-Fragen noch immer auf den Schultern der Leit-Giraffe ruhen.

■ *Wie schaffen wir ein Haus, das sowohl Giraffen als auch Elefanten Raum bietet?* Aus eigenem Antrieb arbeiten Giraffen und Elefanten am Bau eines Hauses, das allen gerecht wird, nur zusammen, wenn eine Krisensituation es erfordert oder wenn eine alles überspannende Mission oder ein ausgeprägter Siegeswillen sie dazu veranlassen. Der gemeinsame Hausbau funktioniert bei einem „Missionshaus" am besten, das heißt bei einem Haus, das speziell für den Zweck konzipiert wurde, die Erfüllung einer gegebenen Mission voranzu-treiben. Die Mission hoch zu halten und als Leitgedanke fungieren zu lassen, ist dann die Aufgabe der Leit-Giraffe. Die vorrangige Frage muss sein: „Werden diese Überzeugung, diese Praxis, dieses Vorgehen zur Erfüllung dieser Mission beitragen?"

Ein echtes Missionshaus dient den Giraffen und Elefanten, die sich dieser Mission verschrieben haben. Giraffen und Elefanten mit anderer Agenda werden dieses Haus ungastlich finden. Die, die nicht fähig sind, die Mission zu unterstützen, werden wahrscheinlich gehen. Die, von denen man glaubt, dass sie unwillig oder unfähig sind, sie zu unterstützen, werden gegangen werden.

■ *Haben Giraffen wirklich einen Platz in diesem Haus?* Manche Giraffen kümmern sich vorrangig um diese Frage. Sie sehen die Welt in einer Gewinner-Verlierer-Disposition. Sie befürchten, dass die Zuge-ständnisse, die gemacht werden, um das Haus geeigneter für Elefanten zu machen, zu Lasten der Giraffen gehen. Hier kommt der Führung einer Organisation, den Leit-Giraffen, eine Schlüsselrolle zu. Sie wissen, dass sie es sich nicht leisten können, Barrieren zu errichten oder eine Gruppe zu schwächen. Sie müssen stattdessen versuchen, alle Mitarbeiter zu stärken.

In echten Missionshäusern geht die Führung davon aus, dass jeder seinen Beitrag leisten kann. Ihre Aufgabe ist es, diese potenziellen Beiträge zu fördern und sie zuzulassen. Sie schließt eher ein als dass sie ausschließt. Stärkung, nicht Schwächung ist ihr Motto. In der Tat liegt die Zielsetzung darin, ein Umfeld zu schaffen, in dem sich jeder gestärkt und eingebunden fühlt.

■ *Ist es Giraffen und Elefanten möglich, sich und ihren Organisationen auch inmitten von atemberaubenden Veränderungen zu trauen?* Ja. Aber es bedarf einer beträchtlichen Anstrengung, diese Vertrauen zu schaffen und zu erhalten. Auch hier sind wieder einmal die Leit-Giraffen die Hauptverantwortlichen. Sie müssen ein Klima des Lernens schaffen, in dem den Mitarbeitern zugestanden wird, nicht immer eine Antwort auf die sich stellenden Diversity-Management-Fragen parat zu haben. Auch die Leit-Giraffen selbst müssen dieses eingestehen können. In manchen Organisationen verhalten sich Leit-Giraffen, als wäre es völlig inakzeptabel, die Notwendigkeit des eigenen Lernens zuzugestehen. Sie versuchen zu bluffen und sich irgenwie durchzuwurschteln. Aber je mehr sie sich winden, desto desillusionierter werden ihre Mitarbeiter.

■ *Wie weit müssen wir gehen, um Elefanten einzugliedern?* So weit, wie es nötig ist, um die Mission des Unternehmens zu erfüllen, wobei der Begriff der echten Erfordernisse nie vergessen werden darf. Leit-Giraffen haben hier eine Leitfunktion, da von ihnen erwartet werden kann, dass sie die unternehmerische Motivation für Diversity frühzeitig erkennen. Das erlaubt ihnen, Unterschiedlichkeit im Kontext zu bewerten. Kontext ist alles. Die zwei folgenden Anekdoten unterstreichen diese Ansicht.

Ein Abteilungsleiter sah eines Tages vom Schreibtisch auf und sah, wie gerade ein Angestellter mit Pferdeschwanz vorbeiging. Seine instinktive Reaktion war „Das kann ich nicht zulassen!". Er stand auf und ging zur Tür, um dem Mann zu sagen, dass er sich von seinem Pferdeschwanz trennen müsse. In diesem Augenblick kam sein Vorgesetzter vorbei. Der zeigte auf den Mann mit dem Pferdeschwanz und bemerkte: „Der Mann macht gute Arbeit. Ich wusste gar nicht, dass er in Ihrer Abteilung ist. Schauen Sie zu, dass er uns erhalten bleibt!" Der Abteilungsleiter sah sich plötzlich mit dem Unterschied von persönlicher Vorliebe und betrieblicher Erfordernis konfrontiert. Der Angestellte tat mehr als nur den Erfordernissen gerecht zu werden; er erfüllte sie auf ganz exzellente Art und Weise.

Die zweite Begebenheit handelt vom Hauptgeschäftsführer eines Betriebes und seinen direkten Untergebenen, die sich gerade in einer strategischen Planungssitzung befanden. Am Ende der Sitzung sprach der Hauptgeschäftsführer einige abschließende Worte. Er sagte Folgendes: „Ich saß hier nun die ganze Zeit und habe über Erfordernisse nachgedacht. Die Welt ändert sich, die Industrie ändert sich, unser Unternehmen ändert sich, und ich bin mir nicht sicher, ob wir uns über unsere Erfordernisse im Klaren sind. Zum Beispiel erfordert die Beförderung in das obere Management, dass man verheiratet sein muss und dass die Ehefrau zudem einem bestimmten Anforderungsprofil zu entsprechen hat. Ist das ein dringendes Erfordernis? Ich bin mir da nicht sicher. Um ins obere Management aufzurücken, ist es auch erforderlich, dass einen die obersten Führungskräfte kennen – und zwar nicht nur aus dem Betrieb, sondern auch vom gemeinsamen Golfen. Aber was, frage ich mich, passiert mit all jenen unserer jungen Leute, die kein Golf spielen und die zudem gar nicht die Absicht haben, es zu lernen?" An diesem Punkt warf einer der Teilnehmer ein: „Das ist ihr Pech!" „Nein", sagte der Geschäftsführer bestimmt. „Das ist unser Pech! Es bedeutet nämlich, dass wir keinen Zugang zu Talent, ja sogar nachgewiesenem Talent bekommen, nur weil es nicht auf dem Golfplatz anzutreffen ist."

▨ *Wie wirken wir Rassismus und reaktionärer Gesinnung von Giraffen entgegen?* Drei Dinge können Rassismus und reaktionäre Gesinnung unter Giraffen entgegenwirken: Führung von oben, Vermittlung der wirtschaftlichen Sachlage und ständiger Dialog. Alle gehen von der Leit-Giraffe aus. Leit-Giraffen müssen Sachkenntnis und Engagement beweisen. Giraffen, die diese Eigenschaften bei ihren Vorgesetzten vermissen, werden selbst Anstrengungen im Hinblick auf Diversity-Management vermissen lassen. Bestenfalls werden sie es als Zeitverschwendung ansehen, schlechtestenfalls als nachteilig für ihr eigenes Wohl. Vorgesetzte, die den Ruf der Wirtschaft nach Diversity-Management vermitteln, unterbinden damit auch die gängige Ansicht, das sei wieder nur so ein Monatsthema und von minderem Belang. Sie helfen den Giraffen, vor allem den Interessenvertretern, die Vorteile von Diversity-Management für sich selbst zu erkennen. Das Ansprechen dieser wirtschaftlichen Belange wirkt der

Überzeugung entgegen, Diversity sei nur eine Frage der Moral, von der allein die Elefanten profitierten.

Es ist auch sinnvoll, eine Definition von Diversity zu finden, die jeden als Teil der Zusammensetzung einschließt. Wenn sich Giraffen als zugehöriges Element der Diversity-Zusammensetzung und nicht als Außenstehende betrachten, bedeutet das auch, dass das, was gut für die Diversity ist, gleichzeitig ihnen selbst zugute kommt.

Giraffen dabei zu unterstützen, Diversity-Konzepte im Umgang mit weniger emotionsgeladenen Zusammensetzungen zu nutzen, kann auch Rassimus unterbinden helfen. In einem emotional unbelasteten Rahmen lassen sich die Konzepte leichter erlernen und anwenden. Die Giraffen können dann die Einblicke, die sie durch ihre Erfahrung gewonnen haben, ihrer „Lieblings"-Zusammensetzung beisteuern.

Auch der Dialog zwischen Giraffen und Elefanten kann Rassimus und reaktionäre Gesinnung verhindern helfen – geht es doch darum, Ähnlichkeiten sowie Unterschiedlichkeiten und ihre daraus resultierenden Spannungen zu entdecken. Das Ziel ist, eine gemeinsame Basis zu finden, auf der man zusammen arbeiten und gemeinsame Ziele verfolgen kann.

Leit-Giraffen können helfend einwirken, indem sie das Umfeld so strukturieren, dass das offene Gespräch und der Erfahrungsaustausch die Regel sind und akzeptiert werden. Jeder sollte sagen können: „Schaut her, wir müssen miteinander reden. Ich empfinde mich als Opfer und fühle mich geschwächt." Dann kann fruchtbarer Dialog folgen.

■ *Wie können wir sicher sein, dass der Dialog wirklich effektiv ist?* Dialog ist ein zweckorientiertes Gespräch. Er dient einer Mission. Wenn er effektiv sein soll, müssen die Teilnehmer eine klare und lebendige Vorstellung von dieser Mission haben. Die Eröffnungsfrage wird also sein: „Wie und wo können wir unter den jetzigen Gegebenheiten im Hinblick auf unsere Mission, unsere Ähnlichkeiten, Unterschiede und die damit verbundenen Spannungen zusammenarbeiten?"

Die mit dieser Mission zusammenhängenden Erfordernisse zu identifizieren ist ebenso wichtig, denn diese Erfordernisse bilden ja die Grundlage der Kooperation. Ohne klar umrissene Erfordernisse gleitet der Dialog leicht in Diskussionen um Traditionen, persönliche Präferenzen und Vorlieben ab.

Ebenso essenziell für den Dialogprozess ist Abgeklärtheit im Hinblick auf Unterschiedlichkeit. Diversity-erfahrene Teilnehmer können identifizieren, welche Unterschiede von potenziell hohem Wert sind, welche je nach Situation akzeptiert und welche auf keinen Fall akzeptiert werden können. Grundlage für ihre Unterscheidung ist die Frage, inwieweit die Unterschiede der Mission und den Erfordernissen gerecht werden. Dabei müssen sie gewillt sein, auch Unterschiede, mit den sie nicht einverstanden sind oder bei denen sie ein ungutes Gefühl haben, zu akzeptieren. Sie müssen auch gewillt sein, inmitten von beträchtlichen Diversity-Spannungen zusammenzuarbeiten.

Schließlich kann auch Lernbereitschaft den Dialog fördern. Lernwillige Teilnehmer werden nicht vergessen, dass Erforschung und Weiterbildung zu diesem Prozess dazugehören. Teilnehmer ohne Lernwillen sind leicht versucht, umzuschwenken und sich unterzuordnen oder sich durchzusetzen und die Ideen, die sich von ihren eigenen unterscheiden, unerforscht und unbedacht zu lassen. Ihre persönliche Agenda wird Vorrang vor der der kollektiven Gruppe haben.

Alle diese realen Gegebenheiten – die Mission, die tatsächlichen Erfordernisse, die Akzeptanz von Unterschieden und Spannungen – zeigen sich in den alltäglichen Interaktionen aller Giraffen und Elefanten in den unterschiedlichsten Organisationen. Aber sie fangen bei der Führung und der Diversity-Kompetenz ihrer Leit-Giraffe an. Diversity-Effektivität geht vom Kopf aus.

Ein Modell für Diversity-Reife

Wir erwarten von den Anführern unserer Organisationen, dass sie uns führen: sie sollen die Mission und Vision des Unternehmens definieren und sie mit Leidenschaft verkünden. Damit sollen sie uns ermutigen, Strategien zu entwerfen, um die Vision auch im freien Wettbewerb durchzusetzen, und ein Klima zu schaffen, bei dem alle diese Elemente im Arbeitsalltag der Angestellten zum Tragen kommen.

Indem sie diesen Aspekten ihrer Verantwortung gerecht werden, setzen die Leit-Giraffen einige der wichtigsten Aspekte dessen, was wir Diversity-Effektivität nennen, um. Indem sie die Mission verinnerlichen, der wirtschaftlichen Motivation Gehör verleihen und ihr Augenmerk auf die Erfordernisse richten, erfüllen sie integrale Aufgaben der Führung. Führer scheinen von Natur aus Menschen zu sein, die sich eingehend Gedanken über ihre eigenen Ziele und Wünsche gemacht haben und sich eine persönliche Mission für ihr eigenes Fortkommen gegeben haben.

Es sollte für Leit-Giraffen selbstverständlich sein, dass sie über die Aspekte von Diversity-Effektivität Bescheid wissen und diese jeden Tag ins Spiel bringen – unabhängig davon, ob sie es nun instinktiv oder bewusst systematisch tun. Auf dem Spielfeld von Diversity bedeutet wahre Führerschaft, dass man auch die Aspekte berücksichtigt, die nicht klar auf der Hand liegen, sondern die erst durch reifliche Überlegung erlernt worden waren. In dieser Hinsicht sind Leit-Giraffen wahre Pioniere der Diversity und durch ihr Handeln und ihre Ansichten dienen sie allen Mitarbeitern einer Organisation als Modell für Diversity-Effektivität.

Wenn Angestellte sehen, dass die Leit-Giraffe Verantwortung für sich selbst und ihre Rolle im Diversity-Management übernimmt, indem sie klare Aussagen und Handlungsweisen vorgibt; wenn sie sehen, dass sich die Leit-Giraffe sicher durch dieses komplexe Gewirr bewegt, ohne dabei die Selbstkontrolle zu verlieren; wenn sie merken, dass die Leit-Giraffe keine Schwierigkeiten hat, Unterschiedlichkeit auch dort zu akzeptieren, wo sie keine Auswirkung auf die wirtschaftlichen Erfordernisse hat; wenn sie bemerken, dass die Leit-Giraffe bei Diversity-Spannungen nicht schwach wird; wenn sie durch die Beobachtung der Leit-Giraffe in Aktion die volle Bedeutung von Diversity verstehen lernen – dann hat die Leit-Giraffe das erfüllt, was letztendlich die schwierigste Rolle eines Führenden ist: den anderen den Weg zu weisen.

Teil 3

Elefanten in Aktion

Man könnte einfach hergehen und Elefanten als all diejenigen definieren, die weder weiß noch männlich sind. Doch das wäre ein Fehler und würde nicht der Wirklichkeit entsprechen. Diese Definition ließe vieles der Komplexität und Subtilität des Status der Elefanten außer Acht.

Elefanten sind Leute in anderer Leute Haus oder in Häusern, die nicht zu ihnen passen. Sie sind die Außenseiter.

Die Erfahrung, Elefant zu sein, ist universell. Wir alle, einschließlich unsere weißen männlichen Kollegen, finden uns zu bestimmten Zeiten und unter bestimmten Umständen in der Rolle des Elefanten wieder.

Ein Elefanten-Erlebnis, das wohl viele von uns gemacht haben, ist der erste Heilige Abend bei den Schwiegerleuten. Egal wie nett die Leute waren und wie sehr darum bemüht, dass wir uns zuhause fühlten, die Anzahl der Dinge, die uns daran erinnerten, dass wir hier fremd waren, war übermächtig. Fand die Bescherung abends statt? Bei uns zuhause warteten wir immer bis zum nächsten Morgen. Wurde der Truthahn vor dem Servieren tranchiert? Hatten sie denn keinen Sinn für Dramatik? Wir fühlten uns unbehaglich, aber wir wollten nicht unangenehm auffallen. Wir hatten keine Ahnung, warum sie die Dinge nicht so machen konnten „wie es sich gehörte". Und doch waren *wir* die Außenseiter.

Selbst bei diesem unbedeutenden Beispiel besteht der Kern des Elefanten-Erlebnisses in der tief empfundenen Erkenntnis, dass es nicht unser Haus ist und dass uns die Regeln, wie man sich dort zu bewegen hat, unbekannt sind.

Das Beispiel macht auch deutlich, dass der Status des Elefanten nicht notwendigerweise mit der Rasse, Volkszugehörigkeit oder dem Geschlecht zusammenhängt. Viele andere Faktoren können ein Elefanten-Erlebnis auslösen. Im Folgenden werden einige der Faktoren beschrieben, die am häufigsten in Organisationen anzutreffen sind:

■ *Alter.* Diejenigen, die jünger oder älter als der Durchschnitt ihrer Firma sind, fühlen sich oft als Außenseiter. Sie machen sich Sorgen darum, ob ihre Produktivität in Frage gestellt oder ihr Beitrag unterbewertet werden könnte.

■ *Physische Leistungsfähigkeit.* Wenn Menschen, die schwere körperliche Arbeit verrichten, mit nachlassender physischer Leistungsfähigkeit auf Grund von Alter oder Verletzungen konfrontiert werden, können sie den Elefanten-Status annehmen. Ihr Umfeld dient ihnen nicht mehr.

■ *Physisches Erscheinungsbild,* wie extreme Größe, Übergewichtigkeit oder andere ungewöhnliche körperlichen Merkmale. Regelmäßig durchgeführte Untersuchungen haben ergeben, dass in vielen Betrieben Größe als Vorzug angesehen wird. Schwergewichtigen wird dagegen vor allem in Organisationen, die um ein bestimmtes Image bemüht sind, ein Elefanten-Status zugeschrieben.

■ *Bildung.* Menschen, deren Bildungsgrad stark von dem ihrer Kollegen abweicht, können sich als Außenseiter fühlen.

■ *Arbeitsort.* Angestellte, die nicht vor Ort arbeiten, können sich leicht fremd im Haus fühlen. Außendienstmitarbeiter berichten häufig von dem Gefühl, zweitklassig zu sein.

■ *Arbeitserfahrung.* Wenn eine Firma, die bisher vor allem innerbetriebliche Promotion gefördert hatte, nun dazu übergeht, Leute mit Erfahrung von außerhalb einzustellen, klagen diese neuen Mitarbeiter über Außenseitergefühle. Sie haben oft Probleme damit, die neue Unternehmenskultur zu erlernen.

■ *Übernahmestatus.* Angestellte, deren Firma von einem Konzern übernommen wird, haben oft das Gefühl, sich in einem fremden Haus zu befinden.

■ *Arbeiterstatus.* Wenn Mitarbeiter das Gefühl haben, sich in einem reinen Management-Haus zu befinden, werden sie versuchen, verstärkt gewerkschaftlich aktiv zu werden, um die Umgestaltung des Hauses voranzutreiben.

■ *Verwaltungsstatus.* Angestellte in der Verwaltung oder der Kirche fühlen sich oft als Bürger zweiter Klasse mit kaum oder gar keiner Möglichkeit zu Bürgern erster Klasse zu werden.

■ *Funktionsstatus.* In vielen Organisationen haben die verschiedenen Funktionen und Abteilungen einen unterschiedlich hohen oder niederen Status. Wenn eine Funktion oder Abteilung für sich einen besonders hohen Status in Anspruch nimmt, empfinden sich die anderen Funktionen oder Abteilungen als zweitklassig.

■ *Überzeugungen.* Menschen mit persönlichen Überzeugungen, die stark von dem ihres beruflichen Umfelds abweichen, können sich als Außenseiter fühlen. Bekehrungsversuche von Kollegen können starke Gegenreaktionen hervorrufen.

Eine wichtige Lektion wird beim Anblick dieser Liste augenfällig: Der Status einer Person kann sich je nach Themengebiet oder Umgebung stark unterscheiden. Auch in ihrem eigenen Arbeitsumfeld sind Menschen nie ausschließlich Elefant oder Giraffe. Wie jede andere Art von Vorurteil wäre es eine bedauerliche Stereotype, wenn man von dem Status, den jemand in einem bestimmten Umfeld hat, Rückschlüsse auf seinen Status in anderen Umgebungen ziehen würde.

Kapitel 6

Die assimilierten Elefanten:
Ray und Carol

Rays Bericht

Ich bin 35 Jahre alt und bin mexikanischer Abstammung. Ich arbeite schon seit 19 Jahren für diese sich in Familienbesitz befindende Einzelhandelskette für Dekorations- und Heimwerkerbedarf. Ich fing während meines letzten High-School-Jahres in dieser Firma an zu arbeiten, jobbte hier auch während meiner Zeit am College und blieb danach ganz hier.

Ich arbeitete zuerst als Einpacker, Kassierer und beim nächtlichen Auffüllpersonal, bis ich dann am Fortbildungsprogramm für Betriebsmanagement teilnahm. Danach wechselte ich im Laufe von neun Jahren vielleicht 14 Mal den Arbeitsplatz. Ich arbeitete als Leiter der Dienstleistungsabteilung, als stellvertretender Marktleiter und als Marktleiter in einer Kleinstadt auf dem Land. Danach wechselte ich in eine kleine Filiale in Phoenix über. Dann wurde ich Gebietsleiter und war mitverantwortlich für 17 Niederlassungen in einem über 200 Quadratmeilen großen Gebiet. Seit meiner letzten Beförderung arbeite ich als Marktleiter einer großen Filiale in Phoenix.

Mir macht meine Arbeit Spaß. Sie garantiert mir eine gewisse Lebensqualität, da ich mir meine Zeit selbst einteilen kann. Ich arbeite zwar die 50 Stunden, wie es diese Stelle erfordert, aber grundsätzlich kann ich mir die fünf Tage, an denen ich arbeiten will, selbst aussuchen.

Als Heranwachsender hätte ich nie gedacht, dass ich einmal im Bereich Dekorations- und Heimwerkerbedarf arbeiten würde. Ich hatte mich hier beworben, weil mir meine Eltern gesagt hatten, sie würden mich finanziell nur dann weiter unterstützen, wenn ich mir einen Job suchte. Ich dachte, ich könnte sie reinlegen und gab nur eine Bewerbung ab. Ich passte auf, dass niemand zusah, wie ich sie einwarf, und ging dann schnell davon. Mein zukünftiger Schwager stellte mich ein.

Ich habe ziemlich lange gebraucht, um die Arbeit im Einzelhandel richtig schätzen zu lernen. Ich mochte schon immer Zahlen und arbeitete daher gerne an der Kasse. Aber je weiter ich in meiner beruflichen Laufbahn vorwärts kam und je mehr verschiedene Bereiche ich kennenlernte, desto weniger konnte ich mir vorstellen, wieder an die Kasse zurückzukehren. Dafür machte mir die Arbeit mit Menschen zu viel Spaß.

Während meiner Aufstiegsjahre wurde ich zweimal auf Grund meiner Verdienste als Angestellter ausgezeichnet. Nachdem ich in die Managementebene aufgerückt war, erhielt ich auch zwei Auszeichnungen für „herausragende Verdienste im Führungsbereich". Die Leute schätzten mich nicht so sehr wegen dem, was ich tat, sondern wegen meiner Art, Beziehungen zu pflegen.

Es ist für mich wichtig, dass meine Angestellten aufsteigen, denn ihr Erfolg bedeutet auch meinen Erfolg. Ich komme aus einer Familie, in der Bildung und Lehre hochgehalten werden. Für mich war es eine Überraschung zu sehen, dass die Arbeit hier mir erlaubte, sowohl mein Interesse, andere zu unterrichten und ihnen zu helfen als auch mein Interesse an Finanzen zu befriedigen.

Ich konnte mir zuerst nicht vorstellen, dass der Einzelhandel so ist wie er ist. Ich hatte keine Ahnung davon, wie komplex er sein kann, wie viel es zu lernen gibt oder dass ich es so interessant finden würde. Ich bedaure nur, dass ich nicht schon früher erkannt habe, dass hier meine Berufung liegt. Ich wäre dann vielleicht schneller aufgestiegen und hätte mehr Menschen helfen können.

Das Unternehmen

Es ist ein familienfreundliches Unternehmen, das der Lebensqualität seiner Mitarbeiter und deren Aufstieg und Wohlbefinden große Bedeutung beimisst. Sie glauben, dass Erfolg zu Hause beginnt und sich dann im Beruf fortsetzt. Vor sieben Jahren, zum Beispiel, wurde mein Vater krank. Ich lebte damals drei Autostunden von ihm entfernt. Als ich daher die Firma um meine Versetzung in die dortige Niederlassung bat, willigten sie ohne Zögern ein.

Es ist auch ein aggressives Unternehmen, d. h. es ist bereit für Veränderungen, um auch weiterhin die Nase vorn zu haben. Das Management hat die Ansprüche sehr hoch gesetzt und erwartet, dass Verkaufsgewinne in doppelter Inflationshöhe eingefahren werden.

Es gab Zeiten, in denen die Familienfreundlichkeit des Unternehmens und seine Aggressivität nicht gut zusammengingen. Eine Zeit lang vergaß das Unternehmen seine Sozialorientierung und sah nur noch auf den Gewinn. Wir Angestellte bekamen den Eindruck, nur noch als Nummer zu laufen.

Irgendwann wurde jemandem klar, dass es ja die Menschen sind, die eine Firma erhalten. Also machten sie wieder eine Kehrtwende hin zu einem familienfreundlichen Umfeld und die Leute sagten wieder: „Das ist die Firma wie wir sie kennen, für die wir gerne arbeiten."

Ich glaube, dass ich in dieser Organisation erfolgreich sein kann. Für mich ist Erfolg, wenn ich mit meiner Arbeit zufrieden bin. Es kommt dabei nicht so sehr auf die Position an, die ich habe. Ich fühle mich erfolgreich, wenn ich ein paar Leuten helfen kann und sehen kann, wie sie aufsteigen. Ich mag die Idee vom schwarzen Schaf, Geschichten wie Aschenputtel, wo jemand eine Chance bekommt, die er oder sie noch nie zuvor hatte. Aber ich will auch im finanziellen Sektor erfolgreich sein.

Voraussetzungen für den Erfolg

Mein Verständnis von Diversity

Mehrer Dinge haben mir dabei geholfen, hier erfolgreich zu sein. Das Erste war wohl mein Verständnis von Diversity. Für mich ist Diversity nichts anderes als Individualität und Respekt. Als meine Firma uns Kurse in Diversity-Training anbot, fragte ich mich: „Was soll das Ganze?" Ich wunderte mich, dass es noch Leute gab, die sich darunter nichts vorstellen konnten. Vielleicht verhüllt der Begriff *Diversity* die eigentliche Bedeutung. Vielleicht sollten wir lieber von Respekt vor der Individualität reden.

Ich habe gesehen, was für Probleme manche Leute in dieser Organisation mit Diversity haben, und das irritiert mich. Ich glaube, es herrscht ein großes Missverständnis darüber, was Diversity ist. Die Leute glauben immer noch, dass es bei Diversity um schwarz oder weiß, männlich oder weiblich geht. Dabei ist es nichts anderes als Respekt vor der Individualität.

Eine Ursache des Problems liegt wohl darin, dass wir uns zu sehr um politische Korrektheit bemühen. Als Kind riefen wir uns Mexikaner oder Schwarzer oder Weißer, und wir respektierten das. „Du musst mich nicht mögen. Du musst nur respektieren wie ich bin." „Du musst nicht mögen, wie ich denke. Respektiere einfach, dass ich denke." „Du musst nicht mögen, was ich tue. Respektiere einfach, dass ich etwas tun kann." Ich verstehe nicht, warum das manche nicht begreifen.

Ich habe schon von Kind an Diversity gelernt. Meine Eltern waren beide in den Vereinigten Staaten geboren, und Englisch ist meine Muttersprache. Aber meine Großeltern waren aus Mexiko. Sie verstanden Englisch, aber aus Respekt sprachen wir Spanisch, wenn wir sie besuchten. Deshalb lernten wir auch alle Spanisch.

Ich wuchs in einem ärmlichen Viertel auf. Auf der einen Seite wohnte eine amerikanische Familie afrikanischer Abstammung, auf der anderen eine anglo-amerikanische Familie. Gegenüber lebte eine Familie asiatischer Abstammung. Wir sahen wohl, dass jeder von uns verschieden war. Trotzdem stellten wir auch viele Gemeinsamkeiten fest. Und wir lernten, dass man allein vom Aussehen nicht viel über jemanden sagen kann.

Obwohl wir aus verschiedenen Kulturen kamen, dachten wir oft ähnlich. Was nicht heißt, dass wir immer völlig übereinstimmten. Wir mussten jeden einfach als Individuum verstehen lernen. Wir scherten uns wenig um Hautfarbe, Rasse und Geschlecht. Es gab ehrliche Achtung und Respekt vor der Individualität des anderen. Jeder hatte seine Stärken, seine Begabung, und man konnte von jedem etwas lernen.

Als ich fünf war, gab es zum Beispiel einen kleinen geteerten Platz mit zwei Basketballkörben neben unserem Haus. Die älteren Kinder holten mich immer, wenn sie einen zusätzlichen Spieler brauchten. Ich war vielleicht 1,20 Meter groß, während die anderen bestimmt einen Kopf größer waren. Dennoch wussten sie meine Anstrengungen zu schätzen. Das was ich in meiner Nachbarschaft gelernt habe, habe ich mit an meinen Arbeitsplatz gebracht. Ich arbeite in einem Geschäft am Stadtrand. Hier arbeiten sowohl Leute vom Land als auch Leute aus der Stadt, und die Unterschiede sind deutlich sichtbar. Die Leute benutzen unterschiedliche Wörter, sie unterscheiden sich darin, ob sie langes oder kurzes Haar tragen, ob sie Tattoos haben oder nicht. Manche Angestellten tragen Ohrringe, manche sind groß, manche klein, es gibt Alte und Junge. Die Frühschicht besteht zum Großteil aus älteren Leuten. Die Nachmittagsschicht rekrutiert sich vor allem aus High-School-Schülern. Spannend wird es, wenn sie sich zu Mittag mischen.

Bevor ich in dieses Geschäft hier kam, hatte ich schon in mehreren Märkten hier in der Umgebung gearbeitet. In einem Geschäft achteten die Kunden vor allem auf den Preis, in einem anderen auf die Qualität. In einem Markt in einer ganz speziellen und noblen Gegend achteten sie einfach auf alles: Preis, Qualität und Service. Während der Management-Ausbildung konnten wir Erfahrungen in einkommensstarken und einkommensschwachen Wohngebieten sammeln, in solchen, die vor allem von Minderheiten und solchen, die vor allem von Anglo-Amerikanern bewohnt wurden. Wir mussten lernen, was die Leute in den verschiedenen Gebieten wollten, schließlich sollten wir ihnen ja das geben, was sie wünschten, und nicht das, was wir ihnen verkaufen wollten.

Wenn ich auf Diversity schaue, schaue ich auf das, was ein Mensch so mitbringt, ob er mir Möglichkeiten bietet oder wie jemand denkt und handelt. Ich achte einfach die Person, was sie ist, ihre Eigenart und ihre Fähigkeit, den Job zu machen. Wenn ich mir unterschiedliche Angestellte anschaue, achte ich auch auf das, was sie der Firma geben können.

Veränderung akzeptieren können

Etwas anderes, das zu meinem Erfolg beitrug, ist die Tatsache, dass ich Veränderung akzeptieren kann. Als ich jung war, wurden uns Veränderungen einfach gemacht, da uns jedesmal auch die Möglichkeit eingeräumt wurde, Fehler zu machen. Wir wurden immer unterstützt. „Versuch das, auch wenn du es noch nie zuvor gemacht hast." „Versuch es einfach, und wenn es nicht gelingt, ist es auch okay." Mein Vater ermutigte mich immer, Dinge wenigstens auszuprobieren, um offen zu bleiben für die verschiedenen Möglichkeiten, die sich uns bieten. Er zum Beispiel fischte gerne. Ich konnte mir nie vorstellen, Angler zu werden, weil ich mir nicht vorstellen konnte, etwas zu töten, und wenn es nur ein Wurm war. Er sagte: „Versuch es." Ich hätte wohl nie versucht zu angeln, wenn ich nicht gewusst hätte, dass es auch in Ordnung wäre, wenn es mir nicht gefiele. Heute angle ich für mein Leben gern.

Das gehört zum Akzeptieren von Veränderung dazu. Meine Familie lehrte mich, dass man Tausend Fehler machen kann und trotzdem nicht scheitert. Meine Eltern sagten immer: „Wenn du es versuchst und es gelingt nicht, ist es kein Scheitern. Dann ist es erfolgreiches Nicht-Zuende-Führen." Laut meiner Eltern gab es also nur Erfolg. Sie erlaubten meinen Schwestern und mir, alle möglichen Fehler zu machen, solange wir nur dieselben Fehler nicht zweimal machten.

Einmal war ich in meiner Laufbahn an den Punkt gekommen, an dem ich mich nicht länger verstecken konnte, an dem ich den Sprung nach vorne wagen musste. Und ich dachte: „Wenn ich all diese Produkte bestelle und sie dann nicht verkaufen kann, komme ich in Teufels Küche." Aber meine Vorgesetzten sagten, das stimme nicht. Sie würden schon einen Weg finden, mir zu helfen, die Produkte loszuwerden. Also stimmen meine Erfahrungen von zu Hause mit denen von der Arbeit überein.

Vertrauen und Ehrgeiz

Von meinem Vater lernte ich auch Vertrauen und Ehrgeiz zu haben. Als er noch im Dienst war, bekam er eine Auszeichnung, die in jenem Jahr in den ganzen Vereinigten Staaten nur ein einziges Mal vergeben wurde. Sein Beispiel zeigte uns, dass Erfolg nichts mit Rasse oder Volkszugehörigkeit zu tun hat, sondern damit, wie man sich präsentiert und was man leistet.

Anderen helfen

Das Beste, was mir im Laufe meiner Karriere passieren konnte, geschah kurz nachdem ich den kleinen Markt auf dem Land verlassen und nach Phoenix gekommen war. Der Bezirksleiter kam auf mich zu und sagte: „Ich habe Sie arbeiten sehen und ich würde Ihnen gerne eine Chance geben."

Je länger ich für diesen Mann arbeitete, desto mehr mochte ich ihn. Er sah zu, dass ich in das Management-Fortbildungsprogramm kam. Er gab mir meine erste Abteilung und meinen ersten Markt. Aber am meisten schätzte ich seine Fähigkeiten als Führer, Trainer und Lehrer. Er hätte in etwa gesagt: „Lass mich dir zeigen, wie es gemacht wird. Dann zeige mir, dass du es machen kannst und dann geh und tu es." Durch ihn lernte ich, dass dieser Job eine Arbeit sein konnte, bei der man anderen Menschen beruflich helfen und sie Kompetenzen lehren konnte, die für sie auch im privaten Leben von Nutzen sein konnten.

Zu der Zeit, als ich diesen Mann kennenlernte, war ich noch sehr unreif. Aber durch die Arbeit mit ihm wurde mir klar, dass es im Leben mehr gibt, als nur Geld zu verdienen. Es geht auch darum, wie man mit Menschen arbeitet, wie man sie als Personen akzeptiert, wie man selbst Trainer und Lehrer wird, um so anderen in ihrer Entwicklung zu helfen und ihnen die gleichen Erfahrungen zu vermitteln, die man selbst machen durfte. Er ging zwei Jahre später in Rente. Ich glaube, das war wohl einer der unglücklichsten Momente in meinem Leben.

Ich arbeitete auch für andere Manager, die mich unter ihre Fittiche nahmen. Die Vorgesetzten, die sich um mich kümmerten, lehrten mich auch eine meiner größten Herausforderungen meistern. Ich kam zwar gut mit allen aus, aber im Konflikt-Management war ich eine Null. Es fiel mir sehr schwer, konstruktive Kritik zu äußern, wenn Leute nicht gut arbeiteten.

Das lernte ich durch einen Kurs in Führungsmanagement und durch individuelles Coaching. Meine Chefs hätten in etwa Folgendes gesagt: „Wir werden uns mit der Situation X befassen. Wir möchten gern, dass Sie dabei sitzen und zuschauen, wie wir damit umgehen." Ich schaute also zu und sie regelten die Sache. Danach sagte einer meiner Chefs zu mir: „So, nun sind Sie dran. Ich bleibe hier und helfe Ihnen, wenn Sie stecken bleiben." Und mein anderer Chef sagte: „Sie sind neu, Sie werden also tausend Fehler machen. Vermeiden Sie einfach, den gleichen Fehler zweimal zu machen." Das klang wie das, was ich schon früher zu Hause gehört hatte.

Ein Grund, warum ich diese Leute so schätzte, war der, dass ich früher mit Leuten gearbeitet hatte, die meinen Ideen keinerlei Bedeutung beigemessen hatten. Meine Vorgesetzten hier dagegen achteten das, was ich zu sagen hatte, auch wenn ich in keiner leitenden Stellung war.

Diversity-bezogene Spannungen

Ich bin fest davon überzeugt, dass in unserer Organisation jeder bei entsprechender Leistung seine Chance bekommt. Ich bin nie auf eine Stelle gekommen, die ich nicht verdient hatte, und manchmal bekamen andere eine Stelle, von der ich wusste, dass ich sie nicht verdient hätte. Ich schaffte es zwischen 1989 und 1993 vom Leiter der Dienstleistungsabteilung bis zum Marktleiter. Die Chancen waren also da, ich musste sie nur nutzen und Leistung bringen.

Manche mögen mir da nicht zustimmen. Aber ich sehe eine Firma, die einem Chancen bietet und eine ganze Gruppe von Angestellten, die sie genutzt haben. Es scheint zwar, dass mehr Anglo-Amerikaner ihre Chance genutzt haben, aber die Chancen waren für jedermann da. Diese Gruppe hat einfach öfter die Gelegenheit genutzt und Leistung gezeigt.

Das sieht nicht jeder. Das ist ein Punkt, warum viele immer noch irrige Vorstellungen von Diversity haben. Diese Verwirrung hat mir einige Probleme bereitet. Kurz bevor ich meine erste Einheit bekam, hatte ich bei einem Sonderprogramm mitgearbeitet. Dafür hatte ich meine Stelle als Marktleiter aufgegeben und war Gebietsleiter geworden. Viele wussten das nicht und glaubten, ich wäre direkt vom Gebietsleiter zum Marktleiter aufgerückt. Wenn das wahr gewesen wäre, hätte ich mehrere Stufen überspringen müssen.

Manche glaubten, entsprechend ihrem Verständnis von Diversity, dass ich die Stelle nur aus Quotengründen bekommen hatte, da noch nicht genug Führungskräfte mexikanischer Abstammung vertreten waren. Ich wusste es besser. Derjenige, der mich für diese Position vorgeschlagen hatte, hatte sehr deutlich gemacht, dass seine Wahl nichts mit meiner mexikanischen Abstammung zu tun hatte oder damit, dass wir Freunde waren. Es lag an meiner Leistung. Da ich das wusste, konnte ich mit den Gerüchten leichter umgehen. Schlimm war nur, dass ich mir von anderen US-Mexikanern dumme Bemerkungen anhören musste. Sie sagten zum Beispiel: „Du hast doch keine Ahnung. Dich haben sie nur genommen, weil Du zufällig die richtige Person am richtigen Fleck warst." Das war wirklich schwer zu ertragen.

Firmentreue

Nachdem ich mein College-Examen gemacht hatte, war ich mir gar nicht sicher gewesen, ob ich für diese Firma arbeiten will. Noch zu College-Zeiten hatte ich für einige Leute arbeiten müssen, die keine sehr guten Führungskräfte waren. Ich war in dem irrigen Glauben, dass die meisten Vorgesetzten so wären, und das war ziemlich enttäuschend.

Durch den Kontakt mit einigen umsichtigen Führungskräften haben sich meine Ansichten geändert und meine Treue zu diesem Unternehmen ist größer geworden. Ich bekam einfach einen Vorgesetzten nach dem anderen, die, ohne die Menschen aus dem Blick zu verlieren, es dennoch verstanden, eine leistungsfähige Abteilung zu führen. Ich wusste also, dass das möglich war.

Das half mir bei meiner Entscheidung, in dieser Firma zu bleiben. Weil hier nämlich Menschen waren, die harte Arbeit und Anstrengung anerkannten und die diese Eigenschaften zu schätzen wussten.

Ray als effektiver Diversity-Respondent

Ray berichtet, dass er für sich einen Beruf, den er liebt, in einem Unternehmen, das er bewundert, ergattert hat. Er ist zufrieden mit seiner Firma, seiner Arbeit und seiner beruflichen Karriere. Er ist zur Zeit sicher ein zufriedener Mann.

Er erwähnt auch, dass das nicht immer so war. Denn in der Tat waren gegen seine Organisation einige Gerichtsverfahren anhängig wegen des Vorwurfs der Rassendiskriminierung. Das Unternehmen hatte reagiert und große Anstrengungen unternommen, um die Situation zu bereinigen und hatte sich verstärkt in Quotenrepräsentation und Diversity-Management engagiert.

Rays Diversity-Reife

Ray zeigt eine große Stärke, die viel Gutes erwarten lässt für seine Fähigkeit, ein effektiver Diversity-Respondent zu werden, sofern er sich dazu entschließen sollte. Er versteht sich und seine Voraussetzungen und Erfordernisse sehr gut. Er ist sich durchaus im Klaren darüber, in welchem Maße sein familiärer Hintergrund seine Persönlichkeit, seine aktuellen Erfordernisse und seine Entscheidung für Assimilierung beeinflusst hat.

Akzeptieren von Verantwortung

Ray akzeptiert seine persönliche Verantwortung im Umgang mit anderen. Aber er sieht Unterschiede als etwas an, das nicht ins Gewicht fällt und handelt entsprechend. Diese Haltung könnte dazu führen, dass Menschen, die großen Wert auf ihre demografische und persönliche Unterschiedlichkeit legen, sich von ihm in ihrer Eigenart zu gleichgültig behandelt fühlen. Vor allem aber hält ihn diese Haltung davon ab zu fragen, wie er selbst seiner Organisation zu einem effektiveren Umgang mit Diversity verhelfen könnte. Zur Zeit ist er sich noch nicht bewusst, dass auch er diese Verantwortung akzeptieren müsste.

Demonstrieren von situativem Verständnis

Rays Konzept von Diversity als Individualität kann einem auf den ersten Blick als richtig erscheinen. Aber seine Bemerkungen über Diversity zeigen, dass er davor zurückschreckt, auch Unterschiede anzuerkennen, die im Widerspruch zu ihm stehen. Die Erinnerung an seine Kindheit spiegelt ihm das Bild einer Nachbarschaft vor, die die Bedeutung von Unterschiedlichkeit leugnete und auf diese Art die Spannungen in einem bunt gewürfelten Umfeld auf ein Minimum reduzierte. Demografische Grundmerkmale wurden bei dieser Suche nach einem gemeinsamen Nenner als unwichtig abgetan. Für notwendig erachtet wurden stattdessen das Respektieren der Individualität und die Beurteilung nach den Fähigkeiten der einzelnen Glieder, etwas beizutragen.

Dieser Ansatz war zweifellos für das nachbarschaftliche Verhältnis ein Vorteil. Und auf den ersten Blick scheint es ein reifer Ansatz für Diversity zu sein. Aber er hatte – und hat – einen großen Nachteil: sein Gebrauch verlangt das Verleugnen vieler der Eigenarten, über die Menschen sich selbst definieren.

Rays Verständnis von Diversity lässt auch außer Acht, dass es so etwas wie kollektive Zusammensetzungen gibt – also Gruppen von Menschen, die gemeinsame Merkmale teilen oder von denen man das zumindest erwartet. Er weigert sich zum Beispiel, die Auswirkungen zu sehen, die die jeweilige kollektive demografische Diversity-Zusammensetzung der Belegschaft darauf hat, wie die Menschen in den Organisationen behandelt werden. Er verwirft die Ansicht, dass demografische Diversity eine Rolle in der innerbetrieblichen Dynamik spielt. Seine Weigerung, kollektive Ähnlichkeiten und Unterschiedlichkeiten als gegeben anzuerkennen und ihren Einfluss richtig einzuschätzen, kann Diversity-Effektivität ebenso behindern wie die Überbetonung von demografischen Unterschieden.

Rays mangelnde Klarsicht in Bezug auf die verschiedenen Diversity-Ansätze macht ihn auch blind gegenüber der Ansicht, er hätte nur von Eingliederungsbestrebungen profitiert. Er glaubt, dass sein Erfolg allein auf seinen Verdiensten basiert und mit solchen Bestrebungen nichts zu tun

Die assimilierten Elefanten: Ray und Carol

hat. Und doch spielt in vielen Firmen, in denen die Eingliederung aktiv vorangetrieben werden soll, die Quote eine Rolle, wenn es um die Beförderung von Farbigen oder von Frauen geht. Das heißt nicht, dass es Ray an der nötigen Qualifikation fehlte. Er ist zweifellos talentiert. Die Notwendigkeit von Eingliederungsbestrebungen sagt nichts über die unmittelbar Beteiligten aus, sondern spiegelt vielmehr die Unzulänglichkeit einer Firma wider, sich Zugang zu Talenten zu verschaffen, wenn sie in „andersartigen" Leuten verpackt sind.

Seine Ignoranz der demografischen Diversity und deren Auswirkungen kann ihn auch blind gegenüber der Tatsache machen, dass Organisationen, die gut im Sinne mancher Gruppen funktionieren, nicht zwangsläufig ebenso gut im Sinne der Mitglieder anderer Gruppen arbeiten. Diese Ignoranz mag sich auch hinter seiner Überzeugung verbergen, dass Anglo-Amerikaner wohl öfter Gelegenheiten, die sich ihnen bieten, zu ihrem Vorteil zu nutzen verstehen. Diese Überzeugung könnte dazu führen, dass er die Schuld bei den Mitarbeitern sucht, wenn ihm der Zugang zu deren Talent verwehrt bleibt. Das könnte dazu führen, dass er seine ganze Anstrengung darauf verwendet, sie „passend" zu machen, da er ja davon ausgeht, dass sie das Problem sind. Dabei kann es geschehen, dass er andere Faktoren außer Acht lässt, die ebenso verantwortlich für die Schwierigkeiten sind. Er könnte zum Beispiel völlig die Möglichkeit übersehen, dass die Organisationskultur den Mitarbeiter entfremdet und schwächt. Und er wird sich die Möglichkeit verbauen, fehlerhafte Organisationspraktiken zu ändern und wahrscheinlich einen Angestellten verlieren, der seinen Beitrag hätte leisten können.

Positiver Umgang mit Diversity-Spannungen

Sein Unbehagen bei Konflikten aller Art macht es Ray schwer, Diversity-Spannungen zu akzeptieren. Um solche Spannungen zu vermeiden, sucht er Respekt über alle Unterschiede hinweg. Auf den ersten Blick scheint das eine extreme Offenheit gegenüber Diversity zu sein. Aber Rays Haltung ist eine Offenheit, die er nur seiner Fähigkeit verdankt, unwillkommene Unterschiede zu ignorieren. Offenheit, wie sie ein wirklich kompetenter Diversity-Respondent zeigt, ist mit einem hohen Maß an Abgeklärtheit verbunden. Diese Repondenten erkennen alle Unterschiede an. Aber sie fühlen sich nicht genötigt, sie auch alle willkommen zu heißen. Stattdessen fällen sie die Entscheidung darüber, ob sie akzeptiert werden sollen oder nicht auf der Grundlage, inwieweit sie den Erfordernissen der Organisation gerecht werden können oder nicht.

Zentrale Diversity-Kompetenzen

■ *Die Fähigkeit, Diversity-Zusammensetzungen zu erkennen.* Ray reagiert auf Diversity-Zusammensetzungen in der Mitarbeiterschaft, indem er zwar die Existenz von Unterschieden akzeptiert, aber ihre Bedeutung verleugnet. In Wahrheit denkt er nicht in Begriffen wie Diversity-Zusammensetzungen. Er denkt nur in individuellen Unterschieden.

■ *Die Fähigkeit, Zusammensetzungen und die damit verbundenen Spannungen zu analysieren.* Da Ray nur widerwillig bedeutende Unterschiede und die Spannungen, die sie provozieren können, anerkennt, verfügt er nicht über diese Kompetenz. Stattdessen bewegt sich seine Wahrnehmung von kollektiven Unterschieden auf einem Minimalniveau.

■ *Die Fähigkeit, eine angemessene Reaktion zu wählen.* Was seine ethnische Zugehörigkeit und die Einhaltung der Traditionen, Präferenzen und Erfordernisse seiner Organisation angeht, hat Ray eine eindeutige Entscheidung zugunsten von Assimilierung getroffen. Dieser Assimilierungsansatz an Diversity erfordert grundlegendes Vertrauen in eine Reaktion, die aus Kleinreden oder außer Acht lassen von Unterschieden besteht. Ray lehnt zum Beispiel die „Sowohl als auch"-Erklärung, dass er nämlich seine zahlreichen Beförderungen sowohl auf Grund seiner Verdienste als auch auf Grund von bestehenden Integrationsbestrebungen bekommen haben könnte, rundweg ab. Seine Ignoranz dieser und anderer ihn störender Realitäten könnten ernste Folgen haben. Sie könnten seine Wahrnehmung der Realität in einer Art und Weise trüben, dass ihm ein Schritt-Halten mit den Entwicklungen in seiner Firma nicht mehr möglich wäre. Wenn er nicht mehr Klarsicht über die Dynamik innerhalb einer Organisation gewinnt, könnte sich das für ihn sehr nachteilig auswirken. Es könnte schwer für ihn werden, die qualitativ guten Beziehungen zu seiner Firma aufrecht zu erhalten und er wird wohl auch Schwierigkeiten bei der Führung von nicht assimilierten Elefanten bekommen.

Respekt vor Diversity wie ihn Ray vertritt, ist im Grunde nur eine Entscheidung für „Toleranz" – eine Entscheidung, die nach oberflächlicher Interaktion bei minimalem Konflikt ruft. Auch das kann äußerst unproduktiv sein. Wo Menschen über längere Zeit in engem

Kontakt zusammen arbeiten, muss Respekt mehr bedeuten. Er muss auch die Anerkennung von tatsächlich vorhandenen Unterschieden (auch ethnischen Unterschieden!) und die Akzeptanz und das Management von daraus resultierenden Spannungen beinhalten.

Ray kann diese Diversity-Effektivität entscheidend vorantreiben, wenn er die Tatsache akzeptiert, dass echte Unterschiede existieren, dass manche dieser Unterschiede im Umfeld einer Organisation eher akzeptiert werden können als andere, und dass gravierende Unterschiede mit Sicherheit zu Spannungen führen.

Rays nächster Schritt

Ray hat beträchtliche Flexibilität und Kreativität gezeigt, als es darum ging, sich eine eigene Karriere in einem Industriezweig zu erkämpfen, der ihm früher als nicht erstrebenswert erschienen war. Seine Offenheit gegenüber Veränderung und sein Wille zu lernen erlaubten ihm, diesem Industriezweig auch als gebildeter Mensch Beachtung und Interesse um seiner selbst willen entgegenzubringen. Seine Kreativität erlaubte ihm, seinen Wunsch zu lehren mit seinen Interessen an Finanzen zu kombinieren.

Er hat eine Situation geschaffen, in der seine persönlichen Bedürfnisse und die der Firma im Einklang zu laufen scheinen. Ray ist ein erfolgreicher Elefant in einem Giraffenhaus und geht davon aus, dass er es auch weiterhin sein wird.

Er könnte die Effektivität seiner Führung und seiner Fähigkeit, weiter aufzusteigen und vorwärts zu kommen, stärken, indem er sich mehr für Diversity engagieren und den Umgang mit Diversity direkter pflegen würde. Das würde sicherstellen, dass er auch weiterhin die Merkmale zeigt, die ihn zum Erfolg geführt haben und dass seine Fähigkeiten als Diversity-Manager bei der Führung einer in steigendem Maße durch nicht assimilierte Diversity charakterisierte Belegschaft nicht überschritten werden.

Carols Bericht

Ich bin Amerikanerin asiatischer Abstammung, Mitte vierzig und arbeite als Marketing-Director in einer Firma für Unternehmensberatung und Dienstleistungen. Ich bin seit etwa zehn Jahren bei dieser Firma. Die ersten fünf Jahre arbeitete ich an der Ostküste, seit fünf Jahren bin ich im Südwesten tätig.

Bevor ich hierher kam, arbeitete ich 15 Jahre bei einem produzierenden Betrieb. Ich war wirklich gern in dieser ersten Organisation gewesen. Es war ein sehr innovatives Unternehmen. Tatsache war, dass man schon schief angesehen wurde, wenn man nicht irgendetwas Neues machte.

Ich wechselte die Firma, weil ich in einem mehr Dienstleistungs- bzw. Marketing-orientierten Unternehmen arbeiten wollte. Ich glaube, dass, vom beruflichen Standpunkt aus betrachtet, Service-Marketing das ist, worauf es ankommt. Außerdem glaubte ich in meiner vorherigen Firma kein so großes Entwicklungspotenzial zu haben. Es gab dort eine Art gläserne Wand. Und einige Kommentare zeigten mir, dass ich dort zu den Benachteiligten gehörte. Zum Beispiel musste man in diesem Unternehmen ins Ausland gehen, wenn man nach oben kommen wollte. Ich erzählte den Leuten, dass ich dazu gern bereit wäre. Darauf erntete ich komische Blicke und Fragen, die fast schon diskriminierend waren. Fragen wie zum Beispiel: „Was würde denn da Ihr Mann machen?" Außerdem sah ich, wie wenig Frauen oder Farbige in den Führungsetagen waren.

Als ich dann zu dieser Firma hier gekommen war, arbeitete ich zuerst im Entwicklungsbereich der Mutterfirma. Die Arbeit war sehr spannend. Aber dieser Bereich gehörte zum traditionellen Gebiet des Unternehmens und erforderte ein bestimmtes Verhalten. Es galt zu verteidigen, was man hatte – irgendwie ein ziemlich defensives Organisationsziel.

Seit dem Wechsel arbeite ich in einer Start-up-Gruppe innerhalb der Organisation. Es ist eine völlig andere Welt. Wir haben eine phänomenale Wachstumsrate und müssen gegen riesige Wettbewerbskräfte ankämpfen. Das marktwirtschaftliche Umfeld macht es erforderlich, dass wir uns von den anderen Unternehmen unterscheiden. Das hat zur Folge, dass wir sehr betriebswirtschaftlich orientiert sind und dass sich unsere Wachstumskurve rasant nach oben entwickelt.

Von außen betrachtet sieht es aus, als ob wir viele Freiheiten hätten und wir werden darum beneidet, dass wir unseren eigenen Kram machen können. Aber auch bei uns gibt es Zwänge. Wir tragen eine hohe Verantwortung gegenüber der Mutter und wir müssen um alle Mittel betteln.

Die assimilierten Elefanten: Ray und Carol

Ich bin nicht auf der Ebene, wo ich große politische Schlachten um Geldmittel austragen müsste. Meine Job besteht vor allem darin, die Arbeit zwischen sehr unterschiedlichen Gruppen mit sich überschneidender Funktion und einer Masse gegenseitiger Abhängigkeiten am Laufen zu halten. Ich liebe meine Arbeit. Mein Karriereziel ist es, bis in die Leitung des Marketingbereiches und schließlich bis zum Geschäftsführer aufzusteigen.

Individuelle und betriebliche Übereinstimmung

Als ich neu in dieses Unternehmen kam, war ich positiv überrascht, wie viel mehr Diversity es hier in den Führungsebenen gab, im Vergleich zu meiner früheren Firma. Aus irgendeinem Grund ist heute diese Diversity nicht mehr in gleichem Maße gegeben. Unser Vorsitzender ist ein Farbiger und es gibt Frauen in den höheren Führungsebenen. Und das ist wunderbar. Aber in den obersten Führungsetagen gibt es keine Amerikaner asiatischer Abstammung. Ich bin tatsächlich die Asiatin mit dem höchsten Dienstgrad hier. Es ist nicht einfach, die einzige Amerikanerin asiatischer Herkunft auf meiner Dienstebene in diesem Unternehmen zu sein. Ich habe oft das Gefühl, als ruhte das Gewicht der ganzen Welt auf meinen Schultern.

Trotzdem ist dieses Unternehmen immer noch gut, und ich bin immer noch über meine Entscheidung glücklich, hierher gewechselt zu haben. Aber es könnte besser sein, vor allem was Beförderungsmöglichkeiten angeht. Zwar spielen die Resultate eine Rolle, aber andere Dinge zählen vielleicht noch mehr. Das Auftreten spielt eine große Rolle, und manchmal scheint es, dass die, die am lautesten ins Horn blasen, am schnellsten vorwärtskommen. Als Asiatin und Frau geht mir das gegen den Strich. Es widerspricht auch der Auffassung von Teamarbeit, die meine Firma propagiert.

Zwiespältigkeit von Assimilierung

Ich bin US-Japanerin in dritter Generation, wurde in Kalifornien geboren und wuchs dort auch auf. Mein Vater stammte aus Japan, meine Mutter war in Amerika geboren, aber japanischer Herkunft. Beide sprachen Englisch, außer wenn sie nicht wollten, dass wir sie verstehen.

Meine Eltern sagten: „Wir leben in den Vereinigten Staaten, also müssen wir auch Englisch sprechen."

Meine Familie war so assimiliert, dass ich mich immer für weiß hielt. Ich war in der Tat das, was man eine Banane nennt – außen gelb und innen weiß. Ich war immer mit Leuten europäischer Abstammung zusammen. Ich traf nicht oft US-Asiaten, obwohl ich auf öffentliche Schulen ging. Ich bin sicher, dass es auf dem College asiatische Organisationen gab, aber ich habe mich nie darum gekümmert.

Ich habe einen Weißen geheiratet, aber meinen Namen behalten. Irgendwie hatte ich das Gefühl, dass ich das brauchte.

Mein Grad an Assimilierung war schon immer sowohl Segen als auch Fluch. Einerseits erlaubt er mir, gemächlich mit dem Strom mitzuschwimmen, obwohl ich bis heute einige Feinheiten nicht mitbekomme. Andererseits ruft er auch Dissonanzen hervor. Manchmal, wenn ich bei irgendeinem gesellschaftlichen Ereignis bin, sehe mich plötzlich unter all diesen Weißen sitzen. Dann denke ich: „Ich sehe so anders aus als die anderen." Das ist dann ein komisches Gefühl.

Vor fünf Jahren, als mir bewusst wurde, dass die Dinge nicht so liefen, wie ich es erwartet hatte, begann ich über meine Abstammung nachzudenken. Ich verbringe viel Zeit mit Introspektive und ich habe eine hohe Erwartungshaltung. Ich hätte mich zu dieser Zeit gerne auf einer höheren Position gesehen. Warum habe ich es nicht geschafft? War ich nicht qualifiziert oder ehrgeizig genug, oder war es, weil ich eine Frau war, die auch mit über Dreißig noch wie ein Mädchen aussah, oder war es, weil ich asiatischer Abstammung war? Es war alles sehr undurchsichtig.

Ich weiß bis heute nicht, wie ich es herausfinden kann. Die Leute im Betrieb stehen nicht gerade Schlange, wenn es um wirklich ehrliches Feedback geht, und mir fällt es schwer zu fragen: „Was steht mir im Weg?" Es könnte so hilfreich sein, jemanden zu haben, der die Situation klar genug durchschaut, der mir sagen könnte: „So und so ist es". Alles ist so verworren, und ich kann mir kein rechtes Bild machen.

Ich will nicht mit einem Komplex herumlaufen. Wie kann ich meinen Weg durch diesen ganzen Wust an Fragen schlagen, um die Antwort auf das Warum zu finden?

Die assimilierten Elefanten: Ray und Carol

Unterstützung von außen

Sehr geholfen hat mir mein verstärktes Engagement in asiatisch-amerikanischen Organisationen. Anfang der 90er-Jahre nahm ich an einem wirklich starken Fortbildungsprogramm teil, bei dem es darum ging, sich als Amerikanerin asiatischer Abstammung anzunehmen und gleichzeitig seine Führungsqualitäten weiterzuentwickeln.

Die Ratschläge und die Unterstützung, die ich durch die Teilnahme an dieser und anderen Gruppen bekam, halfen mir weit mehr, als es betriebsinterne Förderung je vermocht hatte. Die Dinge ändern sich hier so rasant, dass es nicht ratsam ist, sich an eine einzige Person zu hängen. Wenn der- oder diejenige dann die Firma verlässt, ändert sich die ganze Situation. Aber auch wenn man einen wunderbaren Mentor hat, der bleibt, garantiert das nicht den langfristigen eigenen Erfolg. Es ist schon faszinierend zu versuchen, seine Arbeit zu machen und gleichzeitig auf all diese anderen Dinge zu achten.

Die Mitarbeit in den asiatisch-amerikanischen Frauen-Gruppen brachte mir weit mehr als nur Einblicke in meine kulturellen Wurzeln und Training in Führungskompetenz. Sie führte schließlich auch dazu, dass einige meiner Aktivitäten publiziert wurden.

Ich arbeite gerne in diesem tempogeladenen Umfeld, arbeite gern an neuen Projekten. Ich sehe gern Resultate und ich liebe die Wirtschaftswelt. Vor allem sehe ich gern, wenn die Wirtschaft wächst. Ich schätze Konkurrenz, weil sie mich besser werden lässt. Aber es gibt in mir auch eine andere Seite. Ich bin sehr gemeinschaftsorientiert und ich versuche einen Ausgleich zu finden zwischen meiner Arbeit und meinem Wunsch, meiner Gemeinschaft etwas zurückzugeben. Vieles dreht sich bei mir um Frauenthemen und in letzter Zeit auch um asiatisch-amerikanische Fragen.

Letztes Jahr war ich von einer der asiatisch-amerikanischen Organisationen interviewt worden, nachdem ich von einer der Gemeinschaften, in der ich aktiv war, eine Auszeichnung für meine ehrenamtliche Tätigkeit erhalten hatte. Das Interview wurde im städtischen Nachrichtenblatt abgedruckt. Die Resonanz im Betrieb war interessant. Die Leute kamen auf mich zu und sagten: „Wir wussten gar nicht, dass Sie das alles machen. Warum erzählen Sie nicht mehr über sich und was Sie so tun?"

Mein Geschäftsführer kam auf mich zu und sagte: „Sie machen wirklich viel. Super ist das." Das war vielleicht einer dieser kleinen Wendepunkte. Er hatte immer gesagt, er würde mich unterstützen. Aber immer, wenn es auf die Beförderungen zuging, hatte er nicht entsprechend gehandelt. Jetzt hat sich etwas geändert, weil mir endlich mal gesagt wurde, dass ich für andere Bereiche auf der Beförderungsliste stehe. Mir war nie klar, dass es das war, aber nun habe ich das Gefühl, mehr Unterstützung zu bekommen.

Definition von Diversity

Für mich besteht Diversity im Kontext einer Firma überall dort, wo es einen Mix gibt. Ich denke da zuerst an Diversity in Geschlecht und Hautfarbe. Wenn ich weiter gehe, sehe ich Diversity im Denken, im Stil, in der Erfahrung und der Persönlichkeit. Sie sind von Belang, wenn man ein Team schaffen will. Und besonders wichtig sind sie, wenn die einzige Talentbörse, auf die man Zugriff hat, aus weißen Männern besteht.

In meiner Gruppe schätzen wir Diversity in der Persönlichkeit und im Stil – manchmal ein bisschen zu sehr, wie ich finde. Wir können uns in endlose Diskussionen verrennen, die nicht viel bringen und die unsere Sitzungen unnötig hinziehen.

Ich werde mir auch immer mehr der Diversity sexueller Vorlieben und physischer Fähigkeiten bewusst. Eine andere bedeutende Mischung ist Diversity des Alters oder der Erfahrung. Außerdem sehe ich eine Diversity bei den Gruppenfunktionen, da viel meiner Arbeit im überfunktionellen Bereich abläuft.

Erfahrungen mit Stereotypen

Im persönlichen Kontext hat Diversity immer etwas anderes bedeutet. Viele meiner persönlichen Erfahrungen mit Diversity resultierten daraus, dass andere mich in Klischees pressten. Als ich noch ein Kind war, gab es Leute, die zu mir sagten, ich müsste ja sehr klug sein, weil ich doch asiatischer Abstammung wäre. Als Erwachsene bekomme ich eher zu hören, ich könnte ja wohl nicht behaupten, einer Minderheit anzugehören. Schließlich seien meine Leute „alle Ärzte und Wissenschaftler"

Die assimilierten Elefanten: Ray und Carol

und würden „viel Geld" machen. Das Problem ist, dass viele US-Asiaten eben keine Ärzte und Wissenschaftler sind und nicht viel Geld haben.

Im Geschäftsleben wurde ich das erste Mal in meiner früheren Firma mit Stereotypen konfrontiert. In den 80er-Jahren erforderte meine Arbeit eine Zeit lang, dass ich etwa 500 Meilen pro Woche in ländlichen Gegenden herumfahren musste. Alle meine Kunden waren Männer weißer Hautfarbe. Ich glaube, viele trafen sich nur deswegen so bereitwillig mit mir, weil sie neugierig waren, wer sich hinter meinem Namen, der wirklich sehr asiatisch klingt, verbarg. Ständig hörte ich Kommentare wie „Sie sprechen wirklich sehr gut Englisch" und „Wo kommen Sie eigentlich her?".

Selbst in dieser Organisation hier sehen die Menschen in mir die asiatisch-amerikanische Frau und ordnen mich in diese Schublade ein, egal was ich auch tue. Immer wenn ich zum Beispiel in eine Sitzung gehe, sage ich irgendetwas und trage zur Diskussion bei, weil man mir am Anfang vorgeworfen hatte, ich sei zu ruhig. Trotzdem kommen die Leute immer noch nach den Sitzungen zu mir und sagen: „Sie sind aber wirklich eine sehr Ruhige." Was soll ich denn noch machen? Das ganze Gespräch rücksichtslos an mich reissen? Ich lerne zu sagen: „Haben Sie nicht gehört, was ich gesagt habe?" Es braucht sehr lange, wenn man versuchen will, bestimmte Auffassungen zu brechen.

Manchmal kann die Beurteilung, welche Auffassungen auf Stereotypen beruhen und welche der Wirklichkeit entsprechen, sehr schwierig sein. Zum Beispiel hatte man mir geraten, doch risikobereiter zu sein und das mag wohl in diesem Umfeld auch so stimmen. Aber mir war auch gesagt worden, ich hätte einen guten Sinn für Wirtschaft. Mein Dilemma ist, dass ich mir erst über die Angemessenheit eines Ratschlags klar werden muss und dann noch überlegen muss, wie ich mich risikobereit präsentieren und dabei gute wirtschaftliche Entscheidungen fällen kann.

Stereotype gibt es natürlich auch im größeren Rahmen. Die amerikanische Gesellschaft packt alle Asiaten in die asiatisch-pazifische Insulaner-Schublade. Zum Beispiel sagen mir die Leute: „Sie sprechen bestimmt Chinesisch." Ich antworte dann „Nein. Meine Vorfahren kommen von anderswo her."

Das ist pure Ironie, da die asiatische Gemeinschaft in sich sehr zersplittert ist. Die Koreaner zum Beispiel mögen die Japaner nicht. Wenn ich schon in koreanischen Geschäften war, bin ich oft ziemlich schief angesehen worden. Meine Mutter kann Koreaner nicht leiden. Sie würde sagen: „In das Restaurant gehe ich nicht. Ich glaube, die Pächter sind Koreaner."

Ich stimme nicht mit ihren Ansichten überein, aber ich bin mir bewusst, dass auch ich Menschen in Schubladen ordne, wenn ich nicht Acht gebe. Manchmal bin ich in einem Geschäft und sehe jemanden, der auch asiatischer Abstammung ist, und denke „Ich würde gern wissen, ob sie mit Akzent spricht." Es ist auch schon öfter passiert, dass ich in einer Besprechung saß und mein erster Eindruck und meine ersten Gedanken waren: „Mit diesen Leuten hier habe ich nicht viel gemein", oder ich fragte mich, ob die anderen überhaupt ewas beizusteuern hätten. Ich bin dann immer positiv überrascht, wie viele unterschiedliche Talente, von denen man gar nichts wusste, die verschiedenen Menschen so mitbringen.

Stereotype können sowohl in Organisationen als auch in der Gesellschaft zu Diskriminierung führen. Innerhalb von Organisationen findet die Diskriminierung von Menschen asiatischer Herkunft auf sehr subtile Weise statt. In manchen Unternehmen zum Beispiel gibt es eine Menge gebildeter und gut bezahlter asiatischer Wissenschaftler und Techniker. Dahinter aber gibt es eine Art gläserner Wand. Sehr wenige dieser Leute kommen für weitere Beförderungen in Frage. Die meisten bleiben im Vorhof der mittleren Führungsebene und der Forschungsabteilungen hängen – „Wirklich, er arbeitet gern als Wissenschaftler!"

Die Gesellschaft draußen nimmt uns gar nicht erst wahr und wirft uns einfach in den großen Schmelztiegel – es sei denn, eine Sonderrolle passt gerade gut ins Handwerk. Während der Untersuchung der Unregelmässigkeiten, die es im Präsidentschaftswahlkampf 1994 gegeben hatte, wurden auch US-asiatische Spender, die seit Jahren Bürger der Vereinigten Staaten waren, zu ihren Spenden befragt. Die Ermittler verhörten jeden mit einem eigenartigen Nachnamen – unabhängig davon, ob es sich um einen Neueinwanderer aus Indonesien oder einen US-Bürger asiatischer Abstammung der dritten Generation handelte.

Wenn sich aber ein US-Asiate beklagt, versteht ihn keiner. Dann sehen mich die Leute manchmal an und sagen: „Worüber beklagen Sie sich denn? Sie verdienen doch gut. Was wollen Sie denn noch?"

Carol als effektiver Diversity-Respondent

Obwohl Carol schon eine beachtliche berufliche Karriere gemacht hat, befürchtet sie, dass sie die ihr selbst gesteckten Ziele nicht erreichen könnte. Sie vesucht hartnäckig, die dynamischen Prozesse zu verstehen, die eine weitere Beförderung bisher verhinderten, auch wenn sie im Moment einen baldigen Durchbruch erwartet.

Carols Diversity-Reife

Akzeptieren von Verantwortung

Carol sieht, dass demografische Diversity in ihrer Organisation einen gewissen Einfluss hat. Sie hat die Verantwortung, selbst zu versuchen, ihre Situation zu verstehen, akzeptiert. Sie trat der Auffassung, immer still zu sein, entgegen, indem sie sich zu Wort meldete und indem sie die, die das übersahen, bewusst herausforderte. Außerdem ging sie nach außen, um sich dort externe Unterstützung zu holen.

Aber sie weigert sich beharrlich, manche persönlichen Verhaltensmuster zu ändern, um sie auf eine Linie mit den Erfolgserfordernissen der Organisation zu bringen. So beobachtet sie zum Beispiel, dass lautes Auftreten und Ins-Horn-blasen wichtig sind, aber empfindet dies für sich, als Asiatin und Frau, als unangemessen. Auch glaubt sie, dass die Tatsache, dass sie so jung aussieht, ihre Beförderung um mehrere Jahre blockiert hat. Aber eine andere Medizin, als auf das Alter und ein reiferes Erscheinungsbild zu warten, sah sie nicht für sich.

Carol zögert wohl deswegen, direkter in eigener Sache tätig zu werden, weil sie – eingedenk der Subtilität der Auffassungen und Verhaltensweisen anderer – nicht sicher ist, ob sie die Dinge klar genug sieht, um auch danach handeln zu können. Dennoch ist sie sich offensichtlich im Klaren darüber, dass ihre Karriere durch Dinge, die außerhalb ihrer Kontrolle liegen, bisher beeinflusst wurde – wie ihr Geschlecht, die ethnische Abstammung, ihr jugendliches Erscheinungsbild und Fremdstereotypen – und sie wünscht sich, diese Barrieren überwinden zu können. Sie sehnt sich nach jemandem, der die Dinge durchschaut und der ihr sagen könnte, was sie tun soll, um ihre Ziele zu erreichen. Oder anders ausgedrückt, sie sehnt sich nach einem Mentor und Förderer, der ihr Fortkommen erleichtert.

Carol hat die direkte Verantwortung, das Diversity-Management in ihrer Organisation voranzutreiben, nicht angenommen. Aber sie hat weitreichende Verantwortung für ihre Gemeinschaft übernommen, um auf diese Weise eine angemessene Repräsentation ethnisch unterschiedlicher Menschen zu gewährleisten. Das steht in Übereinstimmung mit ihrer aktuellen Tendenz, Eingliederung und Diversity zu verknüpfen.

Demonstrieren von situativem Verständnis

Wissen um die eigene Person und um die Organisation. Carol hat klare Erfolgsziele. Sie weiß um sich selbst und ihre Prioritäten. Sie versteht auch ihre Organisationskultur und deren Prioritäten. Und sie ist mit beidem glücklich, mit einer Ausnahme: Sie hasst die Erfolgserfordernisse, die nach mehr Selbstdarstellung und Selbstpräsentation rufen als ihr lieb ist. In diesem Punkt empfindet sie eine Assimilierung an die Erfordernisse, um ihre Ziele zu erreichen, als schwierig.

Konzeptionelle Klarsicht bezüglich Diversity. Carol definiert Diversity zuerst als abhängig von Geschlecht, ethnischer Zugehörigkeit und Rasse. Sie sieht auch physische Fähigkeit als signifikante Dimension an. Auch anerkennt sie Diversity der Persönlichkeit und des Stils. Ihre überfunktionelle Arbeit erlaubt ihr, auch funktions- und systembedingte Diversity als wichtig einzustufen. Zudem ist sie sich der Unterschiede innerhalb der Gruppen bewusst. Bei der Unterscheidung von aus lauter weißen Männern bestehenden Gruppen, wählt sie zum Beispiel Persönlichkeit und Stil als Unterscheidungsmerkmale.

Für Carol geht es bei Diversity vor allem um die Frage der Eingliederung. Was ihre Reaktionen im Umgang mit unterschiedlichen Diversity-Zusammensetzungen angeht, so scheint sie keine Bandbreite entwickelt zu haben. Sie nimmt die anderen als situationsgestaltend wahr. Ihr Augenmerk scheint deswegen auch mehr auf den Auffassungen und Gedanken der anderen zu liegen, als darauf, wie sie ihre eigene Duftnote setzen könnte. Das lässt sie ohne Handlungsrahmen im Umgang mit Diversity-Problemen.

Klarsicht in Bezug auf die Erfordernisse

Carol ist sich über die Erfordernisse im Klaren, sieht aber manche als legitimer an als andere. Zum Beispiel sieht sie die „Ergebnis"-Orientiertheit als legitim an, aber „andere Dinge" als weniger bedeutend. In

Die assimilierten Elefanten: Ray und Carol

Wirklichkeit sind aber alle organisch legitim, wenn die Führung entscheidet, dass sie es sein sollen. Es steht ihr frei, die Erfordernisse, die ihr nicht genehm sind, zu ignorieren, sie muss dann aber auch die Konsequenzen tragen.

Meistern von Diversity-Komplexität und Spannung

Carol fühlt sich unbehaglich bei Diversity-Spannungen. Sie berichtet, dass sie den Graben, der zwischen den einzelnen asiatisch-amerikanischen Gruppen besteht, nicht mag. Sie berichtet auch, dass das Sich-Einpassen in ihrer Familie wichtig war – das heißt, so zu sprechen und sich in einer Art und Weise zu verhalten, dass Gefühle wie Ausgegrenzt-Sein und Unbehagen vermieden wurden. Sie hat das erfolgreich umgesetzt. Außerdem macht schon ihre Verpflichtung und ihr Interesse für ehrenamtliche Gemeinschaftsaufgaben sie zu jemandem, der solche Situationen bevorzugt und sucht, die Harmonie schaffen und Spannungen zwischen den Menschen und Gruppen abbauen.

Aber der Hinweis ihrer Kollegen, dass sie doch risikofreudiger sein soll, mag wohl zutreffend sein. Wenn sie sich adäquat äußern und andere dadurch beeindrucken will, dass sie es schafft, ihre Karriere aus eigener Kraft voranzutreiben, muss sie lernen, Diversity-Spannungen auszuhalten und zu überwinden.

Kontext-bezogene Einschätzung von Unterschieden

Carols persönliche Erfahrungen damit, in eine Schublade gesteckt zu werden, machten es ihr schwer, Unterschiede Kontext-bezogen einzuschätzen. Es ist eine Ironie des Schicksals, dass ihr Engagement in kulturspezifischen Programmen das zu einer noch größeren Herausforderung werden lassen kann.

Diese Eigenschaft der Diversity-Reife erfordert, sich von Stereotypen lösen zu können – die die uns, aber auch die die andere betreffen. Das Gefühl als Stereotype beurteilt zu werden, das Carol ihr Leben lang begleitete, hat sie sehr empfänglich dafür werden lassen, wie andere Amerikaner asiatischer Abstammung sehen. Ihre Erfahrungen in den kulturspezifischen Programmen haben sie sensibilisiert für ihre kulturspezifischen Neigungen und deren Folgen. Sie erweckt öfter den Eindruck, als hätte sie sich die kulturspezifische Stereotype, Frau und US-Asiatin zugleich zu sein, angeeignet und würde sie auf sich selbst anwenden. Sie schlussfolgert zum Beispiel, dass es ihr als Frau und US-Asiatin schwer fällt, laut ins Horn zu blasen.

Zudem hat sie keine Erfahrungen gemacht, die sie auf eine richtige Bewertung von Unterschieden – seien es ihre eigenen oder die anderer – und deren Folgen in einem spezifischen Kontext hätten vorbereiten können. Noch wurde sie in irgendeiner Form darauf vorbereitet, auf Grundlage dieser Kriterien ihre eigene Unterschiedlichkeit richtig einzuschätzen. Stattdessen war sie immer ermutigt worden, Unterschiedlichkeit als Faktum per se anzusehen, anstatt dass man sie gelehrt hätte, Unterschieden entsprechend ihrer jeweiligen Folgen auf ein gegebenes Umfeld zu bewerten.

Die Platzierung und Bewertung von Unterschieden innerhalb eines spezifischen Kontextes wäre eine große Bereicherung für Carols Diversity-Reife.

Zentrale Diversity-Kompetenzen

- *Die Fähigkeit, Diversity-Zusammensetzungen zu erkennen.* Carol identifiziert immer wieder mehrere Diversity-Zusammensetzungen. Sie spricht ausführlich über ethnische Diversity und Stereotypen und deren Auswirkungen auf ihr Leben.

- *Die Fähigkeit, die Zusammensetzungen und die damit verbundenen Spannungen zu analysieren.* Ihre intuitive Reaktion auf Spannungen, die mit dieser Art Zusammensetzung einhergingen, war die Assimilierung, die, wie sie bemerkt, einige entscheidende Vorteile hatte. Ihre Reaktionsmuster auf andere Unterschiedlichkeiten scheinen dagegen variabler auszufallen. Sie notiert, dass der Ausdruck persönlicher und stilistischer Unterschiede unter ihren Mitarbeitern übermäßig viel Zeit in Anspruch nimmt. Aber sie scheint bereit zu sein, diese Tatsache zu akzeptieren. Allerdings scheint ihr der Gedanke, Unterschiede dahingehend zu bewerten, inwieweit sie die Fähigkeit beeinflussen, den Organisationserfordernissen gerecht zu werden, noch nicht gekommen zu sein. Das scheint zumindest teilweise mit ihrem Glauben an den Wert von Eingliederung per se zusammenzuhängen.

- *Die Fähigkeit, eine angemessene Reaktion zu wählen.* Ihre Reaktion auf ethnisch unterschiedliche Zusammensetzungen scheinen bis zu diesem Punkt vor allem auf Stereotypisierung zu beruhen, besonders

Die assimilierten Elefanten: Ray und Carol

was ihre persönliche Herkunft anbelangt. Ihr Augenmerk ruht sowohl auf der Stereotype, die sie sich von sich selbst macht, als auch auf den Stereotypen, die andere ihrer Meinung nach von ihr haben. Das erste hat wohl einen ganz pragmatischen Grund. Wahrscheinlich beruft sie sich auf ihre Ahnen, um eine angemessene Balance zu finden. Denn zweifellos wird sie auch weiterhin in vielen Situationen die Assimilierung wählen. Aber sie wird auch auf ihre Herkunft Wert legen, nämlich dann, wenn es ihr angemessen scheint. Die Tatsache, dass sie die Stereotypisierung durch andere so stark in den Mittelpunkt rückt, kann sich negativ auf ihre berufliche Karriere auswirken. Wenn man ein Problem nur als Konsequenz der Auffassungen und Verhaltensweisen anderer definiert, spricht man sich gleichzeitig die Fähigkeit ab, es zu lösen. Wenn es ihr gelingen könnte, Stereotypen als Grund ihrer beruflichen Frustrationen weniger wichtig zu nehmen und die wesentlichen Fragepunkte so abzustecken, dass ihr eigene Lösungsmöglichkeiten offenstünden, könnte das von enormem Vorteil für sie sein.

Carol handelt entsprechend der kontextbezogenen Zusammensetzung der Erfordernisse. Sie identifiziert das nicht als Diversity-Thema. Aber sie ist sich nichtsdestotrotz dieses dynamischen Prinzips bewusst.

Sie erkennt zwei Arten von Erfordernissen: die, die mit der Arbeit und Leistung zusammenhängen, und die, die sich auf „andere Dinge" beziehen. Sie hat keine Probleme damit, sich den Arbeits- und Leistungserfordernissen anzupassen. Aber mit diesen „anderen Dingen" tut sie sich schwer. Sie toleriert sie nur. Sie sieht sich selbst in der Tat als wenig geeignet an, einigen der Haupterfordernisse in dieser Kategorie zu entsprechen und sie scheint sie sich auch nicht aneignen zu wollen. Sie sieht sich selbst zum Beispiel nicht in der Rolle derjenigen, die ins Horn bläst.

Aber sie wird sich zunehmend der Bedeutung bewusst, die diese ablehnende Haltung gegenüber den Erfordernissen hat, die sie als sekundär bezeichnet. Und ihre jüngsten Reaktionen und ihre sich ändernden Vorstellungen deuten darauf hin, dass sie kurz davor steht, sich auf eine Reaktion, die „wechselseitige Adaption" fördert, einzulassen. Indem sie Vorteile aus der Unterstützung und Empfehlung von außen zieht, befriedigt sie die Notwendigkeit, sich hervorzutun, und erfährt auch die entsprechende Anerkennung. Gleichzeitig kann sie ihr Bild von sich selbst und wie sie sein will wahren und muss es nicht vergewaltigen.

Carol berichtet nichts über ihre Reaktionsmuster in Bezug auf andere Diversity-Zusammensetzungen. Aber ihr Interview und ihre Werte lassen vermuten, dass sie sich wohl auch hier von Reaktionen leiten lässt, die Diversity minimieren: Unterdrückung, Verneinung und Assimilierung.

Wahrscheinlich wird es, ähnlich wie bei ethnisch unterschiedlichen Zusammensetzungen, auch im Umgang mit anderen Zusammensetzungen nur von Vorteil für sie sein, wenn sie es schafft, herauszutreten, einen leichteren Umgang mit Diversity-Spannungen zu finden und, sofern sie angemessen sind, Reaktions-Optionen zu wählen, die Diversity eher vergrößern als verkleinern.

Carols nächster Schritt

Carols Wahl, in ein betriebswirtschaftlich orientiertes Unternehmen mit schnell steigender Wachstumskurve einzusteigen, deutet darauf hin, dass sie Herausforderungen liebt und sie auch meistern will. Ihre erfolgsorientierte Hartnäckigkeit lässt vermuten, dass sie in steigendem Maße variabel und flexibel auf Diversity reagieren wird, und zwar in dem Maße, in dem sie die wirtschaftliche Notwendigkeit dafür sieht.

Sie befindet sich zur Zeit in einem Übergang von fast totalem Vertrauen auf Assimilierung hin zu der Erfahrung einer neuen Wertschätzung ihrer eigenen Wurzeln. So fand sie vor kurzem für sich die Lösung der „Förderung wechselseitiger Adaption": Indem sie es schaffte, dass eine externe Organisation ihre Erfolge publizierte, wurde sie sowohl der Erfordernis ihrer Organisation, von sich reden zu machen, als auch ihrem hartnäckigen Widerwillen gegen lautes Ins-Horn-blasen, gerecht.

Das Maß, in dem es ihr gelingt, alle Diversity-Optionen zu schätzen und sie angemessen anzuwenden, wird auch Einfluss darauf haben, wie andere sie wahrnehmen. Und es kann Auswirkungen auf ihr weiteres Fortkommen haben. Sie hat wenig zu verlieren, wenn sie mehr Risikofreude zeigt.

Kapitel 7

Die wütenden Elefanten:
Debra und Mark

Debras Bericht

Ich bin eine schwarze Frau Ende dreißig. Ich arbeite schon seit 14 Jahren für dieses Unternehmen, das Produkte für den Endverbrauchermarkt herstellt. Während der ersten 12 oder so Jahre ging es auf meiner Karriereleiter immer nach oben. Bis vor 18 Monaten ein massiver Personalabbau durch die Firma eingeleitet wurde. Alles wurde umstrukturiert und die Verantwortungsbereiche wurden neu verteilt.

Es war eine schreckliche Erfahrung. Ich behielt zwar meinen Job. Aber es war furchterregend. Sie ordneten mich nicht gleich einer neuen Position zu. Der eine Mitarbeiter für regionales Marketing ging und der andere ging in den Vorruhestand, sodass ich als Einzige zurückblieb und mich um den Nahrungsmittelbereich der gesamten Firma kümmern musste. Erst im Mai 1997 erfuhr ich endlich, für welchen Bereich ich neu zugeteilt worden war. Ich wurde aus dem Nahrungsmittelbereich herausgenommen – was keinerlei Sinn ergab, da sonst niemand in der Firma etwas davon verstand – und in das West-Team gesteckt, wo ich seitdem bin.

Die neue Ordnung

Das West-Team umfasst die Teamleiterin, eine Mitarbeiterin im Marketing, einen Mitarbeiter für administrative Fragen und zwei Außendienstmitarbeiter – bestehend aus einem Schwarzen, der zwar Erfahrung im Verkauf, aber keine Erfahrung mit dem Unternehmen und unserem Wirtschaftsbereich hat, und mir. Es wird von uns erwartet, dass wir uns in den Teamprozess eingliedern und zusammenarbeiten.

Die Teamleiterin ist eine Frau mit der ich schon früher zusammengearbeitet habe. Obwohl sie im verwaltungstechnischen Sinne nicht meine

Vorgesetzte ist, führt sie sich so auf. Diese Frau hat nur wenig Führungserfahrung. Sie hat bisher nur einfache Verkäufer geführt und weiß nicht,
wie man mit erfahreneren und älteren Mitarbeitern umgeht. Immer
wenn ich in meinem Beruf mit nicht führungsgeschulten Managern zu
tun hatte, gab es Probleme.

Die Mitarbeiterin im Marketing war während meiner Abwesenheit im
Verkauf tätig gewesen, obwohl sie keine Verkaufserfahrung hatte. Sie
ging mit einer ganz anderen Sicht als ich an die Kunden heran. Während
der acht Monate bevor ich zum Team dazustieß, arbeiteten diese beiden
weißen Frauen eng zusammen und entwickelten ihre eigenen Bande und
ihr eigenes System. Ich bin weder in das eine noch in das andere einge-
weiht. Um alles noch schlimmer zu machen, bekam ich ein Gebiet zugeteilt, das ursprünglich nicht im Verantwortungsbereich des Teams lag,
so das die Teamleiterin keine Ahnung über den Kundenkreis in diesem
geografischen Gebiet hatte.

Ich fühle mich weder mit dem Team noch mit dem neuen System wohl,
und ich glaube, man merkt das auch. Meine Teamleiterin hat sich be-
schwert, ich würde nicht mit dem Team kommunizieren. Ich gebe zu,
dass es mir schwerfällt, jemanden anzusprechen und um Stellungnahme
zu bitten. Ich war es immer gewöhnt, Entscheidungen auf regionaler
Ebene selbst zu treffen, da ich mich im System auskenne. Ich glaube,
mein Beitrag besteht darin, dass ich eben nicht ihre Zeit in Anspruch
nehme.

Die Teamleiterin war während den anderthalb Jahren nur einmal auf
einem Verkaufsgespräch mit dabei. Sie weiß also gar nicht, wie ich arbeite. Ich spüre an den vielen kleinen Sticheleien, dass da unterschwellig etwas brodelt, aber ich weiß nicht was. Ich hatte sie gebeten, direkt
zu sein, da ich nun einmal keine Gedanken lesen kann und nicht etwas
korrigieren kann, von dem ich nicht weiß, was es ist. Ich habe keine
Ahnung, wie ich mit dieser Situation umgehen soll. Ich bin sogar so
weit, dass ich mir nicht einmal sicher bin, ob ich überhaupt damit umgehen will.

Ich fühle mich auch nicht wohl mit der neuen Organisation. Wir gehen
zu einem andern Verkaufsstil über. Wir waren durch einen anderen
Konzern aufgekauft worden. Ich habe keine Ahnung über die Strategien
oder die Unternehmenskultur dieses Konzerns. Es gab viel Wandel und
Unsicherheit während der letzten zwei Jahre. Langjährige, hochklassige
Mitarbeiter hat man gehen lassen oder heruntergestuft. Ich habe das

Gefühl, dass die Organisation kurz vor der Explosion steht – ich weiß nur nicht, ob zum Guten oder zum Schlechten.

Dieses letzte Jahr war das traumatischste in meiner ganzen beruflichen Laufbahn und das am wenigsten produktive für mich als Person und für meine Arbeit. Ich fühle mich ganz ausgebrannt, weil ich aus meinen Grübeleien, wer ich nun bin, wo meine Stärken und Schwächen liegen und von welchem Nutzen ich für die Firma sein kann, nicht mehr herauskomme. Das ist das zentrale Thema für mich. Ich bin mir nicht klar darüber, wer ich sein will. Ich bin mir klar, dass etwas geschehen muss, aber ich weiß nicht, ob es in diesem Unternehmen geschehen wird. Soll ich mich nach einem ganz neuen Industriezweig umsehen? Oder soll ich auf dem gleichem Gebiet aber in einer anderen Firma arbeiten?

Eine frühere Neubewertung

Es hatte schon einmal eine Zeit gegeben, in der ich das Bedürfnis nach einer Neubewertung dessen verspürte, was ich tat. Meine Mutter starb als ich 25 war. Sie war Kosmetikerin. Sie war eine sehr gesellige Frau, ein echter Workaholic, mit einem sehr gut gehenden Geschäft. Sie war auch meine beste Freundin und mein Vorbild. Sie lehrte mich den Umgang mit anderen Menschen und mit Geld und wie man seine Umgebung zu seinem eigenen Nutzen manipulieren kann. Ich wollte immer so werden wie sie.

Bevor sie starb, musste ich ihr versprechen, nicht so ein Workaholic wie sie zu werden. Damals arbeitete ich 80–90 Stunden in der Woche. Außer der Kirche kannte ich überhaupt kein soziales Leben.

Durch ihren Tod lernte ich das, was wirklich wichtig war, neu zu überdenken. Mir wurde klar, dass ich ein Gleichgewicht finden musste. Gewiss kann man viel Erfüllung aus der beruflichen Karriere ziehen, aber es gibt auch noch andere Dinge. Vor ihrem Tod hätte ich mir nie vorstellen können, einmal zu heiraten und Kinder zu bekommen. Als sie starb wurde das anders. Mir wurde klar, dass ich zwar ein gewisses Maß an Herausforderung brauchte, aber dass ich dafür keine 90 Wochenstunden brauchte. Ich begann weniger zu arbeiten, auch wenn das Kürzungen im Gehalt zur Folge hatte. Fünf Jahre später heiratete ich und bekam Kinder.

In der Verantwortung stehen

Ich bin es gewöhnt, Verantwortung in meinem Leben zu übernehmen. Als ich noch ziemlich neu im Geschäft war, gab es Probleme mit einem der Führungsmitglieder. Der Mann erzählte unter Kollegen Dinge über mich, die nicht stimmten, und die mich meinen Ruf und meinen Arbeitsplatz hätten kosten können. Ich löste das Problem, indem ich ihn umging. Ich wollte nicht ohne Kampf untergehen.

Das Zusammenrasseln mit diesem Mann hat mich ganz schön geschüttelt. Ich hatte vorher nie Gegner unter den Mitarbeitern gehabt. Danach wurde ich vorsichtig und achtete darauf, wie andere mich wahrnahmen. Es lehrte mich auch, niemandem zu trauen wenn es um die eigene Karriere geht. Dafür übernehme ich die volle Verantwortung. Und wenn ich wieder einen Vorgesetzten umgehen müsste, würde ich es tun.

In der Vergangenheit habe ich auch hier Verantwortung für mein Schicksal übernommen. Ich suchte immer die Herausforderung, und zwar sowohl im Privaten als auch im Beruf. Ich konnte immer von zu Hause aus arbeiten, wenn ich nicht gerade auf Reisen war. Ich könnte nie in einer Umgebung funktionieren, in die ich reinschlagen könnte. Das habe ich von meiner Großmutter. Sie besaß einen florierenden Gemischtwarenladen. Sie weigerte sich einfach, an Weiße zu verkaufen. Diese Frau, die nur eine drittklassige Schulbildung genossen hatte, brachte sechs Kinder durch die Schule.

Um mir diese Freiheit zu verschaffen, setze ich höhere Anforderungen an mich als es die Firma je tun würde. Ich tausche Überstunden und harte Arbeit gegen Unabhängigkeit bei der Arbeit und ein gutes Einkommen.

Der Wert eines Mentors

Meine Art, an die Dinge heranzugehen, hat immer noch seine Schattenseiten. Vor einigen Jahren wurde mir klar, dass die wirklich erfolgreichen Leute in dieser Organisation alle Männer weißer Hautfarbe waren, Golf spielten und politisch taktierten, das heißt, es waren die mit den guten Kontakten. Ich beobachtete, wie sie spielten und arbeiteten und verglich es mit der Arbeitsbelastung, die ich bewältigte, und dachte bei mir, dass da etwas ganz gewaltig schief läuft. Meine Alarmglocken schrillten. Mir wurde klar, wie wichtig Beziehungen sind.

Ich dachte: „Ich weiß, wie man hart arbeitet und wie man Profit macht, aber ich weiß nicht, wie das System funktioniert. Ich bin so Inhaltsbezogen, dass ich nicht unbedingt noch an der äußeren Fassade herumpolieren muss, um auf die nächste Position aufzurücken. Ich kann mich nicht gut verkaufen. Ich brauche jemanden, der die Kraft und den Willen hat, intern für mich zu sprechen. Kurz, ich brauche einen Mentor.“

Normalerweise sucht sich ein Mentor seinen Schützling aus. Ich ging dagegen direkt auf sie zu. Ich war sehr direkt und sagte: „Ich brauche einen Mentor. Ich weiß nicht wie das System funktioniert, und ich bin nicht stark in interner Unternehmenspolitik. Ich brauche Hilfe. Seien Sie mein Coach.“

Ich fragte eine Frau und einen Mann. Beide waren Führungskräfte der dritten Linie, die eine im Marketing, der andere im Verkauf. Beide erklärten sich bereit dazu. Diese beiden Förderer halfen mir ein großes Stück vorwärts. Sie sorgten dafür, dass meine Stärken und Erfolge auch in der Entscheidungsebene bekannt wurden. Sie präsentierten mich in einem Licht, das es mir ermöglichte, Gebietsleiter zu werden. Sie beeinflussten meine Gehaltseinstufung und boten mir eine enorme Unterstützung. Sie waren mein Sprachrohr und sorgten für ein sicheres Umfeld. Sie arbeiteten die Gebiete heraus, in denen ich mich noch verbessern musste, und halfen mir bei der Aufarbeitung.

Beide haben die Firma verlassen. Als die Belegschaft reduziert worden war, waren viele freiwillig gegangen oder wurden gehen gelassen. Jetzt könnte ich sich brauchen.

Konflikte

Meine Teamleiterin und ich hatten schon etliche Konflikte, von denen ich die meisten gar nicht verstanden habe. Sie traut mir offenbar nicht. Vor gar nicht langer Zeit habe ich über Umwege erfahren, dass sie unsere Mitarbeiterin für Marketing gebeten hatte, an einem ersten Treffen mit einem neuen Kunden teilzunehmen. Sie hatte mir nichts davon gesagt, obwohl alle Verkaufs- und Marketingleute angesprochen waren. Bisher hatte noch niemand aus unserer Firma mit dem neuen Kunden gesprochen. Kaum hatte ich es getan, wollten sie plötzlich alle in das Geschäft einsteigen. Und die wichtigen Beiträge, die ich immer wieder machte, wurden weder von der Teamleiterin noch von den anderen Team-Mitgliedern honoriert.

Gründe für Spannungen

Mehrere Dinge haben wohl zu dieser Situation beigetragen. Einseits scheint die Rasse eine Rolle zu spielen. Ich glaube, dass sie sich unbehaglich fühlt, weil ich eine Schwarze bin und – wie soll ich das ausdrücken – zudem eine, der sie nicht mehr viel beibringen kann. Sie musste bisher nicht mit Schwarzen in der Firma zusammenarbeiten. Hank ist der einzige andere Schwarze in unserem Team, und er ist ein ganz anderes Kaliber. Er ist zuerst einmal viel jünger, und er ist ein Neuling in der Firma. Er wird die Dinge ganz anders angehen als ich.

Aber Rasse ist nicht unser einziger Unterschied. Ich halte auch nicht viel von ihren Management-Qualitäten. Vor der Restrukturierung war sie Bezirksleiter und war verantwortlich für die einfachen Verkäufer. Ich dagegen hatte während meiner Arbeit als Broker-Manager sowohl mit Geschäftsführern und Eignern als auch mit Kundenbetreuern zu tun gehabt. Ich hatte mich den Bedürfnissen meiner Mitarbeiter anpassen müssen, um das Beste aus ihnen herauszuholen. Mein Führungsstil geht dahin, jeden zwar in die Rechenschaftspflicht zu nehmen, um den Erfordernissen gerecht zu werden, aber dabei die Leute unterschiedlich zu behandeln, je nachdem, wo und wer sie sind. Ich hatte Vorgesetzte, die mit mir ähnlich umgegangen waren.

Ich erwarte von meinem Teamleiter, dass er das auch bei mir tut. Aber es passiert einfach nicht. Vielleicht werde ich zu alt für Veränderungen, vielleicht bin ich auch unbeweglich. Aber es stört mich, dass sie glaubt, mich auf die gleiche Art wie einen erst seit sechs Monaten hier arbeitenden Neuling führen zu können und dass sie nicht erkennt, dass ich meinen Beitrag auf ganz anderer Ebene leiste.

Es stört mich auch, dass sie von mir erwartet, ständig mit Informationen über mein Privatleben aufzufahren. Mein Privatleben teile ich nur bis zu einem gewissen Grad. Mein Berufsleben können wir dagegen in aller Ausführlichkeit erörtern. Aber die beiden sind nicht verbändelt. Ich habe das den anderen Teammitgliedern gesagt. Aber das scheint Spannungen hervorzurufen, vor allem mit der Teamleiterin.

Ich finde auch nicht, dass meine Teamleiterin sehr kommunikativ ist. Sie stellt die Erfordernisse nie klar heraus. Ich weiß, was sie aus ihrer Perspektive will. Soweit ich es verstehe, glaubt sie, dass *ICH* nicht kommunikativ bin. Deswegen kommuniziert sie nicht mit mir. Es wird ein richtiges Problem. Wenn wir unsere Beziehung nicht irgendwie bereinigen, kann sie ein echtes Hindernis für mich werden. Ich habe auch schon Dinge gehört, dass ich mich wundern muss, was sie den anderen wohl so erzählt.

Schwarzen Neuzugängen helfen

Es war schon immer eine Herausforderung, als Schwarze in dieser Organisation zu arbeiten. Wenn ich mir die Firma so anschaue, sehe ich eine richtige Hackordnung. Farbige Männer und weiße Frauen stehen auf einer Ebene, über ihnen bewegt sich die Schicht der weißen Männer. Was die Rasse angeht, so sind Leute europäischer Abstammung immer noch Spitze. Unter ihnen drängeln sich die Leute nicht-afrikanischer Herkunft. Sie werden ganz anders geachtet als Menschen afrikanischer Herkunft. Wir sind die ganz unten.

Weil ich eine Schwarze bin und weil ich in den Südstaaten aufwuchs, habe ich mich ständig selbst beweisen müssen. Dennoch hatte ich lange Zeit die naive Vorstellung, dass ich irgendwann ab einem gewissen Punkt nach meiner eigenen Geschichte und meinen Verdiensten beurteilt werden würde. Doch das stimmt nicht. Vielleicht sehen es andere Rassen in den Vereinigten Staaten ähnlich. Auf Schwarze trifft diese Lage auf jeden Fall zu.

Vor kurzem hat die Firma sechs Schwarze eingestellt – die meisten davon Quereinsteiger. Fünf davon sind Frauen. Der jüngste Neuzugang arbeitet als zweite Verkäuferin in meinem Team.

Das meiste, was ich über die Firma weiß, wurde mir von Schwarzen beigebracht – nicht von meinen weißen Kollegen oder Vorgesetzten. Es ist so deprimierend, wenn man sieht, dass eine ganze Gruppe von Leuten unwillig oder unfähig ist zu helfen. Also versuche ich, mein Wissen über das System mit den Neuen zu teilen und sie auf die Fallgruben hinzuweisen. Ich versuche ihnen Mittel in die Hand zu geben, die ihnen helfen können, an dem, was für sie notwendig ist, zu arbeiten. Denn was man nicht weiß, das weiß man eben nicht. Das Gleiche haben andere

Leute auch für mich getan, als ich in die Organisation kam. Ich versuche zu warnen und mein Wissen mit anderen Schwarzen zu teilen und ich sage ihnen, dass sie mich jederzeit zuhause anrufen können, wenn sie irgendetwas hören, das ich wissen müsste. Das letzte was ich will, ist, hintenrum attackiert zu werden.

Alle außer dem Außendienstmitarbeiter in meinem Team sind dafür empfänglich. Sie rufen an und erzählen mir so manches. Ich habe das auch bei meinem Teamkollegen versucht, bin aber sehr vorsichtig bei ihm, weil er gerade eine junge Weiße geheiratet hat. Ich habe den Eindruck, dass er glaubt, weil er eine Weiße geheiratet hat, werden ihn die anderen Weißen aufnehmen. Er ist auch sehr zurückhaltend mir gegenüber. Er scheint zu befürchten, dass er im Streit zwischen der Teamleiterin und mir zwischen alle Stühle kommen könnte.

Ich würde ihm trotzdem gerne helfen. In manchen Meetings haben die Teamleiterin und die Verantwortliche für Marketing schon nach seinen Erfolgen gefragt. Außerdem sehe ich ihnen an, dass sie über seine Mischehe nicht glücklich sind. Ich habe ihm angeboten, ihn an bestimmte Kundenbetreuer weiterzuvermitteln und habe versucht, ihm diese Dinge durch Andeutungen beizubringen. Ich habe ihm gesagt, er solle vorsichtig sein mit dem, was er aus seinem Privatleben erzählt. Ich habe ihm auch gesagt, was er machen müsse und wie er wohin komme. Ich habe ihm gesagt: „Ich bringe dir bei, was ich weiß. Wenn ich etwas nicht weiß, bringe ich dich mit den Leuten zusammen, die es wissen. Sie werden dir eine ehrliche Antwort geben. Außerdem bist du bei ihnen sicher. Das ist wichtig, weil man in dieser Organisation nicht jedem trauen kann."

Was bringt die Zukunft?

Normalerweise stört mich Veränderung nicht, aber diese Veränderung war so einschneidend, dass ich sie als äußerst kräftezehrend empfinde. Ich bin es müde, mich mit Vorgesetzten herumschlagen zu müssen, die keine Ahnung von Management haben. Ich bin es müde, mich immer und immer wieder beweisen zu müssen, weil diese Frau Diversity nicht schätzen kann. Ich habe versucht ihr klar zu machen, dass ich nicht in der gleichen Art und Weise an die Dinge herangehen muss, wie sie es tut, solange ich nur den Erfordernissen gerecht werde.

Ich habe während meiner bisherigen beruflichen Laufbahn schon so einiges an Kenntnissen gesammelt. Ich frage mich jetzt, ob sie sich überhaupt lohnen. Gehen diese Kenntnisse automatisch verloren, wenn ich eine andere berufliche Laufbahn einschlage oder bleiben sie mir erhalten, auch wenn ich etwas anderes mache, das mir mehr entgegenkommt? Und wenn es verloren geht, kann ich dann überleben? Ich bin dabei, alles gegeneinander abzuwägen.

Positiv betrachtet kann man sagen, dass dort, wo es keine Risse gibt, es auch kein Fortkommen geben kann. Es ist wichtig, dass ich mein Augenmerk auch weiter darauf richte, mit dem ganzen Stress, der damit einhergeht, fertig zu werden. Irgendwann komme ich über diesen Punkt hinweg.

Debra als effektiver Diversity-Respondent

Offensichtlich ist Debras Arbeitsumfeld sehr belastend. Die unerwartete Übernahme ihrer Firma und der sich anschließende Personalabbau brachten für sie eine lange Periode der Unsicherheit und letztendlich eine neue Position, in der sie sich unwohl fühlt und keine Wertschätzung spürt. Dazu kommt, dass sie ihre Förderer verloren hat, die Leute, die sie unterstützen und für sie gesprochen haben. Das allein wäre schon Grund genug, sie ins Wanken zu bringen.

Außerdem empfindet Debra ihre Herabstufung in der Organisation als äußerst schmerzlich, und sie betont die Schwierigkeiten, die sie damit hat, unter einer nicht führungsgeschulten Leiterin zu arbeiten. Von dem Stress und dem weitgehenden Mangel an Anerkennung, der aus ihrer Zusammenarbeit mit nicht strategisch-denkenden Kundenbetreuern herrührt, gar nicht zu reden.

Debras konstantes Unbehagen und ihre beträchtliche Wut über die Veränderungen in ihrer Organisation und ihrem Status spiegeln Dinge wieder, die außerhalb ihres Einflussbereiches liegen. Sie sind aber auch Spiegel ihrer Motivationslosigkeit und ihrer damit einhergehenden Unfähigkeit, eine effektive Annäherung an die Diversity ihrer Gruppe zu finden. Debra hat sich in einem Reaktionsmuster verschanzt, das durch wachsende Isolation und bloße Verteidigungsbereitschaft charakterisiert wird. Wenn sie mit ihrer Teamleiterin interagieren muss, reagiert sie mit Toleranz. Korrekterweise gibt sie zu, dass sich etwas ändern muss.

Debras Diversity-Reife

Akzeptieren von Verantwortung

Debra erzählt, dass sie in der Vergangenheit sehr erfolgreich Verantwortung übernommen hatte mit einer bunten Gruppe aus Brokern und Angestellten. Tatsächlich sieht sie sich selbst als hoch kompetent in der Führung von Mitarbeitern mit unterschiedlichen Bedürfnissen an, und sie kritisiert die Unfähigkeit ihrer Teamleiterin auf diesem Gebiet.

Zur Zeit hält sie ihre Wut davon ab, ihre eigene Rolle in dieser unbefriedigenden Beziehung mit ihrer Teamleiterin und den anderen Team-Mitgliedern zu untersuchen. Stattdessen lamentiert sie über die Unergründlichkeit der Organisation und die Schwierigkeit, mit ihren Mitstreitern zurecht zu kommen. Debra fühlt sich so entwurzelt in ihrer Organisation, dass ihr Augenmerk allein den Dingen gilt, die falsch sind, ohne zu überlegen, wie sie selbst die Funktionskultur oder die Diversity-Effektivität verbessern könnte. In ihrem Bedürfnis nach Entlastung mussten weitreichendere Belange verstummen. Das ist schade, denn bis zum Erreichen eines effektiven Diversity-Managements, das den Namen auch verdient, ist es noch ein langer Weg.

Demonstrieren von situativem Verständnis

Wissen um die Organisation. Vor der Übernahme schien Debra die Organisation recht gut verstanden zu haben und sie hatte einen Weg gefunden, auf dem sie sowohl ihren Bedürfnissen und Erfordernissen als auch der ihrer Organisation gerecht werden konnte. Jetzt ist sie dazu nicht mehr in der Lage. Sie berichtet wie frustriert sie über ihre Unfähigkeit ist, die Ziele und Strategien der Organisation zu verstehen.

Mission und Vision. Debra berichtet, dass sie sich vor der Übernahme sowohl über ihre persönliche Mission und Vision klar war als auch über die Prioritäten ihrer Organisation. Ihr derzeitiges Unbehagen liegt größtenteils in dieser Ungewissheit über die Fundamente begründet – und der daraus resultierenden Notwendigkeit, diese sowohl auf persönlicher als auch auf Unternehmensebene weiterzuentwickeln bzw. neu zu definieren. Sie wird sicher wieder festeren Grund unter den Füßen finden, sobald sie das geschafft hat.

Konzeptionelle Klarsicht bezüglich Diversity. Debras Bericht über ihre früheren Führungserfahrungen zeigt, dass sie es gewöhnt war, Diversity sehr weitfassend zu definieren und sie auch effektiv zu managen, besonders was ihre Beziehung zu ihren Untergebenen anging. Spannungen in den Beziehungen zu ihren Vorgesetzten schien sie dagegen nicht durch Zweiergespräche lösen zu wollen. Eher versuchte sie, die betreffenden Personen zu umgehen, als dass sie sich an einer Förderung wechselseitiger Adaption versuchte.

Obwohl sie sich zweifellos ihr Wissen um das Ausmaß der Dimensionen von Diversity bewahrt hat, richtet sich ihr Augenmerk derzeit auf nur wenige besonders herausstechende Unterschiede. Eventuell bestehende Ähnlichkeiten lässt sie völlig außer Acht. Es ist schade für sie und ihr Unternehmen, dass sie über dem ganzen Stress und Kummer, den sie hat, ihre Diversity-Qualitäten vergisst.

Klarsicht in Bezug auf die Erfordernisse

Debra ist sich offensichtlich über das Konzept der Erfodernisse, sofern sie produktivitätsbezogen sind, im Klaren: „Sie müssen mir die Erfordernisse definieren," sagt sie ihrer Teamleiterin. Aber eine wichtige, neu definierte Voraussetzung ignoriert sie völlig: nämlich die harmonischen Beziehungen und gegenseitigen Abhängigkeiten unter den Teammitgliedern. Stattdessen handelt sie so, wie es ihren eigenen Vorlieben entspricht und versucht, Kontakt so weit wie möglich zu vermeiden. Damit schränkt sie aber die Möglichkeit ein, ihren eigenen Bedürfnissen und Erfordernissen gerecht zu werden und verringert ihre Fähigkeit, ein Maximum an Unabhängigkeit zu wahren und dennoch ein geachtetes Mitglied der Organisation zu bleiben.

Alles deutet darauf hin, dass ihr aktuelles Verhalten eher aus ihrer Unzufriedenheit und Wut über die Situation als aus Ignoranz über das Konzept herrührt, zumals sie auch berichtet, dass sie früher ihre Entscheidungen auf Grundlage der Erfordernisse gefällt hat.

Debra deutet an, dass sie dabei ist, ihre eigenen Bedürfnisse und Erfordernisse neu zu überdenken. Und sollte sie zu der Schlussfolgerung gelangen, dass ihr derzeitiges Verhalten ihr nicht hilft, den Erfordernissen gerecht zu werden, so lässt ihre frühere Verhaltensweise darauf schließen, dass sie auch jetzt ihr Verhalten ändern wird. Ihre Bereitschaft, die eigenen Bedürfnisse, Erfordernisse und Verhaltensweisen zu reflektieren und sie wenn nötig in Einklang zu bringen, sind typische Merkmale eines effektiven Diversity-Respondenten.

Positiver Umgang mit Diversity-Spannungen

Obwohl Debra sich selbst als direkt und konfrontationsorientiert einschätzt, fühlt sie sich in Wahrheit sehr unwohl bei Diversity-Spannungen. Um solchen Spannungen Herr zu werden, greift sie zu einer Vielzahl von Techniken, die es ihr erlauben, Abstand zu halten. Sie verhält sich nach dem „Wir gegen die da oben"-Muster, wenn sie mit neuen Angestellten afrikanischer Herkunft interagiert. Sie umgeht die Leiterin, da sie annimmt, dass diese gegen sie arbeitet. Freundlich und unfreundlich gemeinte Gesten von Seiten der Teamleiterin und der anderen Team-Mitglieder weist sie ab. Sie hat eher die Tendenz, Diversity-Spannungen zu vermeiden, als sich ihnen zu stellen.

Zentrale Diversity-Kompetenzen

■ *Die Fähigkeit, Diversity-Zusammensetzungen zu identifizieren.* Debra erachtet im Hinblick auf die Diversity-Mischung den Stil als sehr bedeutend. Sie berichtet, dass sich in drei grundsätzlichen Bereichen – der direkten Ansprache, der Entscheidungsfindung und dem Privatleben – ihr Stil von dem ihrer Teamleiterin und der anderen Mitglieder stark unterscheidet. Damit platziert sie sich selbst innerhalb der Diversity-Zusammensetzung und übernimmt auch ihren Teil der Verantwortung für die fortdauernden Spannungen. Debra berichtet, dass sie den direkten und konfrontationsorientierten Stil bevorzugt, während ihre Teamleiterin das nicht tut. (Allerdings lassen Debras Interview-Aufzeichnungen darauf schließen, dass das eher den eigenen Wunschvorstellungen als der Realität entspricht.) Die Teamleiterin bevorzugt einen kollegialen, Mitbestimmungs-orientierten Entscheidungsstil. Debra findet das aufdringlich. Sie interpretiert das hartnäckige Bestehen ihrer Teamleiterin auf Mitbestimmung als einen augenscheinlichen Mangel an Vertrauen. Auch schätzt die Teamleiterin den Austausch über persönliche Dinge, was Debra wiederum missfällt. Zum gegenwärtigen Zeitpunkt hat sich Debra dazu durchgerungen, ihre Teamleiterin zu tolerieren, wenn sie zur Interaktion mit ihr gezwungen ist.

Debra erkennt – und betont! – die ethnische Diversity. Dennoch hat sie hier weitaus größere Probleme damit, die Verantwortung für die Rolle, in der sie in dieser Zusammensetzung interagiert, zu akzeptieren. Sie nimmt zum Beispiel wahr, dass sich ihre Teamleiterin mit den bestehenden Rassenunterschieden unwohl zu fühlen scheint, aber sie scheint nicht zu sehen, welchen Einfluss ihr eigenes Unbehagen mit dieser Zusammensetzung auf die Situation hat.

Debras Annahme, dass Rasse ein Faktor in diesen fortdauernden Spannungen ist, mag korrekt sein. Dennoch sollte sie sich vorsehen. Schließlich gibt es noch andere wichtige Zusammensetzungen. Wenn sie vor lauter Konzentration auf Rassenunterschiede blind für andere Zusammensetzungen und Spannungen wird, wird sie über ein verzerrtes Wirklichkeitsbild und eingeschränkte Aufstiegschancen nicht hinauskommen. Wenn ihr Misstrauen gegenüber dieser Zusammensetzung dazu führt, dass sie sich in einer Art und Weise verhält, die ihre Teamleiterin und die anderen Kollegen vor den Kopf stößt und einschüchtert, wird ihre Konzentration auf ethnische Diversity zum Nachteil.

▪ *Die Fähigkeit, Zusammensetzungen und die damit verbundenen Spannungen zu analysieren.* Debra beteuert, dass sie früher Diversity-Zusammensetzungen und die damit verbundenen Spannungen ganz selbstverständlich analysiert und die daraus gewonnenen Informationen für das Management anderer herangezogen hat. Zur Zeit tut sie das nicht. Sie wird so von dem Gefühl, dass es ums Überleben geht, beherrscht, dass sie unfähig ist, ihren Blickwinkel zu erweitern und abzuschätzen, inwieweit sich die Zusammensetzung und Spannung auf ihre Fähigkeit auswirkt, den Erfordernissen der Organisation gerecht zu werden.

▪ *Die Fähigkeit, eine angemesssene Reaktion zu wählen.* Debra konnte es nicht mehr ihrer Großmutter gleichtun und sich weigern, für Weiße zu arbeiten. Aber die Geisteshaltung hat sie sich bewahrt. Sie arbeitet zwar für Weiße, toleriert sie aber nur und bleibt bei Interaktionen mit ihnen bewusst auf der Oberfläche. Ihre Teamleiterin lädt sie zur Kooperation ein. Debra weist diese Einladung zurück. Ihre Kollegen sprechen über Familienereignisse. Debra bleibt unverbindlich.

Vor der Übernahme ihrer Firma hatte Debra eine Balance zwischen ihrem Willen zur Unabhängigkeit und ihrem Misstrauen gegenüber

Rassenintegration einerseits und den Systemen und Erfordernissen ihres Unternehmens andererseits gefunden. Sie hatte Initiative gezeigt, indem sie sich nach Förderern umgetan hatte und hatte eine für beide Seiten vorteilhafte Beziehung geschaffen, die es ihr erlaubte, trotz ihrer speziellen Bedürfnisse und Erfordernisse erfolgreich zu sein. In der früher stark individuell geprägten Organisationskultur hatte Debras Wahl der bloßen Toleranz weniger Auswirkungen auf ihre Karriere. Sie machte gute Arbeit, und ihre Förderer halfen ihr was den Karriereaspekt der Beziehungspflege anging.

Die Übernahme ihrer Firma hat alles verändert. Debra ist zum nicht assimilierten Elefanten geworden. Ihr ausgeprägter Drang nach Unabhängigkeit lässt sie auf Konfrontationskurs mit der neu geforderten Team-Orientierung gehen. Ihr Stil unterscheidet sich von dem ihrer Teamleiterin und dem ihrer Kollegen. Auch tritt ihr Misstrauen gegenüber ethnisch gemischten Zusammensetzungen und gegenüber ihrer Firma deutlich zu Tage.

Debras „Toleranz"-Wahl kann sich jetzt zum Nachteil für sie auswirken. Sie berichtet über die Verwirrung und das Unverständnis, die sie gegenüber den Strategien des neuen Unternehmens und seiner Kultur empfindet, und sie definiert sich folglich als Außenseiterin. Dabei ist sie Teil eines Teams, das den neuen Fahrplan eifrig umsetzt. Dieser Umstand ist besonders unglücklich. Denn, wie sie berichtet, konnte sie früher durchaus um Unterstützungen bitten, und bekam diese zu ihrem eigenen Erfolg auch. Aber ihre derzeitige Haltung lässt einen solchen Beistand eher unwahrscheinlich werden.

Debra muss die Wahl ihrer Handlungsoptionen neu überdenken. Letztendlich kann sie nur davon profitieren, wenn sie sich wieder dazu durchringen könnte, die Option der Förderung wechselsitiger Adaption zu wählen. Sie passt zu ihrem zielgerichteten und handlungsorientierten Stil und betont die Notwendigkeit, Unternehmenszielen gerecht zu werden. Auch beruflich kann sie nur profitieren, wenn sie sich dazu durchringen könnte, sich soweit zu assimilieren, dass ein konstanter Erfolg gesichert ist, sich aber gleichzeitig bemüht, die Merkmale, durch die sie sich am meisten definiert, beizubehalten. Es wird ihr wohl nicht gelingen, sich ohne größere Schmerzen über das, was ihr ihre Großmutter vorgelebt hat, hinwegzusetzen. Die Entscheidung zur Assimilation wird ihr nicht leicht fallen.

Die wütenden Elefanten: Debra und Mark

Debras nächster Schritt

Debras nächster Schritt hängt von drei Faktoren ab: Welche Schlüsse sie aus ihrem aktuellen Prozess der Selbstüberdenkung zieht, wie es mit ihrer Fähigkeit oder Unfähigkeit, mit den Ermahnungen ihrer Großmutter in Frieden abzuschließen, bestellt ist und wie mit ihrer Fähigkeit, ihr Misstrauen soweit im Zaum zu halten, dass es nicht zum Störfaktor wird.

Debras eigener Neubewertungsprozess wird durch eine Vielzahl von Variablen beeinflusst: Alter, Frustration, Treue gegenüber der Firma, Wahl eines neuen Unternehmens und andere weiterreichende Hoffnungen für die Zukunft. Mehrere Dinge sind denkbar. Sie könnte zum Schluss kommen, dass ihre Bedürfnisse und Erfordernisse auch in ihrer jetzigen Firma befriedigt werden können, könnte für ihre Interaktion mit ihrer Teamleiterin und den anderen Kollegen die Lösung der wechselsitigen Adaption einschlagen und auf ein Verständnis der Organisation hinarbeiten. Sie könnte zum Schluss kommen, dass die Firma und sie einfach nicht zusammenpassen und könnte gehen. Oder sie könnte in ihrer jetzigen unentschlossenen Haltung verharren. Sie würde zwar in der Firma bleiben, aber sie wäre nach wie vor misstrauisch und nicht gewillt, die Veränderungen einzugehen, die nötig wären, um es zu einer produktiven Erfahrung werden zu lassen.

Wie auch immer Debras Entscheidung ausfallen wird, sie würde auf jeden Fall von einer Entscheidung profitieren, die ihr ermöglichte, mit weniger Wut und Misstrauen zu agieren und ihr so erlaubte, ihr früher gezeigtes Potenzial als effektive Diversity-Respondentin wiederzuerlangen und auszubauen.

Marks Bericht

Ich bin schwarzer US-Bürger Anfang dreißig und Vertreter in einem in der Nahrungsmittelindustrie tätigen Unternehmen. Ich kam in diese Organisation, nachdem ich vorher sechs Jahre in der Produktentwicklung und zwei Jahre als Verkäufer in einer anderen Firma für Verbraucherendprodukte gearbeitet hatte. Ich ging, als man mir sagte, dass ich erst nach etwa zehn Jahren Firmenzugehörigkeit mit einer Beförderung rechnen könnte.

Der Betrieb, für den ich jetzt arbeite, ist ein relativ junges, betriebswirtschaftlich orientiertes Unternehmen. Es hat in den vergangenen 15 Jahren außergewöhnlich hohe Wachstumsraten verzeichnet und hat während dieser Zeit seine Zahl an Handelsvertretern von 100 auf 2000 erhöht. Es ist sehr spannend, hier zu arbeiten. In Situationen, in denen ich autonom handeln kann, blühe ich erst richtig auf, und das ist in dieser Organisation der Fall.

Die Leute hier sind freundlich und höflich und behandeln einander respektvoll, zumindest was die alltägliche Arbeit angeht. Es ist ein aggressives Unternehmen. Die Geschäftsleitung will, dass ihre Angestellten durch Geld motiviert werden können. Die Führungskräfte gehen schon mal rum und achten darauf, dass ihre Mitarbeiter zufrieden sind und bleiben wollen. Die Möglichkeiten dazu sind wegen des Wachstums mannigfaltig gegeben.

Ich bin selbst ziemlich aggressiv. Ich bin ein Treiber, bin selbstdiszipliniert, denke analytisch, bringe zu Ende was ich einmal angefangen habe und ich bin, wenn es nötig ist, auch ein Team-Spieler. Ich komme mit jedem aus. Ich habe gerade meinen Master-Abschluss in Betriebswirtschaft, Schwerpunkt Export-Marketing, gemacht. Irgendwann will ich selbst einmal eine Firma leiten.

Ich kam zu dieser Firma, weil sich mir die Möglichkeit bot, ohne Einschränkungen vom Bonussystem im Verkauf zu profitieren. Da ich schon Erfahrung im Verkauf hatte, glaubte ich, als ich hierher kam, dass ich hier schnell vorwärts kommen könnte, wenn ich nur mein Verkaufstalent unter Beweis stellen würde. Jetzt bin ich schon drei Jahre hier und bin immer noch im Verkauf. Während meines ersten Jahres zählte ich zu den oberen zehn Prozent der Verkaufsmitarbeiter. In den folgenden zwölf Monaten schaffte ich es in die oberen fünf Prozent. Letztes Jahr bekam ich eine Auszeichnung für meine Ausdauer und Teamfähigkeit. Mein längerfristiges Ziel ist es, ins Team-Management zu gehen. Mein nächstes Ziel ist das Aufrücken in die Marketing-Abteilung. Da die meisten Mitarbeiter der Marketing-Abteilung aus dem Verkaufsbereich stammen, wäre das ein natürlicher Übergang.

Desillusionierung

Bis vor kurzem glaubte ich, dass dieses Unternehmen und ich gut zusammenpassten. Jetzt bin ich mir da nicht mehr so sicher. Letztes

Jahr war ich bei den Beförderungen übergangen worden. Das war die schockierendste Erfahrung, die ich in meiner bisherigen Laufbahn gemacht habe. Das hat mich so getroffen, dass ich mir tatsächlich überlegte zu kündigen.

Die Frau, die stattdessen befördert wurde, hatte am selben Tag wie ich hier angefangen. Ich bin viel qualifizierter als sie. Ich habe acht Jahre Berufserfahrung in Produktentwicklung und Verkauf, vier Jahre Führungserfahrung, einen Master-Abschluss in Betriebswirtschaft, eine Auszeichnung für verkäuferische Kompetenz und all so was. Als sie kam, hatte sie weitaus weniger Erfahrung vorzuweisen. Alles was sie über die Nahrungsmittelindustrie weiß, hat sie hier gelernt. Ich war ihr von Anfang an überlegen.

Noch wütender als das bloße Übergangen-Werden bei der Beförderung hat mich der Grund für dieses Übergangen-Werden gemacht. Ich hatte allen Führungskräften, die mit der Sache zu tun hatten, gesagt, sie sollten mir ein Gebiet nennen, auf dem ihre Qualifikationen die meinen überstiegen. Sie konnten mir keines nennen. Was sie sagten war, dass sie in der Tat befördert worden war, weil sie die besseren Beziehungen hatte. Mein Regionalleiter sagte mir: „Bei jedem, der zum Interview geladen ist, wird vorausgesetzt, dass er die nötigen Qualifikationen hat. Danach wird nur noch intuitiv aus dem Bauch heraus entschieden." Der Personalleiter sagte mir, man müsste auch den „Komfort-Level in der Marketing-Abteilung heben."

Die Herausforderung annehmen

Ich war schon vorgewarnt worden, dass das passieren würde. Als ich meine Vorgesetzten das erste Mal darüber informierte, dass ich meine Bewerbung einzureichen gedächte, sagten sie mir, dass sie eine starke Konkurrenz sei. Sie hätte beim Personalchef zuhause „Baby gesittet" und stünde mit ihm „auf ganz familiärem Fuß". Aber ich konnte nicht glauben, dass Qualifikation weniger zähle als Freundschaft.

Ich bat meinen Chef (er war Bezirksleiter und auch ihr direkter Vorgesetzer) um seine Unterstützung. Normalerweise wird vom Bezirksleiter erwartet, dass er sich beim Personalleiter für seine Mitarbeiter einsetzt, wenn sie für eine Beförderung in Frage kommen. Meiner hielt sich sehr bedeckt. Als nächstes sprach ich mit dem Gebietsleiter, der keine heißen Eisen anfassen wollte und mich an meinen Chef zurück verwies.

Als ich merkte, was da so vor sich ging, wendete ich mich an den stellvertretenden Leiter der Human-Resources-Abteilung und fragte, was ich tun sollte. Das Gespräch war nicht gerade ermutigend. Alles, was er mir vorschlug war, mich auf mich selbst zu konzentrieren und beim Interview mein Bestes zu geben. Also stellte ich ein 75-Seiten-Papier zusammen, das einen Wirtschaftlichkeitsplan, meinen Lebenslauf und Empfehlungsschreiben enthielt.

Ich rief auch beim stellvertretenden Leiter der Marketing-Abteilung an. Wir hatten uns mal beim Dinner unterhalten, und er hatte schon einmal darum gebeten, mich auf eines meiner Verkaufsgespräche zu begleiten. Ich schilderte ihm die Situation. Während unserer Unterredung sagte er (er sprach von jemand anderem): „Er machte exzellente Arbeit, aber er war irgendwie etwas daneben. Wenn man jemanden fürs Marketing einstellt, sucht man sich doch jemanden, mit dem man auch mal ausgehen und ein Bier trinken kann." Mir muss daraufhin wohl die Kinnlade heruntergefallen sein, denn er sagte schnell: „Sie wissen, dass ich gerne mit Ihnen ein Bier trinken gehe." Später sagte er: „Wissen Sie, manchmal dauert es sechs bis sieben Mal, bis man in die Marketing-Abteilung aufrückt."

An diesem Punkt merkte ich, dass die Entscheidung schon gefallen war. Dies wurde nur bestätigt, als der Personalchef sagte: „ Wissen Sie, wenn man jemanden einstellt, muss man auf die ganze Gruppe achten und schauen, wer am besten ins Team passt." Als er das sagte, wusste ich, dass das der Grund sein würde, warum ich den Job nicht bekam. Und, wie ich es gedacht hatte, schickte er mir kurz darauf ein Schreiben, in dem stand: „Sie wurden nicht für diese Stelle vorgesehen, da wir jemanden mit einer optimaleren Passform suchten."

Die Nachwehen

Ich fragte verschiedene Manager was unter „ins Team passen" zu verstehen ist. Ich fragte auch, wie man das misst, welche Kriterien es für diese Position gab und wo ich auf der Skala dieser Kriterien stünde. Alle Antworten drehten sich um Beziehungen und Passform und Intuition und Entscheidungen aus dem Bauch heraus, oder darum, den Komfort-Level zu heben. Der stellvertretende Leiter der Marketing-Abteilung

Ich interessiere mich für weitere Themen im Bereich Wirtschaft:
- ❑ Wirtschaftswissenschaften
- ❑ Lexika/Nachschlagewerke
- ❑ Management
- ❑ Finanzdienstleistungen
- ❑ Marketing/Vertrieb

Bitte schicken sie mir kostenlos ein Probeheft der Zeitschrift:
- ❑ Bank Magazin
- ❑ Versicherungsmagazin
- ❑ Sales Profi
- ❑ Call Center Profi
- ❑ working@office
- ❑ Zeitschrift für Betriebswirtschaft
- ❑ Kostenrechnungspraxis
- ❑ management international review

Ich bin:
- ❑ Dozent/in
- ❑ Student/in
- ❑ Praktiker/in

Bitte in Druckschrift ausfüllen. Danke!

Hochschule/Schule/Firma

Institut/Lehrstuhl/Abteilung

Vorname

Name/Titel

Straße/Nr.

PLZ/Ort

Telefon*

Fax*

Geburtsjahr*

Branche*

Funktion im Unternehmen*

Anzahl der Mitarbeiter im Unternehmen*

Mein Spezialgebiet*

* Diese Angaben sind freiwillig.
Wir speichern Ihre Adresse, Ihre Interessengebiete unter Beachtung des Datenschutzgesetztes.

222 01 001

schlug vor, ich sollte mich auf einem der Inlandsverkaufs-Meetings an die entsprechenden Leute wenden.

Ich war wütend darüber, nicht befördert worden zu sein. Aber ich wusste, dass ich das nicht meinen Vorgesetzten sagen konnte, weil das entsetzliche interne politische Konsequenzen hätte. Also sprach ich mit dem stellvertretenden Leiter der Human-Resources-Abteilung. Seine einzige Erklärung war, dass Schwarze immer das erste Mal, wenn sie sich auf eine eigentlich für sie passende Stelle bewarben, übergangen wurden. Und dass ich dann beim nächsten Mal zum Zuge käme. Meine Antwort war: „Das ist nicht akzeptabel." Er sagte: „Es ist nur eine Frage der Zeit." Ich sagte: „Wir haben nur eine begrenzte Zeit auf Erden, und ich habe keine Lust diese Zeit zu vergeuden, nur weil manche Leute unfähig sind, die Menschen objektiv zu behandeln. Hier habe ich nichts mehr zu suchen. Ich bin schon so gut wie weg."

Hilfe von oben

Nichts änderte sich bis zu dem Zeitpunkt, als der Leiter der Verkaufsregion Nord in die Stadt kam und bat, mich auf einem Verkaufsgespräch begleiten zu dürfen. Auf der Hinfahrt fragte er mich, wie die Dinge so liefen. Ich erzählte von meiner Frau und meinen drei Kindern. Ich erzählte ihm auch vom Verlauf der missglückten Beförderung und dem Feedback, das ich erhalten hatte. Er war nicht sehr glücklich. Er wurde ganz rot im Gesicht. Er schrieb sich Namen der Verantwortlichen auf und sagte mir rundheraus: „Ich werde diese Leute anrufen, weil ich darüber gar nicht glücklich bin." Kurz darauf vollzog mein Vorgesetzter eine 180-Grad-Wende in seiner Haltung. Früher hatte er mir gesagt, ich könne nicht in die Marketing-Abteilung, um dort Projekte auszuarbeiten. Jetzt ermutigte er mich dazu.

Auch der Bezirksleiter entwickelte mit Turbogeschwindigkeit ein Interesse an meiner Karriere. Er schickte mich auf ein sehr gutes Seminar über Karriereförderung. Es war wirklich interessant. Die einzigen Teilnehmer waren einige Frauen, drei Spanier, ein Inder und ich. Wir waren offensichtlich eine sehr exklusive Gruppe.

Der Personalleiter fing an, mich wegen der unmöglichsten Sachen zu sich zu rufen. Von einigen Marketing-Leuten hörte ich plötzlich sagen, dass er „sehr viel" von mir hielt.

Während der letzten Inlandsverkaufs-Tagung rief mich der Personalleiter aus einer Sitzung, um mir zu sagen, dass die Position, die ich in Atlanta nicht bekommen hatte, in Cincinnati frei würde. Ich sagte ihm: „Das ist nett, aber nein danke. Cincinatti ist nicht der erste Platz der Firma. Ich will entweder in Neuengland bleiben oder nach Atlanta gehen."

Ich habe mich jetzt auf eine Stelle beworben, die noch eine Stufe über der liegt, die ich nicht bekommen habe. Von allen Seiten höre ich: „Sie bekommen schon noch ihren Job. Sie müssen nur zwölf Monate oder so warten." Aber Leute, die mit der Sache nicht vertraut waren, haben mir gesagt, ich sollte nicht zu sehr darauf bauen, den Job zu bekommen. Es ist traditionell wohl so, dass man schon einmal befördert worden sein muss, um die Stelle im Marketing, für die ich mich beworben habe, zu bekommen. Ich habe langsam den Eindruck, dass es eine Entscheidung von ganz oben war, die Sache wieder ins Lot zu bringen und mir eine Turbo-Promotion zu verpassen. Aber das muss erst noch abgewartet werden. Noch liegt mir kein Angebot auf dem Tisch.

Die Dinge überdenken

Ich freue mich darüber – das heißt, ich werde mich freuen, wenn ich die Beförderung bekomme. Aber das Maß an Loyalität, das ich einmal für die Firma hatte, werde ich leider nie mehr empfinden können, nachdem ich mich so fehlgeleitet und fehlinformiert fühlte. Ganz offensichtlich gibt es in dieser Organisation zwei Arten von Erfolg. Die eine ist, was sie dem Wortlaut nach als Erfolg definieren, die andere ist die, die sie belohnen. Sie definieren Erfolg als Leistung. Dafür bekommt man Geld und Ausflüge und Auszeichnungen. Aber um Belohnung in Form einer Beförderung zu bekommen, muss man gute Beziehungen haben.

In den anderthalb Jahren, die ich nun schon hier bin, habe ich Leistungsvermögen gezeigt. Wenn ich vor einem Jahr gewusst hätte, dass ich außerhalb der sozio-politischen Norm liege – oder wie immer man das auch nennt – hätte ich daran gearbeitet, anstatt mein Hirn zu zermattern, wie ich noch mehr Leistung bringen kann. Ich hätte mindestens 20 oder 30 Prozent meiner Zeit darauf verschwendet, mit Leuten in der Firma zu reden und meine Netze auszuwerfen. Wenn ich das gemacht hätte, hätte ich den Job wahrscheinlich bekommen.

Ich wusste, dass die Sozialisierung wichtig ist. Ich war ermutigt worden, Leute mit auf meine Außendienstausflüge zu nehmen, und ich habe das auch gemacht. Mein Chef hat mich auch ermutigt, höhere Führungskräfte, die ich kannte, anzurufen, nur um ihnen zu sagen: „Das ist eine nette Verkaufshilfe", oder sowas in der Art, nur damit sie meine Stimme hörten und meinen Namen kannten.

Ich finde das Zeitverschwendung, sowohl ihrer als auch meiner Zeit. Außerdem kann ich mir als schwarzer U.S.-Bürger keine Fehler erlauben. Wenn ich eine höhere Führungskraft anrufe, nur um etwas Schwachsinniges zu sagen, bestätige ich nur sein Vorurteil, dass wir nicht gerade die hellsten sind. Ich fühle mich also gezwungen, sie zumindest wegen einigermaßen intelligenter Sachen anzurufen.

Aber es stellte sich heraus, dass, wenn man nach Ablauf des ersten Jahres seine Produktivität unter Beweis gestellt hat, von einem erwartet wird, 30 bis 40 Prozent seiner Zeit zum Aufbau von Beziehungen innerhalb der Organisation zu verwenden. Dazu kommt noch, dass unsere Definitionen von Beziehungen verschieden sind. Im Rahmen gemeinsamer Unternehmensprojekte baue ich gerne Beziehungen mit Leuten auf, um auf dieser Basis unserem gemeinsamen Ziel besser gerecht werden zu können.

Ihre Definition ist anders. Sie umfasst nur den sozialen Aspekt. Zudem, wenn sie von *sozialem Aspekt* reden, meinen sie „die Familie". Es wird sogar erwartet, dass man über Nacht bleibt. In dieses Szenario passe ich einfach nicht. Keiner würde die Nacht bei mir verbringen wollen, und ich kann mir nicht vorstellen, dass ich die Nacht bei jemand anderem verbringen würde. Sie fühlen sich mit mir einfach nicht so wohl wie mit anderen. Meine weißen Kollegen gingen auf die gleichen Schulen und sie spielen zusammen Golf. Sie haben eine Verständnisbasis im Umgang miteinander, die ich wohl nie erreichen werde.

Die Wirklichkeit sieht doch so aus: Wenn ich einen der weißen Führungskräfte über Nacht zu mir einlade, würde er sagen „Oh, nein, machen Sie sich keine Umstände". Aber wenn einer ihrer weißen Kollegen – einer mit dem sie auf unseren Inlandsverkaufs-Meetings zusammen Golf spielen – sie einladen würde, wären sie gern bereit, zuzusagen. Und wer wird wohl die Stelle bekommen, wenn es in die Vergabegespräche geht: derjenige, der mit dem Personalchef schon den Abend verbracht hat – der, den seine Frau und Kinder kennen – oder ich? Ich mache mir da keine Hoffnungen.

Ich weiß, es wäre anders, wenn die Firma schwarze Eigner hätte. Dann stünde ich auf gleichem Fuß. Ich weiß, dass ich dann sozial hineinpassen würde. Ich weiß auch, dass ich einem Schwarzen eher trauen kann, ohne dass er an meiner Kompetenz zweifelt, und dass ich einem Schwarzen eher trauen kann, geradeaus mit mir zu sprechen – weit mehr, als ich das mit einem Weißen könnte.

Das Wissen weitergeben

Ich habe das, was ich gelernt habe, an die Schwarzen, die neu in die Firma kamen, weitergegeben. Ich erzähle ihnen, dass es im ersten Jahr wichtig ist, gute Zahlen zu bekommen. „Wenn ihr das geschafft habt, fangt damit an, eure Zeit aufzuteilen. Entwerft wie bei Außenkontakten eine Zielliste der Leute innerhalb der Organisation, die euch voranbringen können. Schafft euch euer eigenes Buch der Rekorde was Telefonate mit ihnen angeht. Versucht, ihre privaten Interessen herauszubekommen. Behandelt sie, wie ihr einen Kunden behandeln würdet. Nehmt die Anrufe an sie genauso wichtig, wie ihr ein Verkaufsgespräch wichtig nehmt. Tut das jeden Monat, so dass sie nach kürzester Zeit wissen, wer ihr seid, was ihr seid und was ihr zu tun versucht. Ihr müsst diese Leute ja nicht unbedingt lieben. Aber ihr müsst eine Beziehung zu ihnen aufbauen, weil ihr bestimmte wirtschaftliche Interessen habt, die ihr durchsetzen wollt."

Das größere Problem angehen

Aber auch das, muss ich zugeben, mag noch nicht ausreichend sein. Es gibt eine Menge Punkte, die Schwarze beachten müssen, wenn sie den sozialen Aspekt ihres Berufes richtig managen wollen. Erstmal haben wir nicht die gleichen Begriffsdefinitionen wie die Weißen. Und kaum haben wir die Defintionen endlich gesteckt, so stellt sich uns die nächste Frage: wie kann ich als Schwarzer, in einer Gesellschaft der Weißen und in einer Firma von Weißen, das Kreuz, das ich mit mir herumschleppe, los werden – das Vorurteil von Inkompetenz und den Widerwillen der Weißen, enge soziale Bindungen mit Schwarzen einzugehen.

Wie gehe ich mit diesen unvermeidbaren Konflikten um? Meine weißen Kollegen können es sich erlauben, mit ihren Chefs Unstimmigkeiten zu haben. Ein Schwarzer kann das typischerweise nicht, weil dann sofort Reibung entsteht. Wir müssen wissen, wie man eine Beziehung zu weißen Leuten eingeht, ohne dass sie sich verkohlt oder unwohl fühlen. Wir müssen wissen, wie man sie schnell zufriedenstellt und wie man eine Atmosphäre des gegenseitigen Vertrauens schafft. Diese Dinge ergeben sich nicht auf natürliche Art und Weise.

Und schließlich muss ich lernen, wie ich mit dem sozialen Aspekt umgehen kann, ohne dass es sich nachteilig für mich auswirkt. Ich habe mir tatsächlich schon überlegt, ob es nicht irgendwelche Kurse gibt, an denen ich teilnehmen könnte und die mir dabei helfen könnten, auf sozialer Ebene besser mit Weißen zurecht zu kommen, ohne in die „Onkel Tom"-Schublade zu rutschen. Ich spreche nicht von Assimilierung. Was das betrifft, so bin ich so weit gegangen, wie ich konnte. Ich bin noch nicht ein Teil der „Familie" geworden. Aber das ist gerade die Frage. Wie wird ein Schwarzer in einer weißen Firma ein Teil der Familie? Wie soll ich eine Position, auf der sich der soziale Aspekt nicht länger karrierehemmend auswirken kann, in einer Organisation erreichen können, solange mir das fehlt?

Mark als effektiver Diversity-Respondent

Marks Vertrauen in seine Organisation war durch seine Erfahrungen bei der angestrebten Beförderung stark erschüttert worden. Er wurde doppelt enttäuscht, da er bis zu dieser Erfahrung mit der erhofften Beförderung in dem Glauben lebte, dass er als Individuum und seine Firma als Organisation gut zusammenpassten. Jetzt ist er sich nicht mehr sicher, ob er sich in der richtigen Firma befindet, oder ob er je das tun kann, was für den Aufstieg in den Management-Bereich erforderlich ist. Das ist besonders ärgerlich für ihn, wenn man bedenkt, dass er fraglos ein erstklassiger Verkäufer ist.

Mit anderen effektiven Diversity-Respondenten teilt Mark das Bewusstsein und den Willen, auf die Umsetzung der eigenen Ziele und der Ziele seiner Organisation hin zu arbeiten. Aber er kann die Fähigkeit, effektiv mit Diversity umzugehen, noch nicht erfolgreich umsetzen. Er steht noch am Anfang seines Diversity-Weges.

Marks Diversity-Reife

Akzeptieren von Verantwortung

Mark scheint geglaubt zu haben, dass die Ergebnis-orientierte Kultur seiner Organisation den richtigen Umgang mit Diversity unnötig machen würde. Er hatte sich auf seine beachtlichen Verkaufsfähigkeiten konzentriert, da er annahm, dass sich die anderen Aspekte seiner Karriere irgendwie finden würden. Als er dann enttäuscht wurde, focht er die Entscheidungen seiner Vorgesetzten an und versuchte, sie richtig zu stellen.

Zum gegenwärtigen Zeitpunkt fragt er sich in der Tat: „Wie kann ich mich so ändern, dass auch die, die in ihren Mitarbeitern gern einen Teil der Familie sehen wollen, zufrieden sind?" Aber ihm bleibt auch noch zu fragen, wie er seine Kompetenzen im Diversity-Management verbessern kann, und wie er seine Organisation dabei unterstützen kann, dasselbe zu tun. Diese Verantwortung hat er nicht akzeptiert. Er hält sich weiterhin zurück und wartet darauf, dass seine Vorgesetzten Diversity richtig verstehen lernen.

Demonstrieren von situativem Verständnis

Mission und Vision. Mark versteht die Prioritäten und Strategien seiner Firma. Aber er hat es unterlassen, sich entsprechend zu verhalten, wenn er mit seinen Vorgesetzten kommunizierte. Indem er Diversity im Kontext von Fairness sieht, vermittelt er, dass Unterschiede etwas sind, vor dem man auf der Hut sein muss. Damit schwächt er seine Position. Er könnte größeren Einfluss und Erfolg in der Organisation erlangen, wenn er in den Blickpunkt rücken würde, auf welche Weise das richtige Managen von Diversity seiner Firma erlauben würde, den Unterbau zu stärken.

Konzeptionelle Klarsicht bezüglich Diversity. Da Mark Diversity mit Rassenunterschied gleichsetzt, hat er kein breites Verständnis von Diversity entwickelt. Eben dieses würde ihm aber erlauben, sich selbst und seine Situation aus einer neuen Perspektive zu sehen und die verschiedenen Konzepte von Diversity als Werkzeug zu nutzen, um seine Produktivität und Effektivität zu erhöhen. Mark kann seine Diversity-Reife weiterentwickeln, indem er zwischen Eingliederung und echter Diversity unterscheidet und indem er sich selbst in die Diversity-Zusammensetzung einbezieht. Er ist ebenso wie seine weißen Vorgesetzten ein vollwertiger Spieler, der in der Lage ist, ihre Interaktionen ergebnisorientiert zu beeinflussen.

Positiver Umgang mit Diversity-Spannungen

Marks Reaktion auf ethnische Diversity-Spannungen war bisher, sich auf das zu konzentrieren, was die anderen falsch machten, sie auf Grund ihres Verhaltens abzulehnen und sich emotional zurüchzuziehen. Er hat, wie man so sagt, den „Rassen-Trumpf" gespielt, das heißt, er hat die Art und Weise, wie er behandelt wurde, auf die Tatsache zurückgeführt, dass er schwarz ist. Die Frage ist hierbei nicht, ob dieser Trumpf angezeigt war oder nicht. Die Frage ist vielmehr, ob das Ausspielen dieses Trumpfes zu einer bestimmten Zeit in einer bestimmten Situation die Fähigkeit erhöht, die eigenen Ziele erreichen zu können. Mark glaubt fest daran.

Es ist aber auch möglich, dass es in einer Organisation, in der Beziehungen großen Raum einnehmen, sogar effektiver wäre, wenn man die Eigenverantwortung bei der Ablehnung dieser Beziehungserfordernisse akzeptierte und stattdessen einen Ansatz über die Suche nach einem Coach oder einen Fürsprecher suchte. Das kann uns nur die Zeit lehren. Offenkundig ist auf jeden Fall, dass Mark seine Kompetenzen im Diversity-Management verbessern könnte, indem er routinemäßig Diversity-Spannungen als das Produkt der Interaktion von Menschen erkennen würde, die bedeutende Unterschiede aufweisen, und nicht nur als Resultat der Handlungen anderer.

Zentrale Diversity-Kompetenzen

■ *Die Fähigkeit, Diversity-Zusammensetzungen zu identifizieren.* Mark macht eine Krise durch, da seine Erfolgsorientiertheit und sein Glauben, dass Verkaufsqualitäten sowohl Erfolg im Führungsbereich als auch finanzielle Leistungen mit sich bringen müssten, ihn dazu verführte, eine bedeutende Diversity-Zusammensetzung zu ignorieren. Dagegen lässt ihn seine Unzufriedenheit mit den Ergebnissen eine andere überbewerten.

■ *Die Fähigkeit, Zusammensetzungen und die damit verbundenen Spannungen zu analysieren.* Mark hat es mit einer Diversity-Zusammensetzung zu tun, die die Erfordernisse der Organisation für finanzielle Vergünstigungen und die für Beförderung umfasst. Mark war sich dieser Zusammensetzung nicht bewusst gewesen. Er war davon ausgegangen, dass ein Verhalten, das mit finanziellen Vergünstigungen honoriert wird, auch sein Vorwärtskommen in der Firma sichern kann. Er ist empört, als er bei der Beförderung übergangen wird.

Seine Situation wird dadurch erschwert, dass er blind ist gegenüber der Tatsache, dass sie aus seinem inadäquaten Umgang mit der Diversity-Zusammensetzung herrührt. Dennoch erkennt er im Rückblick, dass man ihm in der Tat geraten hatte, Beziehungen zu den Leuten aufzubauen, die für sein Fortkommen entscheidend sein könnten. Das und die Tatsache, dass seine Kollegen sich dieser Erfordernis bewusst waren, lässt vermuten, dass diese Zusammensetzung der Erfordernisse offensichtlich war.

Drei Faktoren mögen ihn veranlasst haben, die Zusammensetzung zu verleugnen oder zu missachten: seine Überzeugung, dass es ihn nicht wirklich betrifft, seine Fokussierung auf Rasse als einziges bedeutendes Merkmal von Diversity-Zusammensetzungen und seine sich daraus ergebende Befürchtung, er könnte den Beziehungserfordernissen nicht gerecht werden. Wenn Mark *Diversity* sagt, meint er Rassenunterschiede. Und er hält diese Unterschiede in einer Firma, die im Besitz von Weißen ist und deren Führung weiß dominiert ist, für so bedeutend, dass sie ihn um die Verwirklichung seiner Ziele bringen können.

Als Beispiel setzt er voraus, dass sich Weiße mit den Beziehungserfordernissen der Firma wohler fühlten und eher die Fähigkeit besäßen, ihnen gerecht zu werden. Er stellt fest, dass Weiße und Schwarze unterschiedliche Definitionen von *Beziehungen* hätten. Er behauptet, dass Weiße sich auch im Büro für eher private Dinge interessierten, wogegen Schwarze mehr Beziehungen auf beruflicher Ebene schätzten. Er glaubt, dass diese Definition die Weißen bevorzuge, da schwarze US-Bürger nie hoffen dürften, in einer weißen Firma zum „Teil der Familie" zu werden. Das würde schon der bestehende Rassismus nicht zulassen.

Das mag zum Teil stimmen. Da er diese Episode nur anreisst, können wir es nicht wissen. Und doch ist da mehr. In Wahrheit dürfte es einige – wenn nicht gar viele – Weiße geben, die sich mit Intimitäten am Arbeitsplatz ebenso schwer tun wie Schwarze. Auch für sie wäre diese Erfordernis bedrohlich.

Die wütenden Elefanten: Debra und Mark

Hinzukommt dass, laut Mark, alle Mitarbeiter nach sehr subjektiven Kriterien beurteilt werden. Außerdem wird von ihnen erwartet, sich dem Unternehmen in einer Art und Weise gefällig zu zeigen, die von vielen sicher als Ausnutzung empfunden werden dürfte, unabhängig von ihrer demografischen Zugehörigkeit. Dagegen erkennt er ganz richtig, dass dieses Verwischen der Grenzen zwischen Beruf und Privatleben, wie es die Führung betreibt, eine schwer zu überwindende Hürde für das Fortkommen von unkonventionellen Mitarbeitern bedeutet.

■ *Die Fähigkeit, eine angemessene Reaktion zu finden.* Die Stereotypen, in die Mark in seiner Beurteilung der Weißen fällt, und seine Überzeugung, dass Rassismus ein bedeutender Faktor in seiner jetzigen Situation ist, schränkt seine Effektivität im Diversity-Management ein. Da er davon ausgeht, dass alle Weißen ihm gegenüber übel oder gleichgültig gesonnen sind, schließt er sie ganz unnötig bei der Suche nach Unterstützung und als Element zur Reduzierung von Ungleichheiten, die sein Fortkommen erschweren, aus.

Das lässt ihm wenig Wahlfreiheit. Er hat nur die Wahl, Weiße zu isolieren (indem er sich weigert, die Vorschläge seiner Vorgesetzten im Hinblick auf Beziehungen umzusetzen), zu tolerieren (oberflächliche Interaktionen eingehen) oder sie auszuschließen (seine Androhung zu kündigen). Die Isolation hat nicht funktioniert. Tolerierung wird in seiner Organisation als ungenügend angesehen. Die Drohung zu kündigen wird schwerlich Unterstützung finden. Alle diese Optionen könnten sich als nachteilig für ihn erweisen und ihn mit dem Gefühl der Niederlage zurücklassen.

Marks nächster Schritt

Mark stehen verschiedene Möglichkeiten offen. Er kann die Firma verlassen, und er täte vielleicht ganz gut daran. Da er aber davon ausgeht, dass die Erwartungen überall in den Vereinigten Staaten ähnlich sind, kann er nicht hoffen, den Erfordernissen auf der Beziehungsebene zu entgehen. Wenn er geht, dann nur, um irgendwo bessere Möglichkeiten zu finden.

Wenn er in einer anderen Organisation eine Promotion, wie er sie sich vorstellt, bekommen will, muss er bereit sein, einige Fragen bezüglich der Eingliederung und des Rassenaspekts neu zu überdenken und ein besseres Verständnis von der Natur und dem Ausmaß echter Diversity zu erlangen.

Er kann aber auch die Zusammensetzung der „Erfordernisse" tolerieren. In diesem Fall würde Mark zwei Drittel der Erfodernisse anerkennen. Aber er würde sich nicht großartig darum bemühen, auch den Erfordernissen, die sich auf die Beziehungsebene beziehen, gerecht zu werden. Stattdessen würde er die Konsequenzen tragen. Er würde wahrscheinlich weiterhin einen guten Vertreter abgeben und zusätzliche finanzielle Kompensationen bekommen, aber er müsste wohl auf seinen Traum, in die Management-Ebene aufzurücken, verzichten.

Er könnte bleiben und sich an die Erfordernisse auf der Beziehungsebene assimilieren. Das würde seinen Willen erfordern, Beziehungen mit den Kollegen ebenso wie mit den Vorgesetzten aufzubauen, mit denen er so unzufrieden war. Dafür müsste er auf seine Ressentiments gegenüber den Vorgesetzten, die seine Beförderung nicht unterstützt hatten, verzichten. Ein Schritt in diese Richtung wäre, wenn er selbst Verantwortung für die Rolle übernehmen würde, die er in diesem unbefriedigenden Beförderungspoker gespielt hat.

Mark verfügt über beachtliches Talent und Ehrgeiz. Seine Fähigkeit, diese zu seinen Gunsten und zu Gunsten seiner Organisation einzubringen, wird vor allem davon abhängen, ob er sich dazu durchringen kann, seinen persönlichen Ansatz zum Umgang mit Diversity so zu verändern, dass er zu größerer Diversity-Reife gelangen kann.

Kapitel 8

Die Pionier-Elefanten: Joan und Richard

Joans Bericht

Ich bin eine weiße Frau Ende vierzig. Ich kam vor fast 20 Jahren in diese Firma, weil ich einmal Erfahrungen in einem Großunternehmen sammeln wollte. Davor hatte ich nur in kleinen oder mittelständischen Unternehmen gearbeitet. Die Erfahrungen, die ich dort gemacht hatte, hatten doch einige Wünsche offen gelassen.

Die erste Firma, in der ich gearbeitet hatte, wurde sehr patriarchalisch geführt. Es herrschte noch die alte Firmenmentalität: „Hier kümmert man sich um dich. Hier wirst du umsorgt." Es war ein sehr angenehmes Arbeitsumfeld, aber Diversity gab es dort überhaupt nicht. Mit einer Ausnahme bestand die Führungsschicht aus lauter weißen Männern. Es war wie in einem Kastensystem. Ich bin mir ziemlich sicher, dass es auch so etwas wie die Kaste der Farbigen gab, aber sie betraf mich ja nicht. Das Kastensystem, mit dem ich konfrontiert wurde, war vor allem geschlechtsspezifisch. In diesem Arbeitsumfeld konnte von gleichen Aufstiegschancen für alle Mitarbeiter keine Rede sein.

Ich kündigte und schaute mich nach einer Stelle in einem mehr betriebswirtschaftlich orientierten Umfeld um. Ich ging also zu einem Start-up-Unternehmen, das sich voll und ganz auf Expansion und Wirtschaftswachstum konzentrierte. Es war absolut deprimierend zu sehen, wie schlecht die Angestellten behandelt wurden, nur um noch mehr Wirtschaftswachstum zu erreichen. Mitarbeiter wurden regelrecht als Austauschartikel betrachtet.

Die jetzige Firma

Ich ging also wieder auf die Suche, diesmal nach einer Arbeitnehmer-freundlicheren Firma. Außerdem glaubte ich, in ein sehr viel größeres Unternehmen wechseln zu müssen – eines das einem Bewegungsspiel-räume und Aufstiegsmöglichkeiten zubilligte – wenn ich auch beruflich vorankommen wollte. Und diese Art von Mobilität bot sich nunmal nur in Firmen von der Größe meiner jetzigen Firma.

Es ist eine sich schnell entwickelnde, sehr flexible und relativ unhier-archische Organisation. Perfektion wird in der hießigen Kultur sehr ge-schätzt, d. h. am rechten Platz das Richtige zu machen. Risiko-Freude wird sehr unterstützt, allerdings gibt es nur wenig Toleranz Fehlern gegenüber. Es wirkt sich negativ auf die Karriere aus, wenn man es an diesen Merkmalen fehlen lässt.

In diesem Unternehmen herrscht auch eine strenge Arbeitsethik. Die An-gestellten sind sehr loyal und sie sind bereit, Überstunden zu machen. Das geht quer durch den ganzen Betrieb.

Demografische Diversity ist wichtig. Wir sind ein großes Unternehmen für Verbraucherendprodukte. Wir brauchen Mitarbeiter, die die Diver-sity unserer Kundschaft verstehen. Wir könnten sonst nicht den Bedürf-nissen unserer Kunden gerecht werden.

In mancher Hinsicht macht das Unternehmen seine Sache recht gut, z. B. was die Schaffung der erforderlichen demografischen Diversity angeht. Man muss nur durch die verschiedenen Gebäude gehen, dann sieht man schon die Diversity unter den Mitarbeitern. Aber natürlich gibt es immer noch Verbesserungsmöglichkeiten. In einigen Abteilungen sind Minder-heiten und Frauen relativ gut in den verschiedenen Ebenen repräsen-tiert, in anderen trifft man sie dagegen noch immer selten an. Frauen scheinen adäquater repräsentiert zu sein als Minderheiten. Wir haben weibliche Führungskräfte und Abteilungsleiter, dagegen findet man Re-präsentanten von Minderheiten nicht so oft in diesen Positionen.

Unsere Unzulänglichkeit von Repräsentation in den Schlüsselpositionen ist geradezu historisch, da es lange Zeit Firmenpraxis war, Stellen intern zu vergeben. Seit neuestem rührt es auch daher, dass die Organisation schlanker wird und die Aufstiegmöglichkeiten abnehmen.

Dennoch genießt das Unternehmen immer noch einen guten Ruf auf dem Arbeitsmarkt. Wir haben keine Probleme bei der Suche nach unterschiedlichem und begabtem Personal. Aber wenn wir zukünftige Mitarbeiter an Land zu ziehen versuchen, merken wir, dass die Bewerber heute sofort nach finanzieller Aufbesserung rufen. Die Aussicht auf eine zukünftige Anteilseignerschaft in der Firma hat für sie nicht die gleiche Anziehungskraft, die es für uns hat, die wir schon länger in der Firma sind.

Sich einpassen in die Organisation

Die meisten meiner Erwartungen waren erfüllt oder übertroffen worden. Zuerst einmal wurde mir die Mobilität gewährt, die ich gesucht hatte. Ich bin recht flott vorangekommen während meiner Jahre in der Human-Resources-Abteilung (HR-Abteilung) der Firma. Ich fing als Vertretung an, arbeitete dann als Sachbearbeiterin für die verschiedensten Aufgabengebiete und wurde schließlich zur Abteilungsleiterin befördert.

Nachdem ich einige Jahre als Abteilungsleiterin gearbeitet hatte, wurde diese Stelle gestrichen. Danach war ich für zwei Projekte verantwortlich gewesen: bei dem einen Projekt leitete ich ein Funktions-übergreifendes Team, dessen Aufgabe die Entwicklung neuer Produkte war, das andere Projekt betraf den Aufbau von Kundenbeziehungen. Beide Tätigkeiten waren im Sinne der üblichen Karriereleiter eher unkonventionell, da sie kein Aufrücken in der Funktionsebene bedeuteten.

Die Streichung der Abteilungsleiterstelle in der HR-Abteilung hatte sowohl persönliche als auch berufliche Auswirkungen. Ich behielt zwar meinen Status als Führungskraft und die Privilegien, die damit verbunden waren, aber ich hatte keine funktionellen Machtbefugnisse mehr. Ich musste ganz neu definieren, wer und was ich bin und hatte mich der Frage zu stellen: „Wie wird man mich jetzt, wo ich keine positionsrelevanten Machtbefugnisse mehr habe, sehen?" Heute kann ich akzeptieren, dass das, was mir passiert ist, überall passiert. So ist der Trend. Die Unternehmen entwickeln sich weiter und dabei verschlanken und konsolidieren sie sich. Ich weiß, dass es nichts mit meiner Person zu tun hat.

Diese Erfahrung hat mich und die Art und Weise, wie ich meine weitere Karriere anzugehen habe, entscheidend beeinflusst. Ich habe eine wahre Meisterschaft darin entwickelt, Fragen zu stellen und nach Antworten zu bohren. Meine Karriere überlasse ich nicht mehr nur anderen. Es führte auch dazu, dass ich damit begann, Rückschau auf meine bisherige berufliche Laufbahn zu halten, um zu sehen, wie und wo ich etwas hätte anders machen können.

Ich glaube, ich hätte öfter als ich es getan habe um die Unterstützung anderer bitten sollen. Förderer, die sowohl als Führer als auch als Fürsprecher dienen, sind in diesem Unternehmen sehr wichtig für den Erfolg. Die Mitarbeiter, die in dem Ruf standen, große Beweger und Veränderer zu sein, hatten das Glück von einem der oberen Führungskräfte unter die Fittiche genommen zu werden und sie haben sehr von dieser Führung profitiert.

Das Mentorsystem hier ist sehr informell und die Beziehungen sind nicht strukturiert. Förderung gibt es meist in Form von Ratschlägen von Gleichgestellten oder einem Vorgesetzten, wie zum Beispiel: „Seien Sie vorsichtig, wie Sie an dies oder das herangehen." Die übliche Rolle des Ratgebers also. Einen effektiven Förderer zu finden kann dagegen schwierig sein. Wenn man von außen kommt, ist es schwer zu wissen, welches die Leute in den Schlüsselpositionen sind. Man muss vorsichtig sein, dass man sich nicht mit Leuten abgibt, die nicht politisch korrekt sind – sonst kann es passieren, dass man schon durch die bloße Bekanntschaft zum Schuldigen wird. Ich hatte nie wirklich einen langjährigen Mentor, obwohl ich gute Vorgesetzte hatte, die mir einiges beibrachten und mich gut coachten.

Ich glaube auch, dass ich es mir mit meinen Reaktionen auf die Erwartungen, die die Firma an Frauen stellt, selbst schwer machte. Unsere Unternehmenskultur ist nicht sehr Konfrontations-orientiert. Als Frau lernt man hier, nicht zu direkt zu sein. Meine männlichen Kollegen können sich dagegen sehr wohl ein bestimmtes und aggressives Auftreten erlauben. Sie kümmern sich nicht darum, ob sie jemandem auf die Zehen treten oder darum, wie ihr Verhalten interpretiert werden könnte. Sie handeln einfach und bitten hinterher um Entschuldigung.

Ich bin mir nicht sicher, ob und inwieweit die Kultur hier mein Verhalten, mich eher zurückhaltend und und abwartend zu geben, beeinflusst hat, oder ob es nicht eher meiner eigenen Sicht, wie ich auf Leute zuzugehen habe, entspricht.

Die Frauen, die heute in die Firma kommen, scheinen bei Weitem nicht so unter diesem Dilemma zu leiden. Die jungen Frauen Ende zwanzig oder Anfang dreißig sind viel aggressiver. Sie sagen offen, wenn ihnen etwas nicht passt, oder wenn sie ungeduldig über etwas werden. Sie nennen die Dinge beim Namen und entschuldigen sich nicht auch noch dafür. Diese Frauen rennen gegen die oberen Führungskräfte an. Und die fühlen sich zwar mit dieser Art von Verhalten nicht wohl, aber sie wissen auch nicht so recht, wie sie damit umgehen sollen. Außerdem sind es nicht nur die jungen Frauen, egal ob weiß oder schwarz, die aggressiver sind. Die jungen Männer sind genauso. Alle in dieser Altersgruppe gehen einfach so drauf los und sprechen offen aus, was sie denken.

Diese Aggressivität bringt einiges Unbehagen für die meisten hier mit sich – für die in den Vierzigern oder Fünfzigern. Das Problem ist so alt wie die Menschheit: Sie sind stolz darauf, wie lange sie schon dabei sind und was sie schon alles geleistet haben. Und dann sehen sie die jüngeren Mitarbeiter in dem Glauben aufmarschieren, dass sie die Dinge über Nacht ändern könnten, ohne zu wissen, dass sich Dinge nicht so schnell ändern lassen. Wenn diese jungen Leute dann aber keine Fortschritte erzielen, assimilieren sie sich schließlich und ziehen mit dem Rest mit.

Der Arbeitsplatz als Diversity-Schulung

Während der letzten vier Jahre hat mir der Umstand, ohne funktionelle Macht zu arbeiten, zu einigen neuen Erkenntnissen in Punkto Diversity verholfen. Ich definiere Diversity als Vielfalt von Gedanken und Meinungen und Ansichten. Ich würde ihr heute kaum mehr den Anstrich von Hautfarbe, Geschlecht, Rasse, Alter oder Unvermögen geben.

Die tiefgreifendste Erfahrung mit Diversity als Vielfalt hatte ich, als ich dem Produktentwicklungsprojekt vorsaß. Ich befand mich außerhalb der bequemen HR-Zone und war in die fremde Welt der Produktentwicklung geworfen, mit sehr engen Zeitvorgaben. Ich musste mich auf Leute verlassen, die mehr von der Sache verstanden als ich – Leute, die Erfahrungen mit Kunden, Informationstechnologie, Produktentwicklung, Konkurrenten und Markttrends hatten.

Die Zusammensetzung des Teams war sehr vielgestaltig. Es gab Schwarze und Weiße. Einige waren schon über sechzig, andere noch keine dreißig. Noch entscheidender war die Art und Weise, wie sie das Projekt angingen. Jeder der verschiedenen Verantwortlichen für Marketing, Verkauf, Forschung, Informationssysteme, Human Resources und Finanzen hatte eine ganz eigene Art, an seine jeweilige Disziplin heranzugehen. Alle brachten sie unterschiedliche Sichtweisen und Überzeugungen mit, die aus den Erfahrungen in den jeweiligen Fachgebieten resultierten, und daraus, wie sich Erfolg in einem Bereich definierte. Sie waren auf ihrem Gebiet alle sehr gut. Aber es war sehr schwierig, sie an einem Projekt zur Zusammenarbeit zu bewegen. Meine Erfahrungen in der HR-Abteilung kamen mir hier sehr zugute.

Denn es gab in der Tat Konflikte: Die Mitglieder der verschiedenen Gruppen wollten an dem ihrer Funktion entsprechenden Denken und ihrer Herangehensweise festhalten. Eine Weile schien es fast unmöglich, eine gemeinsame Basis zu finden. Jeder ging in eine andere Richtung und versuchte die anderen dazu zu bewegen, sich doch ihm anzuschließen.

Um diese Konflikte zu lösen und um im Zeitplan zu bleiben, musste ich das Bestmögliche finden, um das Projekt am Laufen zu halten, ohne jemanden dabei zu entrechten. Es war mit viel Stress und Schwierigkeiten verbunden. Ich musste mich anderen anvertrauen, damit diese wiederum andere dazu bewegten, doch ihre Meinung zu ändern, einen Kompromiss einzugehen oder einen Konsens zu finden. Es wäre nicht möglich gewesen, wenn wir nicht Übereinstimmung über unser Endziel erreicht hätten. Nachdem endlich jeder hierzu sein Ja-und-Amen gegeben hatte, war es leichter, einen gewissen Zusammenhalt zu finden. Aber auch dann ging es nicht von selbst. Wir mussten hart daran arbeiten.

Die Situation war ermüdend, frustrierend und bedrohlich. Und doch wurde es letzendlich eine anregende, erfolgreiche und spannende Erfahrung. Ich lernte viel über Diversity; obwohl es sich damals nicht wie Diversity, sondern eher wie Konflikt anfühlte. Ich gewann dadurch auch an persönlicher Stärke und wurde eine bessere Teamleiterin.

Ich glaube nicht, dass ich diese Art von Erfahrung bei meiner Arbeit in der HR-Abteilung hätte machen können. Hierfür brauchte es einen interdisziplinären Kontext. In der HR-Abteilung hätte ich immer nur mit Leuten aus Funktionen zusammengearbeitet, deren Disziplinen mir bekannt und vertraut waren. Es ist unwahrscheinlich, dass die gleiche Vielfalt im Prozess und in den Ergebnissen aufgetreten wäre.

Außerdem glaube ich, dass ich in einem vertrauteren Umfeld nicht so offen für Diversity gewesen wäre. Meine Sicherheit in der Materie hätte sicher dazu geführt, dass ich mich auf die Art und Weise verlassen hätte, in der ich die Dinge schon immer angegangen war, weil es mir schon zur zweiten Natur geworden war.

Die Pionier-Elefanten: Joan und Richard

In dieser interdisziplinären Situation wusste ich zwar, auf welches Ziel wir hinaus wollten, aber ich hatte nur vage Vorstellungen davon, wie wir dahin kommen könnten. Ich befand mich nicht in meinem Element. Das zwang mich, mir einen Weg zu überlegen, der mich durch diese ganze Diversity von Meinungen, Kompetenzen und Erfahrungen führen konnte.

Die derzeitige Diversity-Situation

Zur Zeit übe ich meine Diversity-Kompetenzen an einem Projekt über eine Fortbildungsinitiative. Wie früher war mir auch jetzt Verantwortung übertragen worden, ohne dass man mir direkte Autorität gegeben hätte. Das Team sieht mich als Leiterin. Meine Rolle ist es, die Arbeit hinter den Kulissen zu koordinieren und am Laufen zu halten.

Ich habe dieses Projekt mit dem Etikett Diversity-Situation versehen, weil der Erfolg des Projekts von drei Leuten abhängt. Der eine ist ein junger Weißer, der relativ neu im Unternehmen ist. Er ist sehr intelligent, aber er nimmt sich nicht die Zeit, um sich die Bedürfnisse der anderen Teammitglieder anzuhören und sie zu verstehen. Der zweite arbeitet schon eine lange Zeit hier im Betrieb, und er fühlt sich nicht genügend geachtet und unterbewertet. Dennoch ist seine Erfahrung sehr wichtig für dieses Projekt. Als drittes ist da noch eine junge weiße Frau. Sie ist intelligent, temperamentvoll und sie will sicher stellen, dass ihr Beitrag an diesem Projekt auch genügend anerkannt wird.

Diese Leute dazu zu bewegen, zusammenzukommen und gemeinschaftlich zusammenzuarbeiten ist eine echte Herausforderung. Das Einzige, das sie zu interessieren scheint, ist die Frage, was es ihnen einbringen kann – mehr sehen sie nicht. Sie sprechen zwar von „Team", aber das wird schnell vergessen, wenn ihre eigene Agenda angekratzt wird.

Sowohl in dieser als auch in der früheren Situation habe ich mich immer auf eine Konstante verlassen. Nämlich die mir eigene Tendenz, Lösungen und Kompromisse zu suchen. Es ist wichtig für mich, Konsens zu erreichen und irgendwie die Kameradschaft aufrecht zu halten.

Wenn mir das gelungen ist, war ich auch effektiv. Zeiten der Ineffektivität gab es dagegen immer dann, wenn ich nur sehr begrenzte Zeit hatte, um etwas zustande zu bringen und wenn ich mir nicht den Luxus erlauben konnte, jedermanns Zustimmung zu bekommen. Ich musste dann eine Entscheidung treffen. Da war es zu erwarteten, dass sich einige übergangen, ignoriert und beleidigt fühlten.

Joan als kompetente Diversity-Respondentin

Joan steht an einem Wendepunkt ihrer Karriere. In der Vergangenheit erlebte sie Erfolg und eine bedeutende Aufwärtsbewegung in ihrem Unternehmen. Jetzt ist sie etwas an die Seite gedrängt worden. Zwar verrichtet sie bedeutende unterstützende Arbeit und sie hat die Funktion einer Abteilungsleiterin und das ganze Erfolgs-Drum und Dran beibehalten. Aber ihr fehlt funktionelle Macht und sie steht nicht mehr auf der Liste für weitere Beförderungen und Ausdehnung des Verantwortungsbereiches.

Joans Diversity-Reife

Akzeptieren von Verantwortung

Joan macht sich heute mehr Gedanken über Diversity als früher. Sie spekuliert und reflektiert, wie sie auf die Diversity-Zusammensetzungen reagieren könnte. Dabei lernt, überdenkt, analysiert und modifiziert sie ihren Ansatz in einer Art und Weise, wie sie es zu einem früheren Zeitpunkt ihrer beruflichen Laufbahn wahrscheinlich nicht getan hätte – ein deutliches Zeichen für den Reifeprozess, in dem sie sich befindet. Außerdem benutzt sie die Diversity-Prinzipien sehr bewusst, wenn sie mit Diversity in ihrer Arbeitsgruppe umgeht. Leider hat sie bisher nicht versucht, ihre Kompetenzen in das Unternehmen einzubringen, um so ihren persönlichen Anteil an einer größeren Diversity-Effektivität der Organisation zu übernehmen.

Demonstrieren von situativem Verständnis

Die wirtschaftliche Motivation. Joan zeigt Verständnis für die wirtschaftliche Motivation, und zwar sowohl wenn sie generell über die Notwendigkeit spricht, den unterschiedlichen Kundenkreis der Firma verstehen und ansprechen zu können, als auch wenn sie mehr spezifisch über ihre Projekte während der letzten vier Jahre erzählt. Sie sagt, dass die Verständigung über das Endziel (die wirtschaftlichen Erfordernisse) grundlegend für die erfolgreiche Zusammenarbeit in ihrer sehr unterschiedlichen und uneinigen Gruppe war. Sie berichtet auch über das Ausbleiben von Erfolg, wenn es ihr nicht gelungen war, den Ansichten aller Projektteilnehmer gerecht zu werden. Joan erachtet die wirtschaftliche Motivation im Umgang mit Diversity nicht nur dann als zwingend, wenn sie ohne organisatorische Machtbefugnis arbeitet. Sie sieht diese Fähigkeit auch als Schlüssel auch für ihren weiteren Erfolg in ihrem Beruf an.

Konzeptionelle Klarsicht bezüglich Diversity. Joan hat in ihrem Unterscheidungsvermögen zwischen Eingliederung und Diversity beträchtliche Fortschritte während der letzten vier Jahre gemacht. Sie glaubt nicht mehr nur an demografische Merkmale als einzigen wichtigen Aspekt von Diversity, sondern sieht Diversity als Vielfalt, die Gedanken, Standpunkte und Verhaltensweisen mit einschließt. Und sie hat gelernt, dass funktionelle Diversity, mit all ihren Begleiterscheinungen, große Auswirkungen zeigen kann. Außerdem hat sie erfahren, wie das Verlassen der eigenen Sicherheitszone die Fähigkeiten zum Diversity-Management fördern kann. Sie verfügt nicht nur über theoretisches Wissen. Sie hat es von der Pike auf gelernt.

Positiver Umgang mit Diversity-Spannungen

In der Vergangenheit schien Joan das Akzeptieren von und den Umgang mit Diversity-Spannungen weitgehend vermieden zu haben. Während der letzten vier Jahre war sie dagegen mitten in sie hineingeworfen. Berechtigterweise ist sie sehr stolz auf ihre Fähigkeit, mit sehr unterschiedlichen Leuten zusammenzuarbeiten, mit den Spannungen, die diese Diversity begleiten, umzugehen und eine informelle Führerschaft an den Tag zu legen, die der Gruppe ermöglicht, inmitten von unvermeidlichen Missverständnissen und fehlender Übereinstimmung, ihre Ziele zu erfüllen.

Zentrale Diversity-Kompetenzen

■ *Die Fähigkeit, Diversity-Zusammensetzungen zu erkennen.* Joan erkennt eine ganze Reihe von Diversity-Zusammensetzungen: Status innerhalb der Organisation, Geschlecht, Alter, und Funktion. Sie berichtet, dass sie sehr intensiv über den Status innerhalb der Organisation und das Geschlecht nachgedacht hat und dass sie ihre Handlungen bewusst nach der Diversity im Alter und der Funktion richtet.

■ *Die Fähigkeit, Zusammensetzungen und die damit verbundenen Spannungen zu analysieren.* Joan analysiert Diversity-Zusammensetzungen und ihre damit verbunden Spannungen nicht systematisch, um so festzustellen, welche die potenziell größte Auswirkung auf die Fähigkeit des Unternehmens hat, die Zielvorgaben umzusetzen. Ihr Reaktionsmuster bleibt individuell und auf die Arbeit in ihrer spezifischen Arbeitsgruppe ausgerichtet.

■ *Die Fähigkeit, eine Handlungsoption zu wählen.* Joan reagierte auf mehrere, bereits identifizierte Zusammensetzungen. Hierzu zählen die folgenden:

– *Früherer und aktueller Status.* Für Joan ist ihr früherer und ihr aktueller Status und die daraus resultierende Selbsteinschätzung eine Schlüsselzusammensetzung. Früher besaß sie funktionsbedingte Macht und sie sah sich in einer leitenden und kontrollierenden Rolle. Jetzt fehlt ihr diese funktionsbedingte Macht. Sie sieht sich selbst in der Rolle des Lernenden, des Lehrenden und des Förderers. Früher saß sie einer Abteilung vor. Jetzt arbeitet sie auf einer projektbezogenen Basis, indem sie die Arbeit über-funktioneller Gruppen fördert und als Mentor jüngerer Mitarbeiter fungiert. Sie glaubt, dass sie viel über die Organisation gelernt hat und ist bereit, ihr Wissen und ihr Verständnis zu teilen.

Joan akzeptiert und weiß um die Gemeinsamkeiten und Unterschiedlichkeiten ihres früheren mit ihrem derzeitigen Status. Beiden gemeinsam ist zum Beispiel ihr Wunsch, das Wohlergehen ihres Betriebes im Interesse ihres persönlichen Wohlstandes zu fördern.

Hierfür hat Joan eine Haltung der „Förderung wechselseitiger Adaption" gewählt, die sowohl dem einen als auch dem anderen Status gerecht wird. Sie entwirft eine Rolle, die die Realitäten widerspiegelt und die den Erfordernisse beider gerecht wird. Das Resultat, ein beachtliches persönliches Weiterkommen, kann sich sehen lassen. Sie hat verstanden, ein größeres Verständnis für den unternehmerischen Entwurf und die Unternehmensdynamik zu entwickeln und eine größere Wertschätzung für Diversity und Diversity-Management zu erlangen.

Ihr persönliches Fortkommen und ihr derzeitiger Erfolg waren harte Arbeit. Sie empfindet immer noch die Spannung, die mit beiden Statuspositionen einhergeht und auch eine Art Verlustgefühl. Ironischerweise hat ihr Machtverlust dazu geführt, dass sie sich Sichtweisen und Kompetenzen aneignen konnte, die ihr in einer formellen Führungs- und Managementposition sehr zugute kommen würden. Da es aber nicht so aussieht, als würde die obere Führungsebene sie wieder in Amt und Würden setzen, ist sie dazu übergegangen, sich einen eigenen Weg zu suchen, um im Kontext dieser neuen Realitäten ihren Teil beisteuern zu können. Sie zeigte und zeigt einen guten Umgang mit der Diversity ihrer früheren und derzeitigen Statusposition.

- *Geschlecht.* Joan war sich immer der Bedeutung des Geschlechts bewusst, aber sie hat ihr Wissen darum während ihres Aufsteigens auf der Hierarchieleiter der Organisation unterdrückt. Erst als dieser Aufstieg gestoppt wurde, schloss sie die Rolle des Geschlechts in der Zusammensetzung wieder in ihre Suche nach Antworten auf die Frage, was falsch gelaufen war, mit ein.

War die frühere Unterdrückung angemessen? In einer Hinsicht ja. Es schaltete einen Punkt aus, der sie ansonsten hätte ablenken können. Zweifellos hatte sie geglaubt, dass es keine Rolle spielen dürfte, solange sie ihren Job gut machte. Und eine lange Zeit hatte es auch keine Rolle gespielt. In anderer Hinsicht war es dagegen nicht angemessen. Es führte nämlich dazu, dass sie die Realität von Geschlechterfragen, Förderung und der Dynamik von Macht ausblendete. Eventuell hätte sie ihre Position sogar halten können, wenn sie diese Punkte früher verstanden hätte.

Der kritische Punkt ist aber nicht ihre Unterdrückung, sondern ihr Versagen, sich öfter mit diesem Punkt zu befassen und auf seine Auswirkungen zu achten. Mit einer Kombination aus Unterdrückung und periodischem Wiederaufgreifen der Geschlechterfrage wäre Joan besser gedient gewesen.

- *Alter.* Die meisten Menschen unterdrücken die Tatsache des Alterns und die damit einhergehende dynamischen Veränderungen, und sie erkennen nicht, wenn sie damit konfrontiert werden. Joan mag da eine Ausnahme sein. Sie scheint die Realitäten und die Erfordernisse des Alterns zumindest soweit zu erkennen, dass sie Veränderung mit Anmut akzeptieren kann. Wenn sie auch weiterhin den Weg der Förderung wechselseitiger Adaption einschlägt, wird sie diese Zusammensetzung recht gut zu meistern wissen.

- *Diversity der Funktion.* Den Großteil ihrer beruflichen Laufbahn verbrachte Joan in der HR-Abteilung. Jetzt arbeitet sie mit funktionsübergreifenden Teams. Früher war ihre Erfahrung in der HR-Abteilung die Basis für ihre Autorität. Jetzt hängt der Wert dieser Erfahrung ganz vom jeweiligen Projekt ab. Von viel größerer Bedeutung ist dagegen ihre Fähigkeit, mit Vielfalt von Gedanken, Meinungen und Sichtweisen umzugehen und sie in Einklang zu bringen.

Was ihren Umgang damit anbelangt, so sagt sie, dass sie sich immer „auf eine Konstante" verlassen habe: die ihr eigene „Tendenz, Lösungen und Kompromisse zu suchen". Der Erfolg dieses Ansatzes kann davon abhängen, wie sie sich ihrem Ziel, eine Lösung zu finden, nähert. Wenn sie das Verständnis von Unterschieden als Ansatz wählt, wie sie es in der Vergangenheit getan hat, ist diese Strategie nicht ganz angebracht, da Fragen wie informelle Macht, Anpassung und Privilegien einen verborgenem Einfluss ausüben. Die Wahl einer Annäherung über die Förderung wechselseitiger Adaption dürfte, wenn die Erfordernisse der Organisation im Mittelpunkt stehen, erfolgversprechender sein. Es mag für Joan nicht leicht sein, eine Balance zu finden zwischen dem, was in der Vergangenheit funktionierte und dem, was sich nun als effektiver erweisen kann.

Joans nächster Schritt

Im Prinzip versteht es Joan gut, wenn auch nicht perfekt, auf Diversity-Zusammensetzungen zu reagieren. Sie verfügt über mehrere Eigenschaften, die uns vermuten lassen, dass sich ihr Vermögen, gut mit Diversity umzugehen, weiter festigen wird.

Joan wird in nächster Zukunft wohl auch weiterhin als Leiter in zahlreichen über-funktionellen Gegebenheiten fungieren. Diese Lernerfahrungen können ihre Kompetenzen im Diversity-Management beträchtlich steigern, was ihr in ihrer Weiterentwicklung hin zum Endpunkt einer erfolgreichen Karriere sehr zu Gute kommen wird.

Richards Bericht

Ich bin schwarzer US-Amerikaner. Ich arbeite schon seit 20 Jahren in der High-Tech-Industrie, davon die letzten 15 Jahren in dieser Firma. Mich hat das Human-Resources-Gebiet (HR-Gebiet) immer besonders interessiert. Das fing damals an, als ich im Sommer vor meinem letzten College-Jahr nach Hause zu meinen Eltern kam und am Fließband in einer produzierenden Fabrik jobbte.

Die Arbeitsbedingungen waren sehr schlecht. Wir arbeiteten in der Stunde 55 Minuten, mit einer fünf-minütigen Pause und einer 15-minütigen Lunch-Pause zu Mittag. Ich sah wie clever die Arbeiter waren. Sie konnten sich alles mögliche ausdenken, um das Band zu stoppen, wenn sie müde waren und eine Pause einlegen wollten. Dann kamen die Ingenieure herüber, kratzten sich am Kopf und versuchten herauszufinden, was falsch gelaufen war. Wir wurden natürlich nie gefragt, weil wir ungebildet und nicht intelligent genug waren.

Am Anfang fand ich das amüsant. Dann ging mir auf, dass sich die Arbeiter vor allem selbst um ihren Arbeitsplatz brachten, indem sie die Produktionskosten erhöhten, und dass die Manager die Leute ungenutzt ließen, die am engsten mit dem Prozess vertraut waren und am meisten wussten. Da wurde mir die Macht von Human-Resources bewusst. Die Unternehmen, die es fertigbrächten, dass beide Gruppen auf ein gemeinsames Ziel hin zusammenarbeiteten, würden auch die sein, die den Erfolg einfahren würden.

Ich kam zu Raleigh/Durham als Werksleiter einer Anlage, die etwa 2000 Mitarbeiter beschäftigt. Wenn ich meinen Job beschreiben soll, sage ich immer: „Ich bin für die Atmosphäre hier zuständig. Ohne Atmosphäre sterben wir. Aber wenn sie da ist, merken wir es nicht." Als ich hierher kam, hatte ich zwei mir direkt unterstellte Leute, einen HR-Leiter und einen Leiter Betrieb. Als der HR-Manager in den Ruhestand ging, habe ich seinen Platz nicht wiederbesetzt. Ich übernahm einfach seinen Verantwortungsbereich noch mit dazu. Das verschaffte mir große Sachkenntnis in den Bereichen, in denen ich die direkte Autorität bin. So habe ich mir mein eigenes Revier abstecken können.

Wenn ich die Rolle des Werksleiters spiele, sehe ich mich eher als eine Art Vermieter, der zwischen den verschiedenen Mietparteien vermitteln muss, da sie nicht immer gut miteinander auskommen. Wenn es um interne Organisationsfragen geht, spiele ich den Schiedsrichter. Ich bin verantwortlich für die Atmosphäre zwischen Unternehmen und unternehmensinternen Gruppengemeinschaften und entscheide, welche Gruppen sich in der Firma präsentieren können.

Die Organisation

Das meiste, was mich zu diesem Unternehmen hingezogen hatte, hat sich als wahr erwiesen. Leider ist das einzige Gebiet, auf dem seine Progressivität zu wünschen übrig lässt, die Diversity. Das steht im Gegensatz zu einigen meiner innersten Überzeugungen. Für mich ist Diversity alles das, was uns zu dem werden lässt, was wir sind: die wirtschaftlichen Verhältnisse, aus denen wir stammen, Erziehung und Bildung, Rasse und Geschlecht, ob wir aus ländlichen Gebieten kommen oder aus der Stadt, und so weiter. Ich glaube, dass jeder von uns die Fähigkeit besitzt, eben wegen dieses Backgrounds und dieser Charakteristika seinen ganz eigenen Beitrag zu leisten. Deshalb schätze ich alles, was ein jeder von uns mitbringt. Das, was uns zu uns werden lässt. Ich glaube auch, dass man Leute nach ihren Handlungen und deren Ergebnisse beurteilen kann und soll.

Die Wichtigkeit von Assimilierung

Man kann in dieser Organisation Erfolg haben, wenn man sich assimiliert. Wenn man die gleichen Interessen hat und die gleichen Dinge macht, gibt es keine Probleme. Aber wenn man an dem festzuhalten versucht, was einen letztendlich einzigartig macht, kann das zu einem Problem werden. Der „Normalbürger" hier zum Beispiel hat am Stadtrand zu wohnen, heterosexuell zu sein, und sich 2,2 Kinder sowie einen Hund zu wünschen. Außerdem hat er die Republikaner, also konservativ, zu wählen. Nun passt aber nicht jeder in dieses Paradigma. Selbst wenn man lauter weiße Männer in einen einzigen Raum steckt, braucht man nicht lange, um Unterschiede zu entdecken. Da gibt es nämlich auch solche, die nicht auf eine Eliteschule gingen, deren Vater kein Ingenieur war. Es gibt alle möglichen Arten von Unterschieden. Aber es sind Unterschiede, die es den Leuten etwas einfacher machen, sie zu übersehen und so zu tun, „als ob". Und das ist das Wichtige. Solange man sich den Anschein gibt, im Strom mitzuschwimmen, wird man akzeptiert. Zumindest habe ich das so empfunden: solange ich mitschwimme gibt es auch keine Probleme!

Dabei passe ich eigentlich gar nicht in den Strom. Ich habe immer sehr städtisch gewohnt. Ich wähle keine Republikaner. Ich bin Farbiger und außerdem bin ich schwul. Der negative Umgang der Firma mit Diversity ist mein persönliches Kreuz, das ich zu tragen habe. Es war und ist nach wie vor frustrierend. Aber ich muss mir immer wieder in Erinnerung rufen, dass ich ja schon seit 19 Jahren hier bin, und eigentlich keine Ahnung habe, wie es außerhalb aussieht. Vielleicht haben wir ja das Bestmögliche schon erreicht. Zudem wurden Fortschritte erzielt, die auch mir teilweise zugute kamen. Als ich nach North Carolina kam, begann ich, mich zu meiner Homosexualität zu bekennen. Ich hatte keine Problem dadurch, zumindest keine offenen Probleme. Die Führung hat mich sehr unterstützt. Ich weiß, es gab Zeiten, in denen das nicht der Fall gewesen wäre.

Schwierigkeiten mit Diversity

Dennoch hat das Unternehmen immer noch Schwierigkeiten mit ethnischer Diversity. Das war für mich persönlich eine Herausforderung. Das dumme ist, dass ich manchmal das Gefühl habe, als wäre ich der einzige Fahnenträger. Wenn ich wieder einmal das Thema Diversity anspreche, spüre ich, auch wenn man es nicht sieht, dass die anderen im Geiste die Augen verdrehen und denken: „Nicht schon wieder". Es ist ständig ein Problem.

Ich bin besonders frustriert, wenn Leute versuchen anzudeuten, dass das, was anderen Schwarzen passiert, ja nicht auf mich zutrifft. Ich reagiere richtig gereizt, wenn ich manche Leute sagen höre: „Wenn ich Sie ansehe, sehe ich keinen Unterschied in der Hautfarbe." Was zum Teufel hat das zu bedeuten? Dass ich plötzlich weiß bin? Ich kann mir nicht vorstellen, dass sie das auch bei geschlechtsspezifischen Unterschieden sagen würden. Ich kann mir nicht vorstellen, dass sie sagen würden: „Wenn ich Sie anschaue, sehe ich nicht den Mann, sondern den Menschen." Für mich zeigt das nur den Grad der Verleugnung. Für sie mag es bequem sein, mich als gleich anzusehen. Aber ich denke dann: „Ich glaube, ich verhalte mich nicht schwarz genug."

Verleugnet wird auch das Ausmaß des Einflusses, den ein Umfeld auf Farbige oder andere Leute hat, die nicht im Strom mitschwimmen. Die,

die anders sind, leiden. Auch weiße Mitarbeiter, die nicht in das Klischee passen, sehen das so. Es ist keine Frage der Rasse, sondern die Frage, ob jemand dem Klischee entspricht oder nicht.

Auch die Sprache, in der Minderheiten- und Frauen-relevante Themen besprochen werden, bezeugt eine negative Sicht der Dinge. Ständig reden wir von Minderheiten und Frauen-Förderung. Das lässt den Schluss zu, dass bei allen, außer den weißen Männern, Förderungsbedarf besteht. Dabei müssten die Manager in dieser Firma in einen Diversity-Kurs gehen, auch wenn es vom Board nicht gefordert wird. Das wäre für mich ein Meilenstein in der Entwicklung. Das wäre wahre Reife auf dem Weg hin zu Diversity, wenn wir uns zu der Ansicht durchringen könnten, dass *jeder* Mitarbeiter diese Art Training nötig hat. Denn nur so können wir es schaffen, die Selbsteinschätzung der Leute, dass nämlich bei *ihnen* alles in Ordnung ist und nur die *anderen* lernen müssten, sich besser einzupassen, zu überwinden.

Diese Notwendigkeit wird vor allem dann deutlich, wenn man sich die Ergebnisse von Mitarbeiterumfragen anschaut. Da gibt es immer einen Punkt, unter dem Mitarbeiter alles aufschreiben dürfen, was ihnen gerade so einfällt. Weil die Fragebögen anonym sind, kommt immer einiges an sexistischen, rassistischen und schwulenfeindlichen Kommentaren zu Tage. Die Masse und die Intensität dieser Kommentare hat mich richtig überrascht und hat mir gezeigt, dass Rassismus, Sexismus und andere Ismen unterschwellig noch immer vorhanden sind. Wir sind in der Tat ein Mikrokosmos der größeren Gemeinschaft um uns. Ich weiß nicht, wie viele Leute mit einem Lächeln auf dem Gesicht herumlaufen, nur um ihre wahren Ansichten zu verbergen. Dass nämlich alle freiwerdenden Stellen sowieso von Farbigen besetzt werden und die Agenda bis zum Erbrechen mit Schwulen- und Lesben-Themen zugeballert wird. Diesen Leuten müssen wir eine Plattform geben, wo sie ihre Belange diskutieren können, weil das der einzige Weg ist, wie sie sich weiterentwickeln können.

Der Schein trügt

Es ist sehr schwer, Leute davon zu überzeugen, dass die Kultur sich ändern muss. Sie sehen mich an und sagen: „Sie sind doch hier und sind erfolgreich. Sie sind doch der Beweis für unsere Diversity." *Ich* sehe das natürlich nicht so. Man muss kein Genie in der Beurteilung von Organisations-Strukturen sein, um zu sehen, dass die Macht beim Einkommen-schaffenden Teil der Organisation liegt. Die Verwaltung, mit ihrer Human Resources-Abteilung, Finanzbuchhaltung und anderen Ressorts, ist der Kopf. In diesen Funktionen findet man mehr Diversity als in der Entwicklungs- oder Produktionsabteilung und den Servicefunktionen. Das trifft nicht nur auf unsere Organisation zu. Diversity begann schon immer zuerst bei den Verwaltungsfunktionen. Später ziehen dann die Mitarbeiter in diesen Funktionen die anderen mit sich. Nur sind wir in unserer Organisation noch nicht so weit.

Meiner Organisation zu mehr Diversity in den technischen Bereichen als auch in den eigentlichen Machtzentren zu verhelfen, ist sowohl Quelle der Frustration als auch Herausforderung für mich. Eine Möglichkeit, das zu erreichen, besteht für mich darin, meine Position immer auch als das zu definieren, was sie tatsächlich ist: Auf meiner Visitenkarte steht zwar „General Manager", aber ich benutze diesen Titel nicht gern. Ich finde, es ist eine Fehlbezeichnung. Die General Managers haben die Ergebnisverantwortung in diesem Unternehmen. Normalerweise sind sie auch für Produktstrategien verantwortlich. Ich verfüge über keine dieser Veranwortlichkeiten. Deswegen verwende ich lieber den Begriff „Werksleiter". Außerdem will ich nicht, dass das Unternehmen von sich behaupten kann, es hätte einen Schwarzen als General Manager, und damit so zu tun, als würde ich die großen Finanz- und Produktionsrelevanten Entscheidungen treffen. Ich weiß, dass das passiert, aber ich will es nicht noch unterstützen.

Ich versuche auch eine Kultur zu schaffen, die Diversity in den technischen Bereichen oder der Führungsebene fördert, indem ich mich selbst als Vorbild präsentiere. Ich hoffe, dass ich durch meine Art, meine Andersartigkeit offen zu legen und mich dazu zu bekennen, – auch wenn, wie zum Beispiel bei meiner sexuellen Veranlagung, eigentlich nicht die Notwendigkeit dazu bestünde – ich andere durch dieses offizielle Amen dazu ermuntern kann, sich selbst als andersartig annehmen zu können. Und ihnen zu zeigen, dass sie sich dazu bekennen und stolz darauf sein können, egal worin diese Andersartigkeit nun besteht.

Als ich noch in der Nähe von Boston lebte, verlor ich innerhalb von zwei Jahren acht Freunde auf Grund von AIDS. Das hat mir die Augen geöffnet. Ich erkannte, dass unser Weg auf Erden viel zu kurz ist, um ihn nach den Maßstäben anderer zu leben. Wenn bei mir einmal das Lebenslicht ausgeknipst wird, möchte ich ohne großes Bedauern gehen können.

Die Verbindung von persönlichen Erfahrungen und beruflichem Erfolg

Interessanterweise haben einige der negativen Erfahrungen, die ich ob meiner Andersartigkeit machen musste, zu meinem beruflichem Erfolg beigetragen. Sie haben mich zum Beispiel gelehrt, den richtigen Ton zu Leuten auf allen möglichen Ebenen anzuschlagen, ohne ihre Gefühle zu verletzen. Auch Mitarbeiter, die wissen, dass ich nicht mit ihnen übereinstimme, fühlen sich bei mir sicher und wissen, dass sie ihre Meinung sagen können. Und es ist nicht so, dass ich sie groß dazu ermuntern müsste, denn in ihren Augen ist ihre Meinung durchaus berechtigt.

Vor kurzem kam eine Gruppe Angestellter zu mir und sagte: „Es gibt hier Schwulen- und Lesbengruppen und alle möglichen anderen Treffs. Warum können wir nicht auch eine Bibelgruppe aufbauen?" Ich antwortete: „Natürlich können Sie das. Aber bitte beschränken Sie sich auf die persönliche Entwicklung ihrer einzelnen Teilnehmer. Ich möchte nicht, dass Sie nach einer Weile kommen und sagen, dass das Unternehmen dies und das tun bzw. nicht tun soll." Die Leute waren total verblüfft. Wahrscheinlich hatten sie gedacht, dass ich als Schwuler dem nie zustimmen würde.

Andere waren ebenso erstaunt. Manche sagten, sie wollten keine religiösen Gruppen haben. Ich antwortete einfach immer wieder: „Die einzige Verpflichtung, die wir diesen Leuten gegenüber haben, ist doch die, dass wir ihnen in ihrer Freizeit den Konferenzraum zur Verfügung stellen."

Vor allem die Schwulen- und Lesbengruppe war unglücklich darüber, weil sie Bibelstudium mit moralischer Übermacht und all sowas verband. Aber ich sagte ihnen, dass auch sie in Stereotypen denken würden. „Nur weil jemand einen Bibelkreis will, wird er nicht automatisch auch homophob."

Ich glaube, man bekommt eine andere Sichtweise, wenn man schon einmal die Erfahrung gemacht hat, auf Grund einer Sache, auf die man keinerlei Einfluss hat, eines Merkmals, das einfach zur Funktion der eigenen Persönlichkeit dazugehört, schlecht behandelt zu werden. Was mich betrifft, so sitze ich sogar zwischen allen Stühlen. Als Schwarzer muss ich mich mit der Homophobie in der Schwarzengemeinschaft auseinander setzen, und gleichzeitig ist Rassismus innerhalb der Gemeinschaft der Schwulen und Lesben immer noch weit verbreitet. Ständig bekomme ich Beispiele vor Augen geführt, wie Leute wegen Dingen, bei denen sie keine Wahl hatten, misshandelt werden.

Die Vergangenheit ehren, indem man einen Beitrag leistet

Meine Unzufriedenheit über die Mängel meiner Organisation im Hinblick auf Diversity bedeutet nicht, dass ich nicht gewillt bin, trotzdem meinen Beitrag hier zu leisten. Natürlich will ich das. Tatsächlich hat sich diese Bereitschaft während der letzten sechs Jahre noch verstärkt. Es begann damit, dass mein Vater, als er im Sterben lag, mehr über sein Leben als junger Schwarzer erzählte als jemals zuvor. Er erzählte mir, dass er in den 50er Jahren seinen Abschluss als Elektriker gemacht hatte. Er hatte seine Bewerbung bei Ohio Bell eingereicht, nur um zusehen zu müssen, wie sie, noch während er durch die Tür ging, im Papierkorb landete. Also arbeitete er dreißig Jahre in einer Stahlfabrik. Als er in den Ruhestand ging, war er Vorarbeiter. Mein Vater war genauso intelligent wie ich und er hätte ebenso erfolgreich in der Wirtschaft sein können wie ich, wenn man ihm nur die Chance gegeben hätte.

Er lebte nicht lange genug, um sich über den Erfolg, den ich in North Carolina hatte, freuen zu können. Aber mein Onkel tut es. Er erinnert sich gut daran, wie es war, als er als Kind in dieser Gegend lebte. Er erzählt mir von diesen frühen Tagen und bewundert die Dinge, die ich tue. „Was, du warst im Appalachia Park? Da durften wir damals gar nicht rein." Als ich ihm erzählte, dass ich während eines Duke-Spiels in der Präsidentenloge saß, erzählte er: „Früher schauten wir, dass wir uns nach den Duke-Spielen nicht auf der Straße aufhielten. Irgendeiner war immer betrunken und hätte uns angepöbelt." Das waren Dinge, die ich nicht gewusst hatte. Meine Eltern lehrten mich keinen Rassenhass. Bei uns war das Thema Rassismus tatsächlich so weit außen vor, dass ich mich noch bei den Rassenaufständen in den 60er-Jahren – ich war damals 15 oder 16 – wunderte, warum sich alle so aufregten.

Erst die Erzählungen über die Erfahrungen, die meine Familie gemacht hatte, haben mir deutlich gemacht, was für ein Fundament ich meinem Vater und meinen Großeltern verdanke. Heute kann ich darauf aufbauen. Es ermutigte mich auch, mehr über meine Vorfahren herausfinden zu wollen. Ich bin sogar in den Senegal gereist. Als ich durch den

Hafenbereich ging, von dem aus Sklaven und Schiffskapitäne die Segel in Richtung neue Welt gesetzt hatten, spürte ich, wieviel meines Andersseins ich meinen Vorfahren verdanke. Viele von ihnen gaben einfach auf und sprangen über Bord. Die die mich zeugten, waren die mit dem stärksten Überlebenswillen.

Alle diese Details tragen zu meiner Sichtweise in Bezug auf Rassismus, wie ich ihn erlebe, bei. Zumindest ist es bei mir keine Frage mehr um Leben oder Tod oder darum, nicht auf dem Bürgersteig gehen zu dürfen. Das Wissen um meine Vergangenheit lehrt mich, wie glücklich ich sein kann. Es gibt mir auch den Mut und die Motivation, mich mit diesen Themen zu beschäftigen, so dass die nächste Generation, meine Neffen, sich hoffentlich nicht mehr mit dem zufrieden geben müssen, womit ich noch kämpfe.

Eine weitere Art, zur Veränderung zu ermutigen, sind meine Bestrebungen, dieser Organisation zu mehr Eingliederungsbestrebungen am Arbeitsplatz zu verhelfen. Ich möchte eine Art Umfeld schaffen, in dem Diversity – das heißt Unterschiedlichkeit sowohl der Denkweise als auch der Rasse, sowohl des Geschlechts und als auch anderer Merkmale, an die wir so denken – gedeihen kann.

Ich wünsche mir ein Umfeld, das jedem, der in irgendeiner Arbeitsgruppe tätig ist, zugesteht, seine Ideen frei zu äußern, egal wie abwegig sie auch zu sein scheinen, ein Umfeld, in dem Leute nicht ihre Eigenart unterdrücken müssen, weil sie denken, dass es der einzige Weg ist, um zu Erfolg zu kommen.

Der Umgang mit Wut

Das Wissen darum, dass die Dinge für mich sehr viel besser stehen als für meine Vorfahren, hält mich aber nicht davon ab, Wut über einiges, was mir so widerfährt, zu empfinden. Leider erlebe ich auch immer wieder, dass es für meine Wut keine Plattform gibt. Ich würde zum Beispiel gern einmal auf einer Familienfeier über all die Dinge, die mich in meiner Organisation belasten, reden können. Aber von meinen Cousins und Geschwistern haben die wenigsten einen College-Abschluss gemacht. Sie würden mich überhaupt nicht verstehen. Sie sehen nur mein Gehalt und fragen: „Wo hast du denn Probleme?" Und wenn ich zu Weißen gehen würde, hieße es: „Wo ist denn nun ihr Problem. Sie stehen doch auf einer höheren Ebene als wir." Wie soll man darauf antworten? Und was macht man mit einer Wut, die man nirgendwo herausschreien darf?

Ratschlag an andersartige Menschen

Eine Art, wie ich Leuten, die als anders gelten, versuche zu helfen, ist, ihnen Vorschläge in Bezug auf ihren Erfolg in der Organisation zu machen. Ich sage ihnen Folgendes: „Erst müsst ihr die Spielregeln lernen und abwägen, ob sich der Einsatz, den ihr zu zahlen habt, überhaupt lohnt. Denn natürlich müsst ihr euren Preis zahlen. In jeder Art von Organisation, für die man arbeitet, wird eine gewisse Konformität gefordert. Ihr müsst also entscheiden. Es ist euer gutes Recht, diese Flexibilität zu verweigern. Aber dann dürft ihr nicht erwarten, dass ihr von der Organisation noch dafür belohnt werdet. Wenn ihr euch für die Flexibilität entscheidet, müsst ihr auch entscheiden, wie weit ihr bereit seid zu gehen. Man kann auch zu dem Entschluss kommen, dass die Wirtschaftswelt nichts für einen ist, und sich selbständig machen. Aber das ist viel härter und birgt sehr viel mehr Risiken."

Ich sage ihnen auch, dass sie, wenn Schwierigkeiten auftreten, erst als allerletztes an ihre Andersartigkeit als Ursache für diese Schwierigkeiten denken sollen. Besonders die schwarzen Angestellten weise ich darauf hin. „Das kommt immer mal vor, dass euch jemand nicht leiden kann, obwohl er mit dem Rest gut auskommt. Springt also nicht automatisch auf dieses Pferd auf." Außerdem sage ich ihnen immer wieder, dass sie ständig parat sein müssen. Die vielen Jahre, die ich mit Einstellungs- und Personalfragen zu tun hatte, haben mich gelehrt, dass die Menschen viel eher bereit sind, Leuten, die wie sie aussehen und agieren, eine Chance zu geben. Wenn man also nicht der Norm entspricht, müssen einem die Qualifikationsbescheinigungen quasi schon auf der Stirn prangen und sie müssen genau den gesuchten entsprechen.

Die Notwendigkeit der Selbstbewertung

Ich weiß, dass die Schaffung eines Umfeldes, das Diversity schätzt und ehrt, auch weiterhin eine schwierige Aufgabe sein wird. Ich bin mir nicht immer sicher, ob ich ihr gewachsen bin. Meine Sorge, dass die

Leute vielleicht nur Lippenbekenntnisse für Diversity abgeben und dass ich vielleicht nicht konsequent und revolutionär genug bin, hält mich nachts manchmal wach. Hätte ich besser gehen und zu einer kleineren Firma wechseln sollen? Oder hätte ich mich nach einer Tätigkeit speziell auf dem Gebiet Diversity umsehen sollen – etwas, das auf eine direktere Art die wirklich wichtigen Dinge beeinflussen könnte? Ist mein Acker hier schon abgeerntet? Damit habe ich in regelmäßigen Abständen zu kämpfen.

Richard als effektiver Diversity-Respondent

Richard ist einer der höchstrangigen Schwarzen in diesem Unternehmen und ein Mann, dem seine Arbeit Spaß macht. Er zeigt Hingabe seiner Arbeit gegenüber und eine gewisse Zufriedenheit mit dem, was er ist. Alles in allem ist er ein erfolgreicher Mann. Aber er macht sich auch Gedanken über den Wert des Erreichten und stellt sich die Frage, ob er seine Andersartigkeit ausreichend unterstreicht. Und er hat nach wie vor mit seiner Wut zu kämpfen und der Tatsache, dass er sie nirgends angemessen äußern kann.

Richard ist ein erfolgreicher Elefant im Haus einer Giraffe. Zur Debatte steht aber der persönliche Preis, den er dafür zu zahlen hat. Er befindet sich an einem Kreuzweg seiner Karriere und es gilt für ihn, seine Prioritäten neu zu definieren und eine Entscheidung zu treffen, wie sich seine Mischung aus Berufs- und Lebenszielen verwirklichen lässt. Im Prinzip glaubt er, dass seine derzeitige Position die bestmögliche ist, aber er fragt sich manchmal, ob er anderswo nicht mehr aus seinen Lebensplänen hätte machen können.

Richards Diversity-Reife

Akzeptieren von Verantwortung

Richard hat sich offensichtlich lange und eingehend Gedanken über Unterschiede und deren mögliche Konsequenzen gemacht. Er akzeptiert persönliche Verantwortung für den Umgang mit Diversity und er ist bemerkenswert erfolgreich darin. Er akzeptiert auch die Verantwortung dafür, die Effektivität seiner Organisation im Umgang mit Diversity zu verbessern. Er bemüht sich, seiner Firma aufzuzeigen, welche Qual ihre Kultur denen bereitet, die zwar qualifiziert aber andersartig sind. Er versucht, Einzelpersonen dazu zu bringen, ihre Andersartigkeit anerkennen und ausdrücken zu können, und benutzt sich selbst als Vorzeigemodell. Die Verbesserung seiner persönlichen Effektivität im Umgang mit Diversity und die seiner Organisation sind in der Tat zwei Aspekte, die zu Richards größerer Mission dazugehören: nämlich sicherzustellen, dass die, die nach ihm kommen, nicht die gleichen negativen Auswirkungen der sogenannten Ismen erleben müssen.

Demonstrieren von situativem Verständnis

Das Wissen um die eigene Person. Richard weiß, wer er ist und er weiß auch, woran er noch zu arbeiten hat. Das Angehen von Herausforderungen, das Sich-in-Frage-stellen und das ständige Überdenken des eigenen Lebens ist bei ihm ein fortwährender Prozess. Ebenso seine Bereitschaft, sich selbst offen zu legen, auch wenn das zu mehr Komplexität in seinem Leben führt.

Die wirtschaftliche Motivation. Richards Wunsch, die Qual und das Leiden derer, die anders sind, zu mindern, lässt ihm wenig Zeit dafür, auch den unternehmerischen und marktwirtschaftlichen Nutzen von Diversity für die Organisation zu identifizieren und zu artikulieren. Wenn er diese wirtschaftliche Motivation erst einmal begriffen hat und weitervermitteln kann, wird er auch eine ausgereiftere Haltung gegenüber Andersartigkeit entwickeln. Sein Bestreben, Akzeptanz aller Unterschiede zu erreichen, hindert ihn noch daran, zwischen den verschiedenen Unterschiedlichkeiten zu unterscheiden. Er vermittelt den Eindruck, als wären alle Unterschiede akzeptabel. Aus unternehmerischer Sicht ist das mit Sicherheit nicht so. Unter den gegebenen wirtschaftlichen Zielsetzungen und Erfordernissen sind nicht alle Unterschiede akzeptabel. Unterschiede, die dazu beitragen, den Erfordernissen gerecht zu werden, können natürlich vorbehaltlos akzeptiert werden. Unterschiede, die keinen direkten Einfluss darauf haben, können bedingt akzeptiert werden. Unterschiede aber, die eine Organisation daran hindern, ihre Ziele zu erreichen, sind für sie nicht akzeptabel. Wenn wir diese Unterscheidung nicht treffen, können unsere Diskussionen um Unterschiedlichkeit und Diversity leicht ins Vage abgleiten.

Sobald Richard die Natur von Diversity und Eingliederung klarer sehen und besser in der Lage sein wird, die wirtschaftliche Motivation zu vermitteln, wird er auch seine bei der Arbeit gesammelten Erfahrungen als persönliches Lernlabor nutzen können. Seine Tätigkeit erfordert den Umgang mit dem Board und der Belegschaft, mit vielfältigen Organisationseinheiten und den Diversity-Zusammensetzungen der verschiedenen Gruppengemeinschaften innerhalb der Organisation. Er scheint damit gut zurecht zu kommen. Aber er scheint diese Zusammensetzungen nicht im Zusammenhang mit Diversity zu betrachten. Diese Kurzsichtigkeit hält ihn leider davon ab, auch in diesen Bereichen von seinen Fähigkeiten zu profitieren. Denn eine Reflexion und Analyse seiner Reaktionen auf die oben genannten Zusammensetzungen könnte ihn dazu befähigen, das in diesen Zusammensetzungen geringer Spannung Erlernte auf die explosiveren Zusammensetzungen der Rasse oder der sexuellen Orientierung anzuwenden. Er könnte seine Manager dazu bringen, das Gleiche zu tun. Wenn es ihm gelänge, innerhalb der Organisation einen Lernprozess über diese wirtschaftsbezogenen Zusammensetzungen in Gang zu bringen, könnte er bei den anderen vielleicht schnellere Fortschritte erzielen. Je mehr es ihm gelingt, Diversity zu einem Thema innerhalb der Organisation zu machen, desto wahrscheinlicher wird es, dass er seinem Unternehmen zu größerer Diversity-Effektivität verhelfen kann.

Konzeptionelle Klarsicht bezüglich Diversity. Richards Reifeprozess als effektiver Diversity-Respondent entwickelt sich ständig weiter. Diese Wachstumtendenz zeigt sich sowohl in seinem ausgeprägten Gespür für Unterschiedlichkeiten und deren Konsequenzen im Arbeitsumfeld, als auch darin, dass er Unterschiedlichkeit auch als weit hinausgehend über die traditionellen Diversity-Dimensionen innerhalb von Belegschaften beurteilt. Das zeigt sich in seinem Wissen darum, dass Unterschiede sowohl zwischen als auch innerhalb verschiedener Rassengruppierungen bestehen. Diese Wachstumstendenz lässt sich auch daran ablesen, dass er erkennt, welchen Preis seine Firma für ihre einseitige Betonung von Assimilierung zu zahlen hat.

Aber auch Richard könnte von einer größeren konzeptionellen Klarheit profitieren. Wenn er redet, hat man oft den Eindruck, als hielte er Diversity und Eingliederung für austauschbar. Das sind sie aber nicht. Sein Augenmerk gilt vor allem der Eingliederung. Zum Beispiel wenn er sich darum kümmert, dass Leute mit unterschiedlichen demografischen Merkmalen an ihrem Arbeitsplatz eingegliedert werden. Ebenso offensichtlich wünscht er sich aber auch Diversity als Ausdruck kognitiver und Verhaltens-immanenter Unterschiede! Beide sind es wert, dass man sie anstrebt und beide stehen sehr oft – wenn auch nicht immer – in einer Wechselbeziehung zueinander. Es würde seiner Fähigkeit, seine höhere Mission zu erfüllen, gut tun, wenn er klarer zwischen beiden unterscheiden könnte.

Richard unterliegt auch dem Fehler, nicht richtig zwischen Unterschiedlichkeit und Diversity unterscheiden zu können. Er gebraucht diese Wörter, als würden sie das gleiche bedeuten. Menschen können aber sehr unterschiedliche demografische Merkmale aufweisen und trotzdem ein sehr ähnliches Verhalten an den Tag legen (also wenig Verhaltensimmanente Diversity zeigen).

Zentrale Diversity-Kompetenzen

■ *Die Fähigkeit, Diversity-Zusammensetzungen zu identifizieren.* Richards Welt weist viele Facetten und viele Dimensionen auf und sie umfasst eine Überfülle an Diversity-Zusammensetzungen: Sexuelle Veranlagung, Rasse, Familienstand, sozio-ökonomischer Hintergrund, Geschlecht, gewerkschaftlich oder nicht gewerkschaftlich orientiertes Arbeitsumfeld, Gewichtung von Berufs- und Privatleben, politische Ansichten, innerstädtisches Wohnen und Wohnen am Stadtrand, Religion, Geschichtsbewusstsein, Organisationseinheit, Board und Belegschaft, Betrieb und innerbetriebliche Gemeinschaft. Alle diese Zusammensetzungen beeinflussen ihn zur Zeit, aber auf dreien liegt sein besonderes Augenmerk: auf der sexuellen Ausrichtung, der Rasse und der Gewichtung von Arbeits- und Privatleben.
Richard äußert sich sehr heftig über die Spannungen, in denen er Tag für Tag leben muss, Spannungen, die aus zwei der für ihn zentralsten Zusammensetzungen herrühren: der Szylla und Charybdis von Homophobie in der Schwarzengemeinschaft einerseits und Rassismus innerhalb der Schwulengemeinschaft andererseits. Seine persönlichen Erfahrungen mit Diskriminierung und sein Wunsch, anderen diese Pein zu ersparen, motivieren ihn, diesen Zusammensetzungen oberste Priorität einzuräumen.

■ *Die Fähigkeit, Zusammensetzungen und die damit verbundenen Spannungen zu analysieren.* Aber er muss innerhalb der Organisation auch seinen Preis dafür zahlen. Da sein Augenmerk so stark auf diese Zusammensetzungen gerichtet ist, kommt er nicht dazu zu fragen, welche Diversity-Zusammensetzung und Spannung ihn am ehesten davon abhält, den Unternehmenserfordernissen in dieser oder jener spezifischen Situation gerecht zu werden. Angesichts seiner Verantwortlichkeiten kann man davon ausgehen, dass es wohl meist Organisations-relevante Zusammensetzungen und Spannungen zwischen Einheiten, Betrieb und betriebsinternen Gruppengemeinschaften sind. Außerdem berichtet Richard über tägliche Konflikte zwischen diesen Bereichen, die er zu lösen hat.

Leider hält ihn seine vorrangige Beschäftigung mit Fragen rund um die verschiedenen Ismen davon ab, diese unternehmerischen Bereiche als bedeutende Diversity-Zusammensetzungen zu sehen. Das wiederum hindert ihn daran, die beeindruckenden Kompetenzen, die er auf seinem ureigenen Gebiet der demografischen Zusammensetzung beweist, einzubringen – etwa wenn es darum geht, verschiedene Einheiten zum Nutzen der Organisation zur Zusammenarbeit zu bewegen. Es verhindert auch, dass er diese Analogie an andere in der Firma weitervermitteln könnte. Und wir können als Resultat einen Bruch in seinem Geist und in demjenigen seiner Mitarbeiter feststellen: Einerseits managt er Arbeitsplatz-Diversity in einer Weise, die ihm erlaubt, den unternehmerischen Erfordernissen gerecht zu werden; Belegschafts-Diversity geht er dagegen auf eine Art an, die für andere nicht erkennen lässt, welchen unternehmerischen Nutzen die Eingliederung von Leuten mit verschiedenen demografischen Merkmalen und die Erlaubnis sich zu dieser Verschiedenheit zu bekennen, mit sich bringt. Diese Nachlässigkeit hat bisher das Erreichen seiner Diversity-Ziele verhindert.

■ *Die Fähigkeit, eine angemessene Reaktion zu wählen.* Richards Reaktion auf Diversity der sexuellen Neigung und der Rasse hat eine lange Entwicklungsphase hinter sich. Früher verließ er sich auf Assimilierung und Unterdrückung – beides Reaktionen, die auf der Bereitschaft aufbauen, so zu tun, als gäbe es keine Unterschiede oder als wären sie ohne Belang. Jahrelang hat er sich den Unternehmensnormen angepasst und hatte seine sexuelle Veranlagung im Betrieb geheim gehalten, obwohl er außerhalb der Arbeit offener war. Für diesen Bruch hat er sicher einen hohen Preis zahlen müssen. Aber Assimilierung und Unterdrückung haben trotz allem ihre Vorteile und es kann sehr schwierig sein, sie aufzugeben. Bei Richard waren einige sehr schmerzliche persönliche Erfahrungen von Nöten, um ihn zum Aufgeben dieser Diversity-Optionen zu bewegen. Als er sich der Qual und Wut seines Vaters bewusst wurde und des Elends seiner

Vorfahren, hat sich seine Sichtweise geändert. Er baute auf deren Anstrengungen auf und wurde ein Verfechter der Unterschiedlichkeit. Seine Arena ist die Organisation. Sein Ziel ist die eingliederungsfähige Organisation und Gesellschaft. Aber um das zu erreichen, ist ein entschiedeneres Eintreten für Rassen-Diversity notwendig, als das, welches er bei der Wahl früherer Optionen zeigte. Richard kämpft in der Tat noch damit, die Unterdrückung seiner ethnischen Diversity fahrenzulassen. Aber je mehr er versucht, seine Wut endlich hochkommen zu lassen, desto mehr verschließen die ihm wichtigen Leute die Ohren. Das kann dazu führen, dass er in Bezug auf diese Diversity bei Segregation und Isolation endet, es kann aber auch zu einer Tolerierung dieser Diversity-Dimension führen. Wahrscheinlich wird er dann sogar einen noch höheren Level an Frustration erleben. Um dieses Szenario zu vermeiden, muss er einen kreativen Weg finden, um die Rassenbelange, die ihn betreffen, vermitteln zu können.

Der Verlust etlicher Freunde auf Grund von AIDS führte dazu, dass sich Richard auch in Bezug auf die Diversity der sexuellen Neigung neu orientierte. Er überwand die Unterdrückung und er beschloss, fortan nach seinen eigenen Regeln und nicht nach denen der anderen zu leben. Zur Zeit erprobt er erfolgreich die Förderung wechselseitiger Adaption im Hinblick auf Diversity der sexuellen Veranlagung und der Komplementarität Berufs- und Privatleben. Er arbeitet daran, mehr Akzeptanz und Eingliederungsmöglichkeiten und eine größere Wertschätzung des Beitrages von Schwulen und Lesben zu erreichen.

Richard ist immer noch stark mit Diversity der Komplementarität von Berufs- und Privatleben beschäftigt. Er steht vor der Frage, wie er seinen Vater und seine Vorfahren zur Ehre gereichen könnte, und ob das effektiv auch in einem unternehmerischen Rahmen möglich ist. Er müht sich darum, seine eigenen Lebensbedingungen und Erfordernisse zu identifizieren und zu prüfen, ob seine aktuelle Optionswahl ihnen gerecht werden kann. Sein Ziel ist die Förderung wechselseitiger Adaption auch in Bezug auf die Komplementarität Berufs- bzw. Privatleben. Er steht noch am Anfang diese Prozesses, aber er ist entschlossen, mit der Komplexität, die seine neue Sichtweise mitbringt, umzugehen.

Richards nächster Schritt

Richards Geschichte und sein Wunsch nach persönlichem Wachstum machen eine exakte Vorschau auf seinen künftigen Lebensweg sehr schwer. Dennoch kann man von einigen Wahrscheinlichkeiten ausgehen. Er wird weiterhin auf größere persönliche Klarsicht und Selbstverwirklichung hinarbeiten und sich intensiv mit Eingliederungs- und Diversity-Themen befassen. Und er wird weiterhin seine Kosten-Nutzen-Rechnungen in Bezug auf den Preis, den er für seine Karriere zu zahlen hat, aufstellen.

Seine Fähigkeit, das Unternehmen dahin zu bringen, Diversity so ernst zu nehmen, wie er es tut, wird zu einem großen Teil von seiner Fähigkeit abhängen, Diversity-Management als Notwendigkeit für den Unternehmenserfolg darzustellen.

Kapitel 9

Diversity-Effektivität:
Die Herausforderungen für Elefanten

Die Erfahrungen, die man als Elefant macht, können gänzlich negativer Natur sein. Sie können erträglich sein. Sie können sogar positiver Natur sein. Elefant im Haus einer Giraffe zu sein, bedeutet nicht automatisch, dass sich diese Erfahrung nicht lohne. Aber es wird praktisch immer eine Erfahrung sein, die sich durch Spannung charakterisiert – Spannung, die damit einhergeht, dass man ein Außenseiter, ein Belagerer in einem fremden Haus ist. Für Elefanten wird die elementare Frage sein: „Kann ich meine Bedürfnisse hier befriedigen, oder wäre ein anderes Haus vielleicht besser für mich?"

Die Antwort hängt von den Giraffen ebenso ab wie von dem Elefanten. Wer jegliche Elefanten-Erfahrungen vermeiden will, muss sich auf einige unschöne Überraschungen gefasst machen. Wer glaubt, er könnte auf Grund seines Elefanten-Status keine nennenswerten Ziele erreichen, wird auch nur wenig erreichen.

Ein besserer Ansatz ist der, bis zum Beweis des Gegenteils davon auszugehen, dass es möglich ist, auf Elefanten-Giraffen-Situationen in einer Art und Weise zu reagieren, die eine Maximierung der Produktivität und eine Minimierung der möglichen negativen Folgen der Elefanten-Erfahrung erlaubt. Das kann nicht immer funktionieren und es kann manchmal unvermeidlich sein, sich anderweitig zu orientieren, um sein maximales Potenzial zu erreichen. Aber eine positive Herangehensweise und ein entsprechendes Handeln wird die Wahrscheinlichkeit erhöhen, dass die Elefanten-Erfahrung zu einem persönlichen und organisationellen Triumph wird.

Die Herausforderungen für Elefanten

Elefanten, die sich zu effektiven Diversity-Respondenten entwickeln wollen, werden einige elementare Aufgaben meistern und sich einigen persönlichen und organisationellen Herausforderungen stellen müssen.

Identifizierung der persönlichen Erfordernisse

Die vielleicht größte Herausforderung für Elefanten ist die Anforderung, sich über die Erfordernisse klar zu werden. Diese Aufgabe umfasst sowohl den eigenen Erfordernissen gerecht zu werdem, als auch den Erfordernissen der Leit-Giraffen und der Organisation entgegen zu kommen. Das ist lebenswichtig. Solange der Elefant, die Organisation und die Leit-Giraffe ihren Erfordernissen gerecht werden können, ist es auch wahrscheinlich, dass sie zusammenbleiben. Sollte eine oder mehrere der Parteien zu dem Schluss kommen, dass diese Erfordernisse nicht erfüllt werden können, wird eine Partei zu gehen haben, und das ist meist der Elefant.

Um die Erfordernisse zu identifizieren, müssen Elefanten bei sich selbst anfangen. Sie müssen sich fragen: „Welches sind meine fundamentalen Erfordernisse?" Das bedeutet aber auch, dass sie das, was sie nur als „angenehm" empfinden, aussortieren müssen: d. h. ihre persönlichen Präferenzen, Bequemlichkeiten, Gewohnheiten. Mit einem hypothetischen Beispiel möchte ich diesen Unterschied illustrieren.

Nehmen Sie an, Sie wollen sich beruflich umorientieren. Sie erfüllen, dank einer Fortbildung, die üblichen Erfordernisse für eine gehobene Technikerstelle. Jetzt suchen Sie nach einer Möglichkeit, Ihren frisch erworbenen Kompetenzen den Feinschliff zu geben. Sie glauben, dass es das Beste wäre, wenn Sie unter einem kompetenten und angesehenen Technikermeister arbeiten könnten.

Sie arbeiten gerne an Ihrem jetzigen Arbeitsplatz. Die Leute sind freundlich und es herrscht eine lockere Unternehmenskultur. Ihnen gefällt auch die Tatsache, dass Sie zu Fuß zur Arbeit gehen können. Sie bewerben sich dennoch auf eine in Ihrem neuen Gebiet ausgeschriebene Position und Ihnen wird die Stelle angeboten. Einerseits ist das perfekt. Es wird Ihnen erlauben, unter einer angesehenen Führung zu arbeiten. Aber es hat auch seinen Preis. Die Stelle ist auf der anderen Seite der

Stadt und Sie erfahren, dass der Technikermeister als äußerst reizbar verschrien ist.

Wenn Sie Ihre Erfordernisse richtig identifiziert haben, müssen Sie die Stelle annehmen. Nette Leute sind eine Präferenz, eine nahe Arbeitsstelle eine Bequemlichkeit. Die einzige echte Erfordernis sollte die Möglichkeit sein, unter einer guten Führung arbeiten zu können.

Die Entscheidungen mögen sich ändern, die grundlegenden Prinzipien bleiben die gleichen. Die wenigsten Jobs – und alles was sonst noch in diesen Bereich fällt – befriedigen alle unsere Wünsche. Die Hauptaufgabe ist also, die Erfordernisse zu identifizieren, d. h. die Dinge herauszufiltern, die elementar sind.

Das ist für keinen leicht, aber es ist für Elefanten in einem Giraffenhaus schwieriger als für ihre Giraffenkollegen. Zum einen werden sie, wenn sie den Job bekommen wollen, einige ihrer persönlichen Züge unterordnen müssen. Und wenn sie die Stelle bekommen haben, wird nicht selten von ihnen erwartet werden, dass sie weitere Gewohnheiten aufgeben, um sich noch besser einpassen zu können. Die meisten Firmen und Leit-Giraffen schätzen Assimilierung und zeigen nur wenig Interesse daran, sich auch noch mit Unterschieden abzugeben.

Assimilierung kann für Elefanten schwierig sein. Einige reagieren auf diese Anforderung, indem sie vor sich selbst und anderen die Existenz von Unterschieden verleugnen. Verleugnung spielt zum Beispiel dann eine Rolle, wenn sich Elefanten, die sich in Rasse oder Herkunft unterscheiden, darauf versteifen, sie hätten nicht von affirmativen Aktionen profitiert. Würden sie einen solchen Vorteil zugeben, würden sie auch ihren Elefanten-Status zugeben, einen Status, den sie nur zu gern zu verbergen suchen.

Zwei der interviewten Elefanten legten davon ein Beispiel ab. Ray (Kapitel 6) spielt die rassischen und ethnischen Unterschiede herunter. Das gehört zu seiner Art von Strategie, seine Karriereziele zu erreichen. Bis zum damaligen Zeitpunkt war seine Strategie erfolgreich. Als Mark (Kapitel 7) zu seiner neuen Firma kam, hatte er große Erwartungen, und er machte sich keine Gedanken über die Diversity-Materie, die ihn dort erwarten würde. Diese Entscheidung war während des Anfangsstadiums durchaus sinnvoll. Mark brachte gute Leistung, und die Firma entschädigte ihn finanziell. Erst als er befördert werden wollte, tauchten zu Marks großem Unbehagen die Unterschiede in Bezug auf die sozialen Erfordernisse auf.

Eine weitere Herausforderung besteht für Elefanten in der Identifizierung von persönlichen Erfordernissen: d. h. der Notwendigkeit, sich selbst zu prüfen. Viele Leute, ob Elefant oder nicht, lassen es an Übung und Kompetenz in der Introspektive fehlen. Vor allem junge Elefanten nehmen sich nur sehr widerwillig die Zeit zur Eigenschau. Sie glauben, dafür zu wenig Zeit zu haben, weil sie so viel anderes zu tun hätten. Deswegen sind sie von anderen abhängig, die ihnen sagen, wo ihre Erfordernisse liegen. Sie werden ihren Irrtum erst zugeben, wenn die Umstände klar werden lassen, dass sie ihren eigenen Erfordernissen nicht gerecht geworden sind. Richard (Kapitel 8) ist hierfür ein Beispiel. Es brauchte den Verlust von Freunden in einem traumatischen Ausmaß und ein tiefgreifendes Erwachen seinen historischen Wurzeln gegenüber, bevor er seine eigenen Erfordernisse definieren lernte. Auch Carol richtete ihr Augenmerk erst auf ihre eigenen Erfordernisse, nachdem sie enttäuscht worden war.

Elefanten müssen sich kontinuierlich fragen: „Wer bin ich? Wohin gehe ich? Wer und was will ich werden?" Die, die sich diese Fragen nicht regelmäßig stellen, werden eines Tages mit einem Schock feststellen müssen, dass sie die Person, die sie geworden sind, nicht wiedererkennen oder nicht mögen.

Identifizierung der Erfordernisse anderer und Identifizierung der Organisationserfordernisse

Als wäre die Identifizierung der Erfordernisse und Erwartungen nicht schon Herausforderung genug, müssen Elefanten auch noch die ihrer Organisation und der Leit-Giraffen identifizieren. Die Erfahrungen von Mark, Debra (Kapitel 7) und Joan (Kapitel 8) zeigen, wie schwierig das sein kann.

Mark und Debra entdeckten die sozialen Erfordernisse erst, nachdem sie schon eine Zeit in ihren jeweiligen Firmen gearbeitet hatten. Debra ist sich immer noch nicht im Klaren darüber, was denn ihre Organisation und ihre Vorgesetzten von ihr erwarten. Marks Firma hat diese Erfordernisse zwar kommuniziert, aber er hatte ihnen keine Beachtung geschenkt. Debras Firma war nicht so explizit. Joan versuchte krampfhaft herauszubekommen, was Frauen in ihrer Organisation und bei ihren Vorgesetzten gestattet war. Sie spürt, dass ihre Fehlinterpretation der

„geschlechtsrelevanten Regeln" sie vom Erreichen ihrer früheren Ziele abgehalten hat.

Noch komplizierter wird die Sache, wenn sich die Erfordernisse der Leit-Giraffe von denen der Organisation unterscheiden. Der Wunsch von Debras Teamleiterin nach Intimität ist eher persönlicher als organisationeller Natur. Mark ist sich nicht sicher, ob die Wohlbefindlichkeits-Erfordernis bei Beförderungen auf seine Vorgesetzten oder auf die Organisation zurückgeht. Das ist eine wichtige Frage, weil von ihrer Beantwortung abhängt, wieviel Vertrauen er in seinen eigenen Aufstiegsprozess setzen kann.

Was steckt hinter diesem generellen Dilemma der Elefanten? Ein Hauptproblem liegt darin, dass Manager ihre eigenen Erfordernisse und die ihrer Firma oft nicht klar darlegen und vermitteln. Die Kommunikationsfähigkeit von Managern erweist sich oft als sehr beschränkt, und sie sind, was die Sache noch schlimmer macht, im Umgang mit Leuten, die anders sind als sie, meist sogar völlig überfordert. Aufstrebende Giraffen sind fähig, Erfolgserfordernisse schneller wahrzunehmen als Elefanten; sie haben einfach mehr Erfahrung in der Interpretation von Andeutungen.

Wie sollen sich Elefanten diese Organisationserfordernisse beschaffen? Sie müssen alle erreichbaren Werkzeuge zur Erlangung der nötigen Informationen nutzen: Schriftmaterialien, Unterhaltungen und Beobachtung von Verhaltensweisen. Und sie dürfen nicht jede Information als bare Münze nehmen. Ihre Aufgabe ist es, die Wahrheit und Wirklichkeit über das Aufdecken der Unstimmigkeiten herauszufinden. Sie dürfen aber nicht glauben, dass der Mangel an Offenheit bedeutet, dass jemand ihren Erfolg sabotieren will. Sie sollten stattdessen tiefer bohren, um eine Konstanz zu entdecken, von der aus man dann auf die Erfordernisse schließen kann.

Positiver Umgang mit der Qual der Wahl

Auch Elefanten, die die Erfordernisse verstehen und die sich in ihren Entscheidungen danach richten, können Schwierigkeiten damit haben, voll und ganz hinter diesen Entscheidungen zu stehen. Elefanten, die sich in Rasse, Herkunft und Geschlecht unterscheiden, ernten oft negative Reaktionen von Seiten ihrer Elefanten-Kollegen und -Kolleginnen. Frauen sehen sich mit spitzen Fragen über die Kinderbetreuung konfrontiert. Schwule und Lesben werden wegen ihrer zu großen oder zu geringen Offenheit in Bezug auf ihre sexuelle Veranlagung getadelt.

Erschwerend kommt hinzu, dass sich die Assimilierungsregeln während der letzten zwei Jahrzehnte stark verändert haben. Ansichten und Handlungen, die früher noch als wichtig angesehen wurden, können heute zur Zielscheibe von Hohn und Spott werden. Gerade älteren Elefanten in herausragenden Stellungen kann es passieren, dass sie sich aufs Abstellgleis geschoben fühlen, wenn jüngere Elefanten ihren Rat ignorieren und der Assimilierungsentscheidung der Älteren nur Spott entgegenbringen.

Ray, Richard und Carol sind Beispiele für dieses tückische Dilemma. Rays Profitieren von affirmativen Aktionen hat einen Graben zwischen ihm und seinen mexikanischen Kollegen geschaffen. Er hat zwar bis heute nicht seine Meinung geändert, ist sich aber ihrer Missbilligung bewusst. Sollte er weiter aufsteigen, wird dieser Riss in seiner Glaubwürdigkeit noch größer werden. Richards empfindet den Druck nicht auf Grund seiner Kollegen, sondern ihn belastet seine eigene Verpflichtung sowohl gegenüber dem Kampf der Schwarzen und als auch dem der Homosexuellen. Er leidet unter seinem inneren Bedürfnis nach Glaubwürdigkeit. Und Carol ist sich der Grenzen und des möglichen Preises einer Totalassimilierung bewusst geworden.

Fremde Agenden und ihre Auswirkungen

Elefanten, die fremde Agenden annehmen, werden seltener effektive Diversity-Respondenten werden und seltener zu Erfolg in ihrer Organisation kommen können, als die, die einen Bogen darum machen. Ziel von Unternehmen ist grundsätzlich, Profit zu machen. Alles andere ist nur Zierwerk. Elefanten vergessen das oft in ihrer Not. Deshalb steht auf der Agenda von Diversity-Management auch ausdrücklich nichts über eine soziale Agenda geschrieben. Ihr Augenmerk gilt dem Erreichen von organisationellen Zielen. Hierfür versucht sie, den Zugang aller Talente zu ermöglichen.

Diversity-Management schwingt sich zum Beispiel nicht zum Verteidiger der Rechte von Homosexuellen und Frauen auf. Es ruft auch nicht nach Entschädigungen für schwarze Amerikaner für während der Zeit der Sklaverei begangenes Unrecht. Sein Ruf gilt der Forderung, sich, unabhängig von deren sexuellen Orientierung, Geschlecht oder Rasse, Zugang zu Talenten zu verschaffen, solange es sich nicht als schädlich für die Organisationserfordernisse erweist.

Verwirrung besteht meist in Bezug auf die Konzepte, Unterschiede zu feiern und zu schätzen. Diversity-Management ruft weder nach dem einen noch nach dem anderen. Stattdessen verlangt es, dass Unterschiede, die nicht im Konflikt mit den Organisationserfordernissen stehen, anerkannt, akzeptiert und verstanden werden. Aber es verlangt nicht, dass Unterschiede oder Eigenschaften generell geschätzt oder gefeiert werden.

Das bedeutet nicht, dass Elefanten sich nicht auch weiterhin für Sachen, die ihnen wichtig sind, einsetzen sollen. Es bedeutet nur, dass sie sie der entsprechenden organisationellen Agenda zuordnen müssen. Elefanten die wollen, dass auch ihre Agenda im Betrieb unterstützt wird, müssen einen Weg finden, sie in die Mission und die Prioritätenliste des Unternehmens einzupassen. Schaffen sie das nicht, werden sie kaum auf die Unterstützung ihrer Firma rechnen können.

Der Daseinszweck von profitorientierten Unternehmen besteht nicht darin, soziale Belange voranzutreiben. Elefanten, die das nicht sehen, werden unweigerlich frustriert werden. Richard erlebt diese Frustration immer wieder. Sein Wunsch nach Überwindung der Unterdrückung und Diskriminierung von Schwarzen und Homosexuellen ist so stark, dass er diese Angelegenheit zu einer entscheidenden persönlichen Erfordernis gemacht hat. Aber oft können ihn die Ergebnisse nicht befriedigen. Es fällt ihm schwer zu begreifen, dass seine Belange den zentralen Zielen seines Unternehmens fremd sind.

Um diese Enttäuschung zu mindern, hat Richard zwei Möglichkeiten. Er kann sich ehrenamtliche Tätigkeiten außerhalb suchen, die ihm ein Vorantreiben seiner Belange erlauben. Er kann seinen Vorgesetzten das wirtschaftliche Motiv – d. h. den fundamentalen Gewinn – einer auf Eingliederung ausgerichteten Mitarbeiterpolitik und eines das Diversity-Management fördernden Umfeldes vermitteln. Es ist die Sprache des Gewinns, nicht die der Belange, die am ehesten gehört werden wird.

Den Elefanten-Trumpf spielen

Nichts verkompliziert den Diversity-Reifeprozess mehr, als wenn Elefanten aus „geschützten" Gruppen die „Ismen-Karte" spielen. Sie spielen diesen Trumpf, wenn sie sehen, dass ihr Elefanten-Status der bestimmende Faktor in einer Situation ist. Dieser Trumpf heißt nichts anderes als der Ausspruch: „Weil ich Elefant in einem Giraffenhaus bin, werde ich benachteiligt."

Elefanten, die sich auf diese Haltung versteifen, dürfen sich auf Widerspruch gefasst machen. Viele sind heute in den USA davon überzeugt, dass Diskrimierung und anderes dieser Art der Vergangenheit angehört. Sie glauben, dass der Staat alles Menschenmögliche für die Opfer von Diskrimierung getan hat. Über die noch bestehenden Probleme wollen sie nichts hören.

Wann also kann man als Elefant seinen Elefanten-Trumpf ausspielen? Die Antwort hängt davon ab, ob die Situation privater oder öffentlicher Natur ist. Je nach Umfeld ändern sich auch die Regeln.

Wenn Elefanten sich Gedanken über ihre eigene Situation machen, ist es sinnvoll, zuerst einmal davon auszugehen, dass Schwierigkeiten in einem Giraffenhaus unvermeidlich sind. In der Tat werden diese Schwierigkeiten am besten aus der Perspektive eines Elefanten verstanden. Elefanten sollten diesen Trumpf deshalb für den Gebrauch bei der persönlichen Reflexion und Analyse bereithalten – zum Beispiel wenn sie Strategien für sich entwickeln, wie sie ihre Effektivität als Elefant für die Zeit im Giraffenhaus steigern können. Bei ihrer Suche nach Gründen und Lösungsmöglichkeiten von eigenen Problemen ist eine Überbetonung des Elefanten-Status Irrsinn. Ebenso dumm wäre es aber auch, die Möglichkeit, dass ein Ismus am Werke ist, gänzlich zu übersehen.

Der Gebrauch des Elefanten-Trumpfes in der Öffentlichkeit gestaltet sich weitaus komplexer. Elefanten sollten nicht zögern, den Trumpf in der Öffentlichkeit auszuspielen; nämlich dann, wenn er tatsächlich die Gegebenheiten, mit denen sie sich konfrontiert sehen, reflektiert und wenn er ihnen aller Wahrscheinlichkeit nach zu einem gewissen Fortschritt in der Sache verhelfen kann. Er kommt dann dem Ruf nach einem Richterspruch gleich. Elefanten, die das machen, sollten sich aber auf heftige Reaktionen gefasst machen. Weder Einzelpersonen noch Organisationen haben große Sympathie oder Mitgefühl für die, die für sich den Opferstatus in Anspruch nehmen. Giraffen erleben den Gebrauch dieser Karte oft im Zusammenhang mit Anschuldigungen und Angriffen gegen ihre Person. Und Giraffen können mit Anschuldigungen und Diskriminierung nur schwer umgehen.

Sowohl im privaten als auch im öffentlichen Rahmen ist Vorsicht angebracht. Elefanten, die automatisch an einen Ismus oder an Vorurteile von Seiten anderer denken, und die glauben, dass ihre negativen Erfahrungen alle auf ihren Elefanten-Status zurückzuführen sind, schaden sich nur selbst.

Umgang mit Wut

Die Energie, die Giraffen aufwenden, um solchen Anschuldigungen erfolgreich zu begegnen, schafft ein weiteres Hindernis für Elefanten, die effektive Diversity-Respondenten werden wollen. Denn sie fördert und heizt die Wut an, deren Existenz für Elefanten nur zu wahr ist, die aber von anderen als illegitim angesehen wird.

Wut taucht immer dort auf, wo Belange und Bedürfnisse von Elefanten unbeantwortet oder ungelöst bleiben. Das ist vor allem dort wahrscheinlich, wo einzelne Giraffen (zu Recht oder zu Unrecht) jede Verantwortung für die betreffenden Punkte ablehnen.

Was machen Elefanten mit der Wut, die von den anderen nicht anerkannt oder zugestanden wird? Es gibt hierfür kein Rezept. Aber es gibt einige mögliche Strategien, die unter Umständen erfolgreich sein können. Kompetente Elefanten nutzen oft Verleugnung oder Unterdrückung. Verleugnende Elefanten reden die Bedeutung der Ursache ihrer Wut klein und reduzieren so das Ausmaß der Aufmerksamkeit, die sie sonst in einer entsprechenden Situation aufwenden müssten. Unterdrückende Elefanten verdrängen ihre Wut und die wutauslösenden Umstände aus ihrem Sinn. Eine andere erfolgversprechende Option ist die, sich emotional von der Organisation zu distanzieren, indem man die Erwartungen herunterschraubt.

Debra und Richard zeigen einige dieser erfolgversprechenden Mechanismen. Debra unterdrückt ihre Wut, vor allem weil ihre familiären Verpflichtungen diese Reaktion erfordern. Es ist nicht klar, ob sie auch weiterhin so verfahren wird. Richard meistert zur Zeit seine Wut, indem er seinen Belangen Vorrang einräumt und so seine Wut konstruktiv umsetzt. Mark reagiert auf seine Wut durch die Androhung zu kündigen.

Die Wut als legitim zu akzeptieren und sie anzunehmen kann ein entscheidender Schritt nach vorne sein. Vielen Elefanten fällt dieser Schritt schwer. Die schlechteste Option ist aber immer noch die, das Thema überhaupt nicht anzugehen. Das kann dann zu ernsten emotionalen und körperlichen Schäden führen.

Richtlinien zum Umgang mit den Herausforderungen

Verantwortung übernehmen

Den bedeutendsten Schritt, den Elefanten machen können, um effektive Diversity-Respondenten zu werden, ist der, die Verantwortung für die eigene Situation zu übernehmen. Sie müssen die Verantwortung für ihre Entscheidungen im Hinblick auf die Erfordernisse akzeptieren, auch wenn sie glauben, nur wenig Kontrollmöglichkeiten zu haben.

Das ist zugegebenermaßen sehr schwierig. Es ist für Elefanten viel leichter, ihrer Organisation oder ihren Vorgesetzten die Schuld für ungenügendes Diversity-Management zu geben und sich auf die Punkte zu versteifen, in denen sich ihr Arbeitsumfeld negativ auf ihre Entwicklung auswirkt. Es wäre zu deprimierend, wenn man glauben müsste, dass es einem selbst am notwendigen Diversity-Wissen und der Kompetenz fehlte. Und es ist zu verführerisch, sich selbst in der Opferrolle zu sehen.

In der Tat sind solche Reaktionen unter Elefanten üblich. Und zwar in allen möglichen Situationen, nicht nur in denen, bei denen es um Abstammung, Rasse oder Geschlecht geht. Auch Führungskräfte, die zum Beispiel nach der Übernahme ihrer alten Firma plötzlich in einer neuen Muttergesellschaft operieren müssen, machen alle diese Reaktionsmuster durch. Auch sie fühlen sich geschwächt, desinformiert und als Opfer von Degradierung.

Akzeptieren des Pionier-Status

Sehr viel erfolgreicher – und stimulierender! – ist für Elefanten, sich selbst als Pioniere zu sehen. So eine Geisteshaltung ist stärkend; Leute die wissen, dass sie die Vorreiter sind, können sich entsprechend vorbereiten. Wenn man darauf gefasst ist, einem Bären zu begegnen, kann man sich angemessen auf diese Erfahrung vorbereiten; eine unvorhergesehene Begegnung mit so einem Tier kann dagegen leicht zu einem traumatischen Erlebnis werden.

Viele Elefanten sind nicht genügend auf diese Pionierrolle vorbereitet. Bei manchen ist es nur ihr Mangel an Erfahrung. Sie wissen einfach nicht, was sie erwartet. Bei anderen dagegen rührt es von ihren unrealistischen Erwartungen her. Vor kurzem berichtete mir ein junger Elefant über seine Sorgen, die er sich um einen geplanten Wechsel machte: „Was kann ich denn noch tun, um eine Garantie zu bekommen, dass sich dieser Wechsel positiv auswirken wird?" Er war enttäuscht, als ich ihm sagte, dass es keine Garantien gebe. Risiken und nochmals Risiken gehören zum Leben eines Pioniers dazu.

Die vielleicht schwierigste Periode für einen Pionier-Elefanten kommt dann, wenn er schon einige Erfolge innerhalb einer Organisation einfahren konnte. Je mehr Elefanten an Autorität, Verantwortung und Status gewinnen, desto eher vergessen sie, dass es draußen immer noch Bären gibt. Joan hat erfahren müssen, wie gefährlich dieses Vergessen sein kann. Pionier-Elefanten können sich nie ausruhen. In den höheren Ebenen sind der Gefahren nicht weniger als in den unteren. Es ist immer noch ein Giraffenhaus.

Wie können Elefanten die Herausforderungen der Pionierarbeit meistern? Der erste entscheidende Schritt ist der zu erkennen, dass sie Pioniere sind. (Nicht alle Elefanten sind Pioniere, noch sind alle Pioniere Elefanten.) Rasse, Geschlecht, Volkszugehörigkeit und sexuelle Veranlagung können einem in den Sinn kommen, aber es gibt auch andere Bereiche. Wenn zum Beispiel ein Unternehmen, in dem bisher interne Beförderung an der Tagesordnung war, nun dazu übergeht, erfahrene Führungskräfte von außerhalb einzustellen, werden diese Führungskräfte zu Pionieren. Viele der früheren Voraussetzungen gelten für sie nicht. Sie werden sich prüfenden Blicken nicht entziehen können und werden mit Sicherheit zusätzlichem Stress ausgesetzt sein.

Pionier-Elefanten sollten mit anderen Pionieren innerhalb und außerhalb ihrer Organisation in eine Art Netzwerk treten und zusammenarbeiten. Sie sollten Erfahrungen und Erkenntnisse austauschen und sich gegenseitig in ihrer Funktion als Mensch, als Arbeitnehmer und als Pionier bestätigen. Das klingt einfacher als es ist. Elefanten, die sich assimilieren wollen und die auch andere dazu überreden wollen, sehen oft wenig Nutzen in so einem Elefanten-Netzwerk.

Einen Mentor finden

Die Erfahrungen von Joan, Debra, Mark und Ray zeigen, dass ein Mentor elementar wichtig dafür sein kann, dass ein Elefant den effektiven Umgang mit Diversity lernt.

Die meisten effektiven Coaching-Erfahrungen ergeben sich wahrscheinlich ganz von selbst. Dennoch sollten sich Elefanten die Freiheit zugestehen, sich selbst nach Förderern umzusehen, so wie es Debra tat, als keiner freiwillig auf sie zukam. Es wäre in der Tat ratsam, sich nach verschiedenen Förderern für die verschiedenen Bereiche umzutun, da es unwahrscheinlich ist, dass einer allein das ganze Spektrum der erforderlichen Führerschaft bieten kann.

Reife Sichtweisen entwickeln

Diversity-Reife ist zum Großteil eine Frage der Geisteshaltung. Elefanten sollten auf ihrer Suche nach Diversity-Effektivität versuchen, sich folgende Sichtweisen anzueignen:

Es gilt Diversity zu akzeptieren, auch wenn sie unerfreulich ist. Das bedeutet im Klartext, dass man auch als Schwuler und oder als Lesbe mit einem Kollegen, der einen ablehnt, auf ein gemeinsames Ziel hin arbeiten kann, oder dass Schwarze mit Rassisten und Frauen mit Chauvinisten zusammen arbeiten können, alle auf ein gemeinsames Ziel hin. Die Priorität am Arbeitsplatz liegt darin, die Organisationsziele umzusetzen, nicht die idiosynkratischen Vorurteile seiner Kollegen auszuradieren. Das bedeutet nicht, dass man inakzeptables Verhalten akzeptieren muss. Es bedeutet nur, dass man innerhalb bestimmter Grenzen bereit sein muss, anderen Zielen höhere Priorität einzuräumen.

Es ist wichtig, den unternehmerischen Entwurf im Auge zu haben. Er gibt Elefanten eine Perspektive und einen Kontext, der ihnen erlaubt, über sich hinaus zu sehen. Er schafft auch eine Art von Gemeinsamkeit mit Leuten, die man ansonsten nur als zu anders abtun würde.

Es gilt sich auf den Augenblick zu konzentrieren. Diversity-reife Elefanten richten ihr Augenmerk auf den Augenblick, nicht auf Fragen der Vergangenheit. Das heißt nicht, dass die Vergangenheit ignoriert werden soll. Es gilt vielmehr zu verhindern, dass sie unsere Anstrengungen, die gegenwärtigen Diversity-Herausforderungen zu meistern, zunichte macht.

Offensichtlich sehen sich Elefanten Herausforderungen gegenüber, mit denen sich Giraffen nicht konfrontiert sehen. Wir haben nie behauptet, es würde einfach werden. Insofern ist es tatsächlich eine angemessene Entschuldigung, wenn Elefanten anführen, dass sie einen überproportional großen Teil der Last bei der Diversity-Arbeit zu tragen haben.

Wichtig ist, dass sie daran arbeiten können. Denn sie müssen es in der Tat, wenn sie ein Maximum an persönlichem und professionellen Erfolg erreichen wollen. Die Elefanten, die den Mut haben, Pionierarbeit zu leisten, die die Hartnäckigkeit besitzen, sich trotz der unvermeidlichen Herausforderungen und Spannungen, die mit ihrem Elefantenstatus einhergehen, durchzuboxen und die die Kompetenzen und das Vorstellungsvermögen haben, wechselseitige Adaptionslösungen zu entwerfen, können mehr als nur ihren persönlichen Erfolg garantieren. Sie können es auch schaffen, ihre Organisation in Richtung Diversity-Effektivität in Gang zu setzen.

Teil 4

Giraffen in Aktion

Giraffen sind die Insider. Sie definieren, was „normal" ist und stellen die entsprechenden Regeln auf. Sie besitzen die formelle oder informelle Kontrolle. Es ist ihr Haus.

Wie bei den Elefanten ist nicht Rasse, Geschlecht oder Abstammung unbedingt ausschlaggebend für den Giraffen-Status, sondern vielmehr die Eigentumsfrage: Wer ist der Besitzer bzw. wem wird der Besitzer-Status zugeschrieben? Wir alle können je nach Zeit und Gegebenheit beide Rollen spielen, sowohl die der Giraffe als auch die des Elefanten. Und wir tun es auch!

Um den Giraffen-Status völlig verstehen zu können, brauchen wir uns nur an unsere Kindheit zurückzuerinnern. Für viele von uns fand die erste Begegnung mit „Eigentümern" auf dem Spielplatz statt, und dort mussten wir uns auch das erste Mal mit ihnen auseinandersetzen. Die „Eigentümer" waren die Kinder, die darüber bestimmten, was gespielt wurde und die über den Rang der einzelnen Spieler entschieden. Vielleicht hatten sie diesen Status, weil sie in diesem Spiel sehr gut waren, vielleicht aber auch nur, weil ihnen der Ball gehörte. In der Schule entschieden die Eigentümer darüber, was als cool zu gelten hatte. Und wie auch immer cool definiert wurde – der, der dieser Definition entsprach, dem wurde automatisch der Giraffenstatus zugesprochen.

Diese Erfahrungen gaben vielen schon frühzeitig eine Ahnung dessen, was uns unser Leben lang begleiten würde: das Dasein als Giraffe oder das Zusammenleben und Arbeiten mit ihnen.

- *Rasse, Geschlecht und Abstammung* können ein Faktor bei der Festlegung des Giraffenstatus sein, und sie sind es häufig auch. So sind in Wirtschaftsunternehmen die wichtigsten Giraffen meist weiße Männer. Aber das ist bei weitem nicht die ganze Wahrheit. Es gibt noch zahlreiche andere Faktoren, die für die Festlegung des Giraffen-Status bestimmend sind.

- *Erbe.* Leute, deren Ahnen (Familienmitglieder oder andere Personen, mit denen sie sich historisch verbunden fühlen) als Giraffen dienten, glauben manchmal, dass sie das Recht dazu haben, sich diesen Mantel überzuziehen.

- *Herausragende Leistung.* Unter bestimmten Gegebenheiten können die, die sich besonders hervortun, Giraffen-Status erlangen. Michael Jordans herausragende Leistung auf dem Basketballfeld verhalf ihm zu seinem Giraffen-Status. Aber Leistung kann auch zwei Seiten haben. Herausragende Leistungen in der Schule zum Beispiel können einen auch schnell zum Elefanten und nicht zur Giraffe werden lassen.

- *Rechtmäßige Eigentumsrechte.* Die legalen Besitzer einer Firma haben meist schon de facto einen Giraffen-Status.

- *Normerfüllung.* Die, die den von Giraffen aufgestellten Normen gerecht werden, erhalten Giraffen-Status. Wenn in einem Unternehmen die Ansicht vorherrscht, dass die ganze Macht und Entscheidungsbefugnis in Gebäude 52 ausgeübt wird, dann werden die, die dort arbeiten, zu Giraffen. Wenn die Giraffennorm nach großen, schlanken und sportlichen Menschen verlangt, werden die, die diesem Bild entsprechen, zu Giraffen.

Der Giraffen- bzw. Elefanten-Status ist nicht festgeschrieben. Menschen können in der einen Umgebung als Giraffen, in der anderen als Elefanten fungieren. Viele Faktoren wirken erst als Umkehrbild. Wenn zum Beispiel der Faktor, dass wir nicht auf einer Eliteschule waren, uns zum Elefanten macht, so bedeutet umgekehrt die Tatsache, dass jemand auf solch einer Schule war, dass ihm der Giraffen-Status zugestanden wird. Wenn man zum Elefanten wird, weil einem die Mitarbeit in einer bestimmten Funktion versagt wird, bedeutet das umgekehrt, dass die Arbeit in dieser Funktion einen zur Giraffe macht.

Das Leben als Giraffe erlaubt uns, die Herausforderungen zu vermeiden, wie sie das Leben in einem fremden Haus mit sich bringt. Es bedeutet aber nicht, dass wir eine Garantie auf alle positiven Erfahrungen hätten, vor allem dann nicht, wenn uns der Giraffen-Status einfach zugefallen ist und nicht erarbeitet werden musste.

Kapitel 10

Die assimilierte Giraffe: George

Georges Bericht

Ich bin ein weißer Mann und arbeite seit über 20 Jahren in diesem Unternehmen. Davor war ich auf dem College gewesen und hatte einen Abschluss in Rechnungswesen gemacht, war im Vietnam-Krieg und hatte bei zwei großen Firmen und der Regierung gearbeitet.

Ich bin einer der ersten Mitarbeiter in dieser Organisation hier. Ich hatte zuerst in der Buchhaltung gearbeitet und dann fünf Jahre in der internen Revision. Die nächsten elf Jahre war ich auf den unterschiedlichsten Positionen tätig. Vor etwa drei Jahren wechselte ich zum Kundendienst. Seit etwa zwei Jahren bin ich Manager der dritten Ebene. Unser Betrieb hat 150 Mitarbeiter. Acht davon sind mir direkt unterstellt.

Die Firma

In diesem Unternehmen schätzt man Integrität und Konstanz. Um hier erfolgreich zu sein, muss man voll und ganz hinter dem Weg der Organisation stehen. Man muss ihn leben und ehrlich dazu stehen. Auch sollte man gleichbleibende Leistungen bringen, weiter machen. Diese Anforderungen erfülle ich. Irgendjemand hat einmal über mich gesagt: „Was immer man auch über ihn sagen mag, konstant ist er jedenfalls." Ich glaube nicht, dass ich heute sehr viel anders bin, als zu der Zeit, als ich hier angefangen habe.

In diesem Unternehmen wird von den Führungskräften große Führungskompetenz im Umgang mit den Mitarbeitern erwartet. Es ist die Voraussetzung für Erfolg. Die Firma glaubt, dass ihre Mitarbeiter dann hervorragende Arbeit leisten, wenn jedem der Angestellten klar ist, was er oder sie zu tun hat, und wenn das Führungspersonal den Leuten die entsprechenden Mittel gibt und sie menschenwürdig behandelt. Bevor Manager an ihren eigenen Erfolg denken können, müssen sie erst zeigen, dass sie auch ihre Mitarbeiter motivieren können.

Ich glaube, dass mir mein Background dabei geholfen hat, mir diese Kompetenzen anzueignen. Ich habe schon überall in den Vereinigten Staaten und in Europa gelebt. Da wir alle drei Jahre umzogen, musste ich mich schon als Kind immer wieder neu anpassen. Einige Monate war ich einer großen Regierungsvertretung in Washington D.C. zugeteilt. Dort lernte ich, meine Angst vor dem freien Sprechen zu überwinden und auch vor einem großen Publikum den Kopf nicht zu verlieren.

Herausforderungen und Enttäuschungen

Wenn ich über etwas in diesem Unternehmen enttäuscht bin, dann über die Langsamkeit, in der es sich in Richtung Diversity bewegt. Immerhin sehe ich Anzeichen dafür, dass die Firma sich bemüht. Vor kurzem hatten wir eine Projektwoche, in der sich alles um Aktivitäten rund um Diversity drehte. Bei den Workshops waren Gruppen für Afro-Amerikaner, Lateinamerikaner und Indianer vertreten, für gelbe und weiße Amerikaner, Männer, Frauen, Schwule und Lesben. Das Organisatorenteam hatte die gleiche Zusammensetzung. Es versuchte, die Gruppen zusammenzubringen.

Für manche war das regelrecht ein Schlag ins Gesicht. Ich glaube für meine Führungskollegen war es sehr heilsam – sie konnten Training gut gebrauchen. Mir tat es vor allem gut, wieder daran erinnert zu werden, in welcher Welt wir denn so leben, und es gab mir wirklich Auftrieb zu sehen, wie sich meine Firma antrengte, um den Umgang mit Diversity im Allgemeinen zu lernen.

Ich fühle mich ziemlich stark auf diesem Gebiet. Für mich bedeutet Diversity, keine Schranken aufzubauen. Es bedeutet, dass wir alle gleich sind. Es bedeutet, das es keine Rolle spielt. Es bedeutet, dass ich jemanden als Individuum respektiere. Es bedeutet, dass alle die gleiche Chance bekommen. Es bedeutet, dass ich gern die Welt ändern würde, aber nicht weiß wie.

Ich sehe die Herausforderungen, denen sich unsere farbigen Mitarbeiter zu stellen haben. Ich glaube aber, dass die Leute gleichen Lohn für gleiche

Die assimilierte Giraffe: George

Arbeit erhalten. Wir haben auch einige Anstrengungen unternommen, um bessere Aufstiegsmöglichkeiten für Frauen zu schaffen. Mitarbeitern, die über sechzig sind, wird nahegelegt, ihre Position als Abteilungsleiter aufzugeben. Vor einigen Jahren hat die Firma eine besondere Anstrengung unternommen, um die freiwerdenden AL-Stellen mit Frauen zu besetzen.

Minderheiten erging es nicht so gut. Vor gar nicht langer Zeit kam ein Personalvertreter zu mir. Er sagte mir, dass er die größten Schwierigkeiten habe, eine genügend große Anzahl an Minderheitenvertretern zusammenzukratzen, um die Organisation nicht wie eine Abteilung des KuKluxKlan aussehen zu lassen. Ich glaube, das liegt daran, dass unser Vorsitzender und die ALs schon immer Weiße waren und wohl auch immer sein werden. Außerdem gab und gibt es eine Art Ehemaligen-Netzwerk, das einen großen Einfluss auf unsere Abteilung Südost ausübt. Erst als vor ein paar Jahren der Vorstand wechselte, wurde man sich bewusst, dass wir nicht einmal die Vorgaben des staatlichen Diversity-Programmes einhalten konnten. Diese Situation macht mich nicht gerade glücklich. Ich würde mir mehr Verschiedenheit in der Zusammensetzung meiner Mitarbeiter wünschen.

Manchmal mündet eine beherzte Bewegung in richtigen Fortschritt. Unserem vorausschauenden Vice President gelang es, die Stelle des Geschäftsbereichsleiters mit dem qualifiziertesten Minderheiten-Vertreter, den er überhaupt finden konnte, zu besetzen. Er musste bis weit in den Norden fahren und diesem Mann ein Angebot machen, das er praktisch nicht ablehnen konnte, um ihn hierher in diese Südstaaten-Stadt locken zu können. Ich bin mir nicht sicher, ob sich meine Kollegen mit dieser Entscheidung wohl fühlen. Denn auf Grund dieser Initiative des Vice President arbeite ich nun unter einem Amerikaner asiatischer Abstammung. Aber für mich ist es das Beste, was mir hat passieren können, und ich bin absolut glücklich darüber.

Ich habe das schon seit Jahren gepredigt. Seit Jahren ärgere ich mich darüber, dass wir nicht versuchen, die höherrangigen Stellen mit Vertretern der Minderheiten zu besetzen. Ich glaube, das ändert sich nun, aber wir neigen immer noch dazu, die Quote durch Stellenbesetzungen in den unteren Lohnniveaus zu erfüllen.

Persönlicher Diversity-Background

Meine Haltung gegenüber Diversity entwickelte sich auf den verschiedenen Militärbasen, auf denen ich als Kind gelebt habe. Ich wuchs in einen ganz von Diversity geprägten Umfeld auf. Rassentrennung hatte ich nie erlebt. Den Schock meines Lebens bekam ich erst 1961, als ich in der 9. Klasse war. Wir lebten wie in einem kleinen Mikrokosmos, auf einer Fliegerbase in Nordengland. Mein bester Freund war Schwarzer. Wir waren unzertrennlich. Eines Tages holte mich mein Vater zu sich und sagte mir, dass wir in den Süden der Vereinigten Staaten versetzt werden würden. Er erzählte mir auch etwas über Rassentrennung und etwas darüber, was mich dort erwarten würde. Meine Eltern machten sich große Sorgen um mich und wie ich mit der Rassentrennung dort zurechtkommen würde. Sie hatten allen Grund dazu. Ich war auf einer High School im Süden, als Martin Luther King Jr. an das Eingangstor kam. Ich war schockiert über die Reaktionen meiner Klassenkameraden auf sein bloßes Auftauchen hin.

Was konnte ich tun? Die Leute hier wollten gar nicht wissen, was ich über Rassentrennung dachte. Es hätte sogar gefährlich werden können, wenn ich meine Überzeugungen zu laut geäußert hätte. Ich musste mich zurücknehmen. Ich musste mit einer schizophrenen Persönlichkeit leben lernen, wenn ich in dieser Gemeinde überleben wollte.

Umgang mit Unterschieden

Es gibt Unterschiede, mit denen auch ich meine Probleme habe, aber ich glaube, ich habe verstanden, dass Leute letztendlich nur das Endprodukt ihres Lebens sind. Wenn man zum Beispiel in Armut aufwächst und nur eine minderwertige Erziehung erhält. Wenn man ohne ein normales familiäres Umfeld aufwachsen muss, was immer heutzutage auch normal bedeutet. Wenn man von nur einem Elternteil großgezogen wird. Wenn man nicht weiß, wo man die nächste Mahlzeit herkriegt oder wenn sich niemand für die Erfolge in der Schule interessiert und man in einer Umgebung aufwächst, die alles andere als intakt ist: Dann wird man ganz andere Ansichten dem Leben gegenüber haben, als ich sie habe.

Doch selbst wenn jemand in einer Umgebung aufwächst, die der meinen identisch ist, aber sich in seiner Kultur und Religion unterscheidet, wird

Die assimilierte Giraffe: George

er andere Ansichten dem Leben gegenüber haben als ich. Dieser Einblick in die Unterschiedlichkeit kann einem helfen, erfolgreich zu sein.

Mich machen vor allem Leute rasend, die irgendwelche Dinge sagen, ohne sie vorher durchdacht zu haben. Ich achte auf die Details und lasse mir bei meinen Entscheidungen Zeit. Wenn es sich um eine wichtige Frage handelt, sitze ich sie richtiggehend aus. Die besten Gedanken kommen mir, wenn ich den Spruch ‚Eile mit Weile‘ beherzige. Ich mag kein schludriges Denken. Auch wenn ich sage, dass ich eine gesunde Mischung von unterschiedlichen Leute will, lege ich trotzdem Wert darauf, dass meine Leute auf die Detailfragen achten.

Unterschiede herausarbeiten

Ich frage mich oft, was ich in diesem Unternehmensumfeld noch hätte tun können, um mehr aus den Unterschieden zu machen. Ich habe nie ein Blatt vor den Mund genommen, wenn es darum ging, meinen Kollegen klarzumachen, dass wir mehr Diversity brauchen. Warum strengen wir uns nicht mehr an?

Ich habe versucht, meinen Teil dazu beizutragen und bei einigen schwarzen Mitarbeitern hatte ich auch schon schöne Erfolge zu verzeichnen. Ein früherer Vorgesetzter hatte zu mir gesagt: „Sie können solche Leute nicht einstellen. Die nehmen doch alle Drogen." Ich habe ihn ignoriert und habe einen schwarzen Kriegsveteranen eingestellt. (Ich habe eine Schwäche für Veteranen.) Dieser Mann hatte vorher als Barkeeper gearbeitet. Ich stellte ihn für die niedrigen Dienste ein. Dann gab ich ihm einen alten PC. Er brachte sich selbst den Umgang mit dem Computer bei, lernte weiter und schaffte später den College-Abschluss.

Heute ist er sehr erfolgreich. Er hat gerade eine schöne Beförderung bekommen. Das erste was ich tat, als ich davon hörte, war, dass ich zu ihm ging, ihn umarmte und ihm auf die Schulter klopfte. Wenn ich durch das Gebäude gehe, treffe ich immer wieder auf Leute, die ich vor Jahren eingestellt hatte und die Erfolg hatten und inzwischen in die Einstiegspositionen aufgerückt sind. Wenn es einen Maßstab für meinen Erfolg gibt, dann ist es das. Wenn ich die Gelegenheit hatte, zur Diversity dieser Firma beizutragen, habe ich sie auch genutzt.

Leider kam mir erst in den letzten zwei oder drei Jahren der Gedanke, dass ich ja die Macht hätte, mich auch für die Eingliederung von Diversity in den höheren Ebenen einzusetzen. Ich weiß schon, was ich gerne tun würde, aber irgendwie fühle ich mich nicht frei.

Es war einfach zu selten der Fall gewesen, dass jemand eine Führungskraft von außerhalb eingestellt hat. Hin und wieder stellt jemand in seiner Verzweiflung irgendeinen Leiter von außerhalb ein. Aber in der Regel fangen die Leute hier auf der untersten Ebene oder als technische Hilfskraft an. Unsere Auswahl an Kandidaten aus Minderheitengruppen, die für eine Beförderung in Frage kämen, ist nicht gerade groß und unsere Anstrengungen, die wenigen Mitarbeiter, die wir glücklicherweise haben, an die Firma zu binden, nehmen sich eher bescheiden aus.

Vor einer Weile hatte ich zwei gute Stellen zu besetzen, die beide schöne Sondervergünstigungen beinhalteten. Ich brauchte zwei Leute: einen mit ganz spezifischen Kompetenzen, den anderen mit eher allgemein angelegten Kompetenzen. Da es sich um eine interne Stellenvergabe handelte, musste ich mich bei der Vergabe auf die Human-Resources-Leute verlassen. Mir wurde kein einziger schwarzer Bewerber vorgestellt.

Jetzt ist wieder eine Stelle frei und wieder besteht keine Hoffnung, dass sie von außerhalb besetzt werden könnte. Es gibt auch keinen Pool verschiedenartiger Talente innerhalb der Firma, aus dem ich schöpfen könnte. Es ist einfach frustrierend.

George als kompetenter Diversity-Respondent

George ist enttäuscht über den Fortschritt seiner Organisation bei der Einstellung und Beförderung von Minderheiten. Er hat sich in letzter Zeit darüber Gedanken gemacht, ob er tatsächlich alles ihm mögliche getan hatte, um diese Situation zu ändern. Im Prinzip ist er recht zufrieden mit den Beiträgen, die er geleistet hat. Er vermerkt, dass sein Background ihn für die Arbeit in einem diversen Umfeld prädisponiert hat. Und er berichtet, dass er schon einigen Erfolg bei der Einstellung von schwarzen Mitarbeitern verbuchen konnte.

George berichtet, dass er, im Gegensatz zu seinen weißen Kollegen, die Einstellung eines qualifizierten Minderheitenvertreters für die Stelle seines Vorgesetzten begrüßte und er sagt, dass er keinerlei Pobleme damit hat, unter einem Mann aus einer Minderheitengruppe zu arbeiten.

Georges Diversity-Reife

Akzeptieren von Verantwortung

George setzt sich zwar ernsthaft für Diversity (wie er sie definiert) ein, aber er schließt sich selbst nicht ein in die Mischung. Er ist stolz über die kürzlich unternommenen Anstrengungen seiner Firma in puncto Diversity-Training. Dabei geht er aber von der Annahme aus, dass vor allem die anderen Training nötig hätten, nicht aber er. Er würde gerne die Diversity (wieder wie er sie definiert) in der Belegschaft vergrößern, glaubt aber, dass er durch die Firmenpolitik daran gehindert wird. Kurz gesagt, verantwortlich für die Mängel seiner Firma in Bezug auf Diversity sind, laut George, die anderen und die Unternehmenspolitik ganz allgemein. Sämtliche Probleme, so glaubt er, resultieren aus Entscheidungsfindungen, die sich seiner Kontrolle entziehen.

Demonstrieren von situativem Verständnis

Wissen um die Organisation. George versteht die Erfolgsregeln in seiner Organisation: Man muss „voll und ganz hinter dem Weg der Organisation stehen". Er steht nicht nur ganz hinter den Vorgaben seiner Organisation. Man kann auch davon ausgehen, dass er, als einer der ersten Mitglieder dieses regional agierenden Werkes, aktiv an deren Ausarbeitung beteiligt war. Zu einem großen Teil ist er mit seiner Organisation und der Position, die er dort hat, sehr zufrieden.

Die wirtschaftliche Motivation. George identifiziert sich sehr stark mit dem Weg seiner Firma. Es ist also nur allzu wahrscheinlich, dass George echte Diversity bereitwillig annehmen wird, wenn er erst erkennt, inwieweit seine Firma davon profitieren kann. Das kann ihm gelingen, wenn er die derzeitigen äußeren Gegebenheiten seines Unternehmens in Betracht zieht und überlegt, wo Flexibilität, geistige Beweglichkeit und Kreativität benötigt werden. Vielleicht entdeckt er dann zum Beispiel auch, dass es eben nicht detailversessene Mitarbeiter sind, die sein Unternehmen braucht, sondern vielmehr geistreiche Vordenker. George sollte die anderen Manager ermutigen, sich ebenfalls über diese Fragen Gedanken zu machen. Er wird die Unterstützung seiner Organisation in Bezug auf Diversity viel eher bekommen, wenn er klarstellt, dass die Überlebensfähigkeit der Firma auf dem Spiel steht.

Konzeptionelle Klarheit hinsichtlich Diversity. George hat noch keine Erfahrungen mit echter Diversity. Wie viele andere auch, setzt er Diversity mit Quotenrepräsentation und Eingliederung gleich. Wenn er sagt: „Wenn ich eine Gelegenheit hatte, zur Diversity dieser Firma beizutragen, habe ich sie auch genutzt", heißt das nur, dass er Leute aus anderen demografischen Schichten eingestellt hat.

Dieses Verständnis von Diversity führt dazu, dass er einen Ansatz allein über affirmative Aktionen zu finden versucht. Dieser Ansatz geht davon aus, dass weiße Männer die Norm sind; nur die anderen sind verschieden. Er setzt auch voraus, dass die, die eingegliedert werden, ihre Andersartigkeit draußen vor der Tür lassen. Dadurch wird unabsichtlich die Diversity abgeschreckt, die doch eigentlich von ihren Befürwortern angestrebt wird.

Klarsicht in Bezug auf die Erfordernisse

Vor allem Männer, die sich in hohem Maße ihrer Organisation verpflichtet fühlen, haben Probleme damit, zwischen den Präferenzen, Bequemlichkeiten und Traditionen ihrer Firma einerseits und den echten Erfordernissen andererseits zu unterscheiden. Sie neigen dazu, die Entscheidungen der Führung für einen bestimmten Kurs per se schon als Erfordernis zu definieren. Das lässt wenig oder gar keinen Raum für echte Diversity.

„Auch wenn ich sage, dass ich eine gesunde Mischung von unterschiedlichen Leuten will," ist George schnell bereit zu sagen, „lege ich trotzdem Wert darauf, dass diese Leute auf die Detailfragen achten." Damit definiert er die beschriebene Kompetenz als Erfordernis.

Dennoch spürt George etwas von seinem Gefangensein in dieser konzeptionellen Falle. So würde er gerne zwei attraktive neue Posten mit „diversen" Mitarbeitern besetzen, aber innerhalb der Firma findet er keine qualifizierten schwarzen Bewerber und die Suche außerhalb der Firma wird ihm verwehrt. Obwohl ihm die Tatsache missfällt, akzeptiert er diese Vorbedingung. Es scheint ihm nicht in den Sinn zu kommen, dass auch er sich gegen die Politik auflehnen könnte, wie es der von ihm bewunderte Vice President getan hat. Die Frage ist nicht, ob er in dieser speziellen Angelegenheit richtig oder falsch lag, sondern seine Annahme, er hätte keine kreativeren Wahlmöglichkeiten gehabt. Unternehmenspolitik geht bei ihm immer noch vor.

Die assimilierte Giraffe: George

Kontext-bezogene Einschätzung von Unterschieden

Georges Überzeugung, dass andere für den Mangel an adäquater Repräsentation verantwortlich sind, führt dazu, dass er die Diversity-Frage außerhalb seiner selbst platziert. Es führt auch dazu, dass er seine eigenen Ansichten bezüglich andersartiger Menschen nicht überdenkt.

George hat die Südstaaten noch vor der Zeit der Rassenintegration erlebt und er identifizierte sich mit dem Kampf der Minderheiten um Eingliederung. Für ihn ist Diversity eine Frage der sozialen Verantwortung – sie bekommt den Rang einer Sache, für die er und seine Firma sich im Dienste anderer engagieren müssen. Dabei scheint ihm gar nicht bewusst zu sein, dass er Unterschiedlichkeit und Elefanten-Status mit Unzulänglichkeit gleichsetzt. Er spricht zwar voll Mitgefühl über die, die „kein normales familiäres Umfeld" oder eine nur „minderwertige Erziehung" hatten, glaubt aber dabei, dass gerade diese „Minderwertigkeit" ihre Unterschiedlichkeit ausmacht.

Setzte man ihm in Bezug auf diesen Punkt die Pistole auf die Brust, würde er mit Sicherheit verneinen, dass er Leute, die andersartig sind, als in irgendeiner Weise minderwertig beurteilte. Denn das stünde im Gegensatz zu seinen Werten. Aber indem er vor dieser Tatsache die Augen verschließt, verbaut er sich selbst den Zugang zu seinen eigenen Überzeugungen in Bezug auf Diversity (auch wenn sie für andere wahrscheinlich gut sichtbar sind), und er verbaut sich die Möglichkeit einer Verhaltensänderung.

Georges Überzeugung, dass Diversity eine Frage der sozialen Verantwortung ist und seine Präferenz für Assimilation hindern ihn auch daran, die Eingliederung von Unterschieden entsprechend der wirtschaftlichen Bedeutung, die sie für die Organisation haben kann, zu beurteilen. Er geht davon aus, dass auch Menschen mit unterschiedlichen Merkmalen sich dem Unternehmensweg anpassen würden, wenn sie erst einmal Eintritt in die Organisation gefunden hätten.

Zentrale Diversity-Kompetenzen

■ *Die Fähigkeit, Diversity-Zusammensetzungen zu identifizieren.* George richtet sein Augenmerk vor allem auf eine zentrale Diversity-Zusammensetzung: die der demografischen Merkmale. Er identifiziert weiterhin Rasse, Geschlecht, Volksgruppenzugehörigkeit, Religion und sexuelle Veranlagung als bedeutende Diversity-Dimensionen. Er identifiziert implizit auch die soziale Klasse als bedeutende Zusammensetzung, nennt sie aber nur in Verbindung mit anderen primären Diversity-Dimensionen.

Außerdem wird George mit einer Zusammensetzung konfrontiert, über die er sich selbst kaum im Klaren ist: nämlich dem Gegensatzpaar von der Vorstellung, wie er Gesellschaft und Organisation gerne hätte und der Realität, die er vorfindet. Diese Zusammensetzung führt bei George zu internen Spannungen und gibt ihm ein Gefühl der Frustration und Enttäuschung.

■ *Die Fähigkeit, die Zusammensetzungen und die damit verbundenen Spannungen zu analysieren.* George stellt sich nicht routinemäßig der Frage „Welches sind, im Hinblick auf die unternehmerischen Erfordernisse, die bedeutendsten Zusammensetzungen und Spannungen?" Stattdessen benutzt er seinen eigenen Maßstab, um die Wichtigkeit von Zusammensetzungen zu bemessen. Entscheidend für seine Fähigkeit, die Organisation auf den Weg, den er sich vorstellt, zu führen, wird die Frage sein, inwieweit er identifizieren kann, welche Zusammensetzungen und damit verbundene Spannungen anzugehen sind, wenn er seiner Organisation bei der Problemlösung und der Verwertung von sich bietenden Gelegenheiten helfen will.

■ *Die Fähigkeit, eine angemessene Reaktion zu wählen.* Diversity vollzieht sich für George am liebsten durch Eingliederung von demografisch unterschiedlichen Personen (Erfüllen der Quotenrepräsentation). Verhaltens-immanente Diversity wird bei eigenen Aktionen dagegen ausgeschlossen – dies auch bei der Überlegung, welche Verhaltensweisen anderer er akzeptieren kann. Georges Entscheidung, sich ganz hinter den Unternehmensweg zu stellen, ist eine Entscheidung für Assimilierung. Er steht hinter der Unternehmenspolitik, auch wenn sie ihn oft genug frustriert. Assimilierung erwartet er auch von den Mitarbeitern, nicht nur was die Organisationserfordernisse anbelangt, sondern auch was Präferenzen, Traditionen und Bequemlichkeiten angeht.

Er erkennt seine Frustration, aber er unterdrückt seine Gefühle und macht einfach weiter. Als er sah, dass seine Klassenkameraden Integration ablehnten, unterdrückte er seine Gefühle und verhielt sich in der Öffentlichkeit, als ob nichts wäre. Ebenso unterdrückt er seine Enttäuschung über die Firma oder die mangelnde Leistung mancher

Die assimilierte Giraffe: George

Mitarbeiter und macht einfach weiter. Das Gleiche verlangt er auch von den anderen.

Georges nächster Schritt

Um zu einem effektiveren Diversity-Respondenten heranzuwachsen, muss George einen Weg einschlagen, der sich von seinem bisherigen unterscheidet. Er muss zum Pionier werden. Wenn er nur darauf wartet, dass das Unternehmen endlich einen positiven Umgang mit Diversity findet, ohne sein eigenes Verhalten zu ändern, ist die Enttäuschung unvermeidlich. Er ist es sich selbst schuldig, etwas anderes auszuprobieren.

Ein entscheidender erster Schritt wäre, neu zu definieren, was unter dem Begriff *Diversity* zu verstehen ist. Dadurch dass er die Definition von Diversity auf Eingliederung beschränkt, beschneidet er sich unnötigerweise selbst. Er könnte auch profitieren, wenn er sich das Wissen um die Unterschiede der verschiedenen Diversity-Ansätze und deren Effektivität beim Erreichen spezifischer Ziele aneignen könnte. Die affirmative Aktion und ihr Ziel, Repräsentation zu gewährleisten, ist ihm bereits vertraut. Aber da er sich jetzt in einer Position befindet, die ihm auch die Einflussnahme auf die Unternehmenspolitik erlaubt, muss er mehr über Diversity-Management lernen. Diversity-Management fängt bei der Erkenntnis an, dass Unterschiedlichkeit und Ähnlichkeit über die demografischen Grenzen hinaus zu finden sind. Und es fängt bei der Erkenntnis an, dass andersartige Menschen entsprechend ihren Gefühlen und Gedanken handeln und trotzdem den Unternehmenserfordernissen gerecht werden können.

Um seine Entwicklung hin zur Diversity-Reife vorantreiben und um die Diversity-Ziele, die er anstrebt, erreichen zu können, sollte George auch das Folgende unternehmen:

- *Die eigenen Vermutungen und Ansichten überprüfen.* Hierfür sollte er Kontakt zu Leuten suchen, die mit seinen Ansichten nicht übereinstimmen, und zwar innerhalb und außerhalb der Firma. Das wird ihm nicht nur Zugang zu Ansichten und Überzeugungen, die sich von seinen eigenen unterscheiden, verschaffen, sondern wird auch dazu beitragen, sein Wissen über die eigenen Mutmaßungen und Überzeugungen zu schärfen.

- *Die zentralen Diversity-Ansätze in ihm vertrauten Umgebungen ausprobieren.* Dies könnte ihm ein eigenes Gespür dafür geben, welche

Ansätze wo am besten zu verwenden sind, und könnte ihm einen Sinn für die Vor- und Nachteile der einzelnen Ansätze vermitteln. So könnte aus seinem rein intellektuellen Wissen ein empirisches Wissen und sogar echtes Verstehen werden.

■ *Bereitschaft zu kontinuierlichem Lernen zeigen.* George sollte seine Ansicht, er bräuchte kein zusätzliches Training, überdenken. Besonders seine Umsetzung von Diversity-Management in die Praxis befindet sich noch in der Aufbauphase. Keiner kann heutzutage mehr von sich behaupten, er brauche nichts mehr zu lernen, weil er schon alles gesehen und gemacht habe. In Wahrheit sind wir alle nur Anfänger.

■ *Ausschau nach Diversity-Vorbildern halten, die bereits erfolgreich Unterschiedlichkeit innerhalb oder außerhalb des Unternehmens unterstrichen haben.* George kennt bereits einen Mann, der sich mit der Organisationskultur konfrontiert sah und der sich erklärtermaßen und mit Erfolg davon abgesetzt hat.

Über Jahre hinweg hat George ehrlich versucht, seinem Unternehmen zu mehr Fortschritt in puncto Diversity zu verhelfen. Da die erhofften Resultate ausgeblieben sind, fühlt er sich nun entmutigt. Er muss entschiedener handeln und seine Ansichten über Assimilierung neu überdenken lernen. Sollte er sich entschließen, in diese Richtung weiter zu gehen, könnte George eine einflussreiche Komponente bei der innerbetrieblichen Veränderung seiner Organisation werden.

Kapitel 11

Die kompromisslose Giraffe: Jeff

Jeffs Bericht:

Ich bin seit zehn Jahren bei dieser Organisation. Ich bin 41 Jahre alt. In meinem Leben scheint alles ziemlich spät zu passieren. Ich habe erst mit 29 meinen College-Abschluss gemacht. Meine jetzige Stelle habe ich bekommen, da war ich schon 31. Bevor ich aufs College ging, habe ich herumgegammelt. Ich habe versucht, mich selbst zu finden und habe zahlreiche Sachen ausprobiert. Erst auf dem College kam ich auf den Geschmack mit Computern, und das mache ich seitdem.

Ich habe mir ganz gezielt diese Firma ausgesucht, weil jeder, mit dem ich mich unterhielt, mir sagte, dass es hier ein großartiges Arbeitsklima gebe, und das stimmt auch. Es ist wie eine Familie. Es ist so ganz anders als die anderen Großunternehmen, für die ich schon gearbeitet habe. In diesem Unternehmen wird der Angestellte tatsächlich noch geachtet, und es wird versucht, die Dinge recht zu machen. Es hat schon Tradition, dass das Management offen gegenüber den Problemen seiner Angestellten ist und an ihnen arbeitet.

Definition von Erfolg

Erfolg bedeutet für mich sowohl, meine Familie unterstützen zu können, als auch etwas zu tun, das ich gerne mache. Bis vor etwa drei Jahren wollte ich mich auf der Überholspur sehen. Ich war zuerst in Kalifornien – wo ich auch meine Frau kennengelernt und geheiratet habe – für die Firma tätig gewesen, kam dann aber 1993 nach Birmingham zurück.

Das folgende Jahr, 1994, wurde zu meinem persönlichen Wendejahr. Ich hatte mehr Zeit als je zuvor im Flieger verbracht, mehr Zeit auswärts, mehr Zeit in irgendwelchen Versammlungen, mehr Zeit beim Versuch die strategische Richtung der Organisation mitzubestimmen. Mit meiner Karriere ging es steil aufwärts. Doch dann passierten zwei Dinge. Das erste hing mit meiner Arbeit, das zweite mit meiner Familie zusammen.

In diesem Jahr geriet ich zum ersten Mal in ernsthaftem Konflikt mit der Firmenpolitik. Ich war einer von drei Leuten, die dafür eingestellt worden waren, eine Organisation zur Etablierung eines Software-Programms, das die Firma auf den Markt bringen wollte, aufzubauen. Da wir nur wenige Mitarbeiter zur Verfügung hatten, machten wir auch einen Großteil der ausführenden Arbeiten selbst. Ich musste zu meiner großen Überraschung feststellen, dass es Leute gab, die sich so auf ihren eigenen Weg im Umgang mit bestimmten Business-Fragen versteiften, dass sie sogar bereit waren, dafür Verzögerungen in der Software-Erstellung und die Nicht-Berücksichtigung von Kundenwünschen hinzunehmen. Zum Beispiel hatten wir zwei Frauen im Team, die immer wieder mit eigenen, schlicht nicht durchführbaren Ideen kamen. Ich versuchte, es ihnen klar zu machen. Aber als es zu schwierig wurde, meinen Standpunkt rüberzubringen, umging ich das Problem lieber, anstatt es direkt anzugehen.

Die Frauen gingen zu meinem Vorgesetzten und ich bekam in einer Beurteilung eine strenge Rüge erteilt. Es hieß, ich sei kein Team-Arbeiter. Meine Kunden mochten mich. Von ihnen bekam ich die besten Noten, die man überhaupt bekommen kann. Im Team war das nicht der Fall. Diese Erfahrung hat mir die Augen geöffnet. Ich sagte mir: „Okay, jetzt weiß ich Bescheid. Ich soll hier das politische Spielchen mitspielen und gleichzeitig noch den Kunden um den Bart gehen." Da ich dazu nicht bereit war, wurde mir der Erfolg verwehrt. Ich habe null Toleranz bei Politik. Politik ist nichts anderes als Selbstinteresse, und dieses Spiel wollte ich einfach nicht mitspielen.

Die andere große Sache, die passierte, war aber viel schlimmer. Ende 1994 wurde mein Vater krank. Zwei Monate später starb er – einfach so. Die wenigen Monate, wertvolle Zeit, die ich mit ihm hätte verbringen können, habe ich stattdessen mit dem Aufbau meiner Karriere verbracht. Diese Zeit bekomme ich niemals wieder.

Das hat mir die Augen geöffnet und ich sagte mir: „Ich werde nie mehr meine Familie einem schnellen beruflichen Fortkommen opfern." Das, plus der Tatsache, dass ich mich nicht mehr in Situationen begeben wollte, ich denen ich das politische Geplänkel mitspielen musste, ließen in mir den Gedanken reifen, mich selbstständig zu machen. Heute, drei

Die kompromisslose Giraffe: Jeff

Jahre später, besitze ich meine eigene Firma. Gleichzeitig arbeite ich noch hier in diesem Betrieb, so zwischen 20 und 30 Stunden die Woche. Aber meine Arbeit hier ist mehr technischer Natur. Sie gestattet mir, ins Büro zu kommen, meine Arbeit zu erledigen und dann nach Hause zu gehen. Für mich ist das Erfolg.

Ansichten in Bezug auf Diversity

Ich glaube, dass Diversity häufig absolut missverstanden wird. Viele Leute haben keinen blassen Schimmer davon, was es bedeutet. Wenn ich an Diversity denke, denke ich daran, dass wir alle eingliedern sollten. Ich denke da vor allem an Schwarze und Weiße – Unterschiede in der Hautfarbe eben. Diversity bedeutet, dass Leute aller Rassen, Nationalitäten und beiderlei Geschlechts so eingegliedert werden, dass sie sich nicht aus irgendeinem Grund, zum Beispiel wegen ihres Aussehens, das Gott ihnen gegeben hat, ausgeschlossen fühlen.

Es bedeutet auch, das Spielfeld einzuebnen, jedem die gleichen Chancen einzuräumen. Aber man muss auch sehr auf die Art der Umsetzung achten. Wenn wir unser Engagement für Diversity damit beginnen, dass wir eine bestimmte Gruppe eingliedern, so bedeutet das umgekehrt, dass gleichzeitig eine andere Gruppe nicht eingegliedert wird – das dürfen wir nicht aus den Augen verlieren. Ich selbst zum Beispiel, obwohl ich Weißer bin, fühle mich, als in Jesus Christus wiedergeborener Gläubiger, als Minderheit, weil die politische Richtung zur Zeit einen anderen Weg vorgibt.

Meine Ansichten über Diversity wurden durch meinen Background und meine Religion geprägt. Ich bin ein echter Südstaatler, und ich bin stolz darauf. Aber ich habe gesehen, wie Schwarze im Süden behandelt werden, und das ist meiner Meinung nach der ganz falsche Weg. Ein Mensch sollte sich nie auf Grund seiner Hautfarbe minderwertig fühlen müssen.

Ein anderer Punkt ist Verhalten. Und hier tut, meiner Meinung nach, eine klarere Definition von Diversity Not. Wenn es Diversity auch im Verhalten gibt, dann könnte ich zum Beispiel hingehen und sagen: „Ich bin Nazi. Warum könnt ihr mich nicht einschließen, wenn ihr doch so auf Diversity aus seid?" Also warum nicht? Welchen Grund gibt, diese eine Gruppe hier, die sich so und so verhält, einzugliedern, nicht aber diese andere Gruppe, die sich anders verhält? Ich glaube, man muss die Grenzen entsprechend dem ziehen, was in der Bibel unter dem Stichwort Moral steht: Was ist moralisch, was ist aufrecht, was nutzt der Gesellschaft? Dann bin auch ich für Diversity.

Ich bin nun seit 15 Jahren Christ und das beeinflusst und regelt jeden einzelnen Aspekt meines Lebens. Ich bin auch Mitglied der Promise Keepers. Ich glaube, sie tun das Beste überhaupt, indem sie sich für die Wiederversöhnung zwischen Schwarzen, Weißen und Roten einsetzen. Eine unserer Versammlungen geht mir nicht aus dem Sinn: ich umarmte zum Schluss einen vielleicht sechzigjährigen Schwarzen und entschuldigte mich bei ihm für das, was meine Vorfahren seinem Volk angetan hatten. Ich glaube, das ist die Art von Wiederversöhnung, zu der wir finden müssen. Wenn wir je irgendwohin kommen wollen, dann nur, indem wir einander lieben, so wie Christus uns geliebt hat. Es sollte keine Vorurteile mehr zwischen uns geben.

Einen eigenen Standpunkt einnehmen

Vor etwa anderthalb Jahren beschloss das Management, dass Diversity vor allem sexuelle Befreiung bedeutete. *Diversity* wurde zum Synonym für Homosexualität. In der Cafeteria sah man plötzlich so kleine komische Fähnchen auf den Tischen stehen. An allererster Stelle unter dem Stichwort „Diversity" stand die Eingliederung von Homosexualität. Das ging so weit, dass auf dem blauen Monitor in der Lobby, wo normalerweise Hinweise für unsere Kunden vermerkt sind, nun die Schwulen und Lesben-Parties angekündigt wurden. Die Organisation trat auch als Sponsor für eine Schwulen-Parade auf und einige Manager hatten Sticker, die unsere Firma und ihre Produkte im Zusammenhang mit ihrem homosexuellen Lebensstil nannten. Das Resultat war, dass viele Leute von Diversity abgeschreckt wurden.

Da ich das alles nicht akzeptieren konnte, ging ich direkt zum General Manager. Ich wusste, dass wir nicht einer Meinung sein würden und dachte, dass das Ganze durchaus auch mit meinem Rauswurf aus der Firma enden könnte. Aber erstaunlicherweise sprach er mit mir sehr offen über die Situation. Ich glaube, er versteht mehr von Diversity als all die anderen, mit denen ich bisher darüber gesprochen habe.

Nachdem ich mit ihm gesprochen hatte, wandte ich mich an den Vorstand. Ich ging zum Geschäftsbereichsleiter, zum Leiter Diversity und

Die kompromisslose Giraffe: Jeff

einigen anderen Managern. Ich ging sogar bis zum Vice President des gesamten Unternehmens.

Dieser Mann hatte überhaupt keine Ahnung. Er glaubte wirklich, Diversity bedeutete, dass wir, die weißen Unterdrücker, alles weggeben sollten. Das würde bedeuten, dass es nichts gäbe, das man guten Gewissens haben oder sein könnte, weil das die einzige Art ist, die Vergangenheit wiedergutzumachen. Ich sagte: „Tut mir leid, aber dem kann ich nicht zustimmen." Er und ich fingen an, uns anzuschreien.

Damals beschloss ich, dass ich mehr tun musste, als nur das Thema zu vermeiden, wie ich es bei der Zusammenarbeit mit den beiden Frauen an diesem Software-Projekt getan hatte. Ich trommelte also Leute zusammen. Einige von uns standen vorne, vor 30 hochrangigen Managern. Wir sagten: „Das hier hat nichts mit Diversity zu tun. Hier geht es darum, dass einige ihre persönliche Agenda durchbringen wollen und wir glauben nicht, dass diese Organisation an dieser Agenda teilnehmen oder sie unterstützen und sponsern sollte." Von diesem Zeitpunkt an haben wir Gott sei Dank nichts mehr von der Schwulen und Lesben-Gemeinschaft gehört.

Konsequenzen des Protests

Die Erfahrung mit diesem Protest hat mich wachsen lassen. Christen haben manchmal die Tendenz, engstirnig zu sein und sich mehr auf das, was man tun oder lassen soll, zu konzentrieren, anstatt einander zu lieben und zu akzeptieren. Ich glaube, das habe ich während des letzten Jahres, als wir diesen ganzen Zinnober mit Homosexualität und all sowas durchmachten, gelernt.

Als ich mit meinem Protest begann, habe ich mich nicht darum gekümmert, was andere von mir dachten. Ich weiß, dass einige mich dafür respektierten. Andere glaubten, ich wäre verrückt. Jetzt, da es vorbei ist, bin ich froh, dass ich es getan habe. Es war eine gute Erfahrung für mich. Ich habe tiefen Respekt vor meinem General Manager bekommen und ich habe gelernt, wie wichtig es ist, ehrlich zu sein und zu seinen Überzeugungen zu stehen.

Ich gewann auch Einblick in diesen so andersartigen Lebensstil. Ich kann jetzt in die Herzen und Köpfe dieser Leute sehen. Ich sehe sie mit anderen Augen an. Gott half mir, es zu tun. Ohne ihn hätte ich das nicht gekonnt, so aber habe ich gelernt, Mitgefühl für etwas, das mir verhasst war, zu empfinden. Ich hasse immer noch diesen Lebensstil, aber ich hasse nicht die Menschen. Ich verstehe und ich liebe sie.

Ein Erlebnis half mir dabei: Ich saß mit Freunden in der Cafeteria. Da kam dieser unendlich dürre schwarze Mann und setzte sich und es war als hätte Gott seinen Finger auf ihn gerichtet und ich schaute ihn an und sah seine Seele. Er war zweifellos homosexuell, und ich glaube er hatte AIDS. Ich hatte so tiefes Mitgefühl mit ihm, weil ich plötzlich genau durchschaute, was hier geschah.

Hier war ein von Gott geliebter Mann, dessen von Satan eingeflüsterter Lebensstil ihn versuchte umzubringen. ER hatte schon ganze Arbeit geleistet, denn dieser Mann sah erbarmungswürdig aus. Er konnte kaum seine Gabel heben, um zu essen. Ich bin sicher, er war am sterben. Da ging mir auf, dass es hier nicht um Menschen geht – um Fleisch und Blut. Das hier war weit mehr. Die Menschen sind nur Opfer der Strömungen, die unsere Gesellschaft zur Zeit prägen. Ich sah in die Herzen dieser Menschen und es war traurig. Ich fühlte tiefes Mitleid mit ihnen. Gott hat mir das enthüllt. Ich selbst hätte es nie gesehen.

Ich hatte einen Kampf auszufechten, von dem ich nie geglaubt hätte, dass ich ihn einmal zu bestehen hätte. Ich bin froh, dass ich es getan habe, denn es öffnete mir die Augen. Außerdem ist das Eintreten für eine Sache, egal was es ist, ein befreiendes Gefühl. Ich spüre, dass ich darauf Einfluss genommen habe, in welche Richtung Diversity hier in dieser Organisation und darüber hinaus geht.

Eine neue Richtung

Ich nutze das, was ich über offenen und direkten Umgang gelernt habe, auch in meiner eigenen Firma. Ich weiß es gibt Dinge, die man seinen Angestellten nicht sagen kann. Aber wenn sie das Gefühl haben, etwas wissen zu müssen, sollte man es ihnen auch sagen. Wenn es ihnen an Verständnis fehlt, sollte man ihnen die nötigen Erklärungen geben. Wenn es Meinungsdifferenzen gibt, sollte man ihnen erlauben, ihre Meinung zu äußern. Zugleich sollte aber das Endziel nicht aus den Augen verloren werden, so dass man, unabhängig von der letztlich getroffen Entscheidung, sich in diese Richtung fortbewegen kann. Wer dazu nicht stehen kann, sollte besser gleich gehen. Ich halte auch nichts von poli-

Die kompromisslose Giraffe: Jeff

tischem Taktieren, nur weil man aus dem einen oder anderen Grund Angst hat, den Leuten etwas zu sagen.

Ich habe deswegen auch schon Leute verloren. Aber ich glaube, es hat meiner Firma letztlich nur gut getan. Wir haben die Spreu derer, die nicht bereit waren auf dieser offenen Basis zu arbeiten, vom Weizen derer, die dazu bereit sind, getrennt.

Beim heutigen Mangel an Arbeitskräften ist es schwer, ein Unternehmen ganz neu aufzubauen. Ich bin ständig auf der Suche nach kompetenten Leuten, die bei mir bleiben und am Aufbau der Kernfirma mitarbeiten wollen. Ich habe schon mehrere Leute kommen und gehen sehen. Es waren auch Leute dabei gewesen, die durchaus verstanden hatten, dass das kein Regeljob mit Regelarbeitszeiten sein konnte, und das war sehr angenehm. Ich wünschte, sie wären länger geblieben.

Nur ein Mitarbeiter ist mir während der ganzen Start-up-Phase treu geblieben. Er sieht die Sache so wie ich. Man muss sich schon abrackern und seine Zeit opfern, wenn man etwas bewirken will. Er ist jetzt Partner hier in der Firma. Ich bin froh, dass er da ist.

Die Mitarbeiter, die gingen, haben mir in der Regel immer rechtzeitig Bescheid gesagt. Es gab nur eine Ausnahme, eine Frau zufälligerweise. Sie war sehr begabt und ich habe gern mit ihr zusammengearbeitet. Aber sie stand vor allem auf Kinder und all so was. Sie gab mir keine Vorwarnzeit. Sie ist einfach gegangen. Aber was soll man machen? Mir blieb nichts anderes übrig, als mich wieder nach jemand Neuem umzusehen. So ist halt das Leben.

Jeff als effektiver Diversity-Respondent

In den meisten Organisationen würde Jeffs Weigerung, ihm unliebsame Gegebenheiten zu akzeptieren, zu einem Elefanten-, d. h. Minderheitsstatus führen. Seine Weigerung, die üblichen politischen Bürotaktiken mitzuspielen, würde ihn noch mehr zum Außenseiter werden lassen. Nur in seinem eigenen Unternehmen, wo er als Leit-Giraffe fungiert, kann er auf Übereinstimmung mit seinem Denken beharren. Als Besitzer einer Firma ist das sein gutes Recht. Ob es weise ist, ist eine andere Frage.

Jeffs Diversity-Reife

Akzeptieren von Verantwortung

Jeff ist nicht daran interessiert, sich in Diversity weiterzuentwickeln. Sein Verständnis von Diversity und die Verantwortung, die er übernimmt sind sehr eng begrenzt. Dabei will er es auch belassen. Der erste Schritt hin zum effektiven Diversity-Respondenten ist der Wunsch, einer zu werden.

Demonstrieren von situativem Verständnis

Wissen um die eigene Persönlichkeit. Jeff verfügt über zwei fundamentale Merkmale, die Diversity-reife Personen auszeichnen. Er ist sich seiner Überzeugungen und Gefühle bewusst, sie „gehören" ihm. Er ist bereit, für seine Überzeugungen einzustehen. Und er hätte die nötige Zähigkeit, um ein effektiver Diversity-Respondent zu werden – gesetzt den Fall, er sollte sich doch noch dazu entschließen, einer werden zu wollen. Sollte er diesen entscheidenden Schritt tatsächlich tun, müssten allerdings noch etliche weitere Schritte folgen. Fundamental wichtig wäre vor allem, dass er Klarsicht bezüglich des Unterschieds zwischen Quotenrepräsentation und Diversity gewönne. Alle weiteren Aktivitäten hingen davon ab.

Konzeptionelle Klarsicht bezüglich Diversity. Wenn Jeff *Diversity* sagt, meint er Repräsentation oder Eingliederung und er begrenzt Repräsentation auf einige wenige Dimensionen: Hautfarbe, Rasse, Nationalität und Geschlecht.

Ausschlaggebend für Jeffs Entscheidung, eine Dimension als eingliederungswürdig anzusehen oder nicht, ist sein Verständnis der Bibel. Dimensionen, die er als Akt der freien Willensäußerung ansieht, schließt er aus. Und da er glaubt, dass Homosexualität ein Willensakt und frei gewählt ist, hält er es für nicht gerechtfertigt, sie als Diversity-Dimension mit einzubeziehen. Dagegen schließt er weiße Männer in die Diversity-Zusammensetzung mit ein. Er befürchtet, dass Anstrengungen, die zu Gunsten der Eingliederung einer Gruppe unternommen werden, zum Ausschluss einer anderen Gruppe führen können und glaubt, dass das bei weißen Männern der Fall ist. Er berichtet zum Beispiel, dass er sich als Minderheit fühlt. Jeffs Kommentare sind ein impliziter Beleg für seinen Glauben, dass Diversity ein Null-Summen-Spiel sei. Bei ihm klingt

Die kompromisslose Giraffe: Jeff

es, als würde die Eingliederung einer Gruppe automatisch zur Ausgliederung einer anderen führen.

Klarsicht in Bezug auf die Erfordernisse

Klarsicht über den Unterschied zwischen Präferenz und Erfordernis wäre besonders für den Erfolg von Jeffs eigener Firma wichtig. Hier muss er sich noch über seine eigenen Motive klar werden: Besteht er auf Assimilierung, weil das Unternehmen eine einheitliche Denk- und Handlungsweise erfordert, oder nur weil er sich damit wohler fühlt?

Im Wirtschaftsleben trifft man Diversity-Entscheidungen am besten auf der Grundlage der wirtschaftlichen Erfordernisse. Wenn Jeff auch weiterhin darauf besteht, nur Mitarbeiter einzustellen, die die gleiche Sichtweise haben wie er, beschränkt er sich auf eine einzige Rezeptur, und die ist vielleicht gar nicht die beste, um zum Aufbau seiner Firma beizutragen. Diversity ausschließen bedeutet auch, Kreativität und geistige Beweglichkeit auszuschließen, und das zu einer Zeit, in der beide unerlässlich für das Überleben von Unternehmen sind.

Bevor Jeff einen Mitarbeiter an Bord holt, sollte er sich über die folgenden Fragen klar werden:

- Bin ich gewillt, diese Person hier einzugliedern?

- Hat er oder sie irgendwelche Überzeugungen, Eigenschaften oder Erfordernisse, die mir aufstoßen?

- Bin ich bereit, dieser Person die Freiheit zuzugestehen, sich zu ihren Eigenschaften oder Erfordernissen zu bekennen, sofern dadurch ihre Arbeitsfähigkeit nicht eingeschränkt wird?

Wenn die Antwort auf die letzte Frage mit Nein ausfällt, wird Jeff wohl nur sehr zögerlich an eine Einstellung herangehen. Aber es ist sehr unwahrscheinlich, dass Angestellte dort, wo genug Stellen vorhanden sind, freiwillig in einem Umfeld verbleiben, in dem es heißt „Mein Weg oder kein Weg".

Es ist auch möglich, dass Jeffs Haltung, seine Ansichten und Entscheidungen in Bezug auf Diversity vorrangig nach den Diktaten seiner Religion und seiner persönlichen Präferenzen auszurichten, sich als den Erfordernissen konträr entgegenstehend erweist. Und das bedeutet eine ganze Reihe von Folgewirkungen für Jeff.

Bei seiner Arbeit im Großunternehmen ist es für ihn schon fast Tradition, seine Handlungen an seinen Präferenzen auszurichten. Den Vorstoß, die Initiative der Firma zugungsten der Homosexuellen-Gemeinschaft zu ändern, unternahm er vor allem deswegen, weil er verhindern wollte, dass die Firma eine Sozialagenda unterstützte, die er verabscheuungswürdig fand. Und seine Weigerung, Zeit und Energie in den Konflikt zu investieren, den er mit den beiden Frauen während des gemeinsamen Teamprojektes auszufechten hatte, beruhte vor allem darauf, dass er selbst nicht „Politik spielen" wollte.

Es mag durchaus zutreffend sein, dass Jeff mit seiner Einschätzung, die Anstrengungen der Firma zugungsten der Schwulen und Lesben überstiegen die rein wirtschaftlichen Erfordernisse, Recht hatte. Das zumindest scheinen sich die Manager, als sie von ihren früheren Entscheidungen Abstand nahmen, gesagt zu haben. Dennoch bleibt festzuhalten: Jeff wurde durch seine eigenen Moralvorstellungen dazu getrieben und nicht durch eine Analyse der wirtschaftlichen Erfordernisse. Und es war ganz gewiss falsch, in einer Situation, in der er mit seinen weiblichen Kollegen nicht übereinstimmte, die Erfordernis der Teamarbeit zu ignorieren.

Kontext-bezogene Einschätzung von Unterschieden

Schließlich würde Jeff auch von einer größeren Abgeklärtheit in Bezug auf Unterschiede profitieren. Im Moment ist er zwar bereit, auch Leute einzustellen und einzugliedern, deren Anderssein er nicht schätzt, aber nur solange sie ihre Unterschiedlichkeit draußen vor der Tür lassen. Wenn diese Personen – etwa in der Art von Dennis Rodman – darauf bestünden, dass ihre Unterschiedlichkeit anerkannt und respektiert wird, wäre Jeff dazu wohl kaum in der Lage. Für ihn wäre das Respektieren von Unterschieden wahrscheinlich gleichbedeutend mit deren Wertschätzung oder Unterstützung.

Jeff wäre gut beraten, wenn er die Fähigkeit entwickelte, die Unterschiede und Ähnlichkeiten, die es zwischen Respektieren, Akzeptieren, bedingtem Akzeptieren und Wertschätzen von Unterschieden gibt, zu sehen und zu entscheiden, unter welchen Bedingungen welche der oben genannten Reaktionen sich als förderlich für unternehmerisches Wachstum erweisen könnte. Seine Haltung des „Draußen vor der Tür"-Lassens wird wohl weder in seinem eigenen Unternehmen noch in der Organisation, für die er immer noch arbeitet, funktionieren.

Zentrale Diversity-Kompetenzen

- *Die Fähigkeit, Diversity-Zusammensetzungen zu identifizieren.* Jeff hat eine eingeschränkte Sicht von Diversity. Er sieht sie allein in Begriffen wie demografische Zusammmensetzungen und beschränkt sie auf Rasse, Geschlecht und Volksgruppenzugehörigkeit. Er hat sich zwar sehr viel Gedanken über die sexuelle Orientierung gemacht, trotzdem glaubt er, dass sie keinen Platz in der Diskussion um Diversity hat. Und es gibt in seinem Interview noch weitere Hinweise auf Diversity-Zusammensetzungen, die er nicht zu sehen scheint: Die Zusammensetzung der persönlichen Ziele und Präferenzen seiner Angestellten in Bezug auf das Berufs- und Privatleben, die Zusammensetzung der Kommunikationsstile (nicht jeder teilt sein Vorliebe für Direktheit) und die Zusammensetzung der religiösen Überzeugungen.

- *Die Fähigkeit, die Zusammensetzungen und die damit verbundenen Spannungen zu analysieren.* Es steht wohl außer Zweifel, dass sowohl die erkannten als auch die nicht erkannten Diversity-Zusammensetzungen in der Organisation und in Jeffs eigenem Unternehmen zu beträchtlichen Spannungen führten, und es steht ebenso außer Zweifel, dass sich Jeff dieser Spannungen bewusst war. Aber er hat sich nicht die Fähigkeit angeeignet, objektiv die jeweilige Situation und ihre Spannungen beurteilen und im Kontext der wirtschaftlichen Erfordernisse angehen zu können, um eine entsprechende Handlungsoption zu wählen.

  Nehmen wir nur als Beispiel die Frau, die Jeffs Firma der Kinder wegen verließ. Sie war nach Jeffs Worten eine hervorragende Mitarbeiterin, aber sie war nicht gewillt, seine Überstunden-Vorgaben zu erfüllen. Als er diesen Vorgang überdenkt, empfindet er als besonders ärgerlich, dass sie ihn nicht darauf vorbereitet hat. Er sieht aber nicht die eigene Rolle, die er dabei gespielt hat – dadurch dass er versäumte, sich Zugang zu ihrem Talent zu verschaffen, indem er einen geeigneten Weg suchte, ihren Arbeit-und-Familie-Parameter in den Kontext seiner Firma einzubetten.

- *Die Fähigkeit, eine angemessene Reaktion zu wählen.* Jeff glaubt an Eingliederung bei demografischen Unterschieden. Aber auf Ideen oder Überzeugungen, mit denen er nicht übereinstimmt, reagiert er mit Ausgrenzung oder Isolierung anderer oder der eigenen Person.

Der Konflikt mit seinen beiden Kolleginnen zeugt davon. Als ihre fehlende Übereinstimmung nach einer ihm nicht genehmen Reaktion rief, überging er die Frauen und ignorierte ihre Ratschläge.

Er unterstützt zwar die Eingliederung der schwulen und lesbischen Mitarbeiter und unterdrückt seine Gefühle über deren Lebensstil, aber nur solange er nicht offen gezeigt wird. Hier praktiziert er tatsächlich eine Art Tolerierung. Ähnlich reagiert Jeff auch auf bestehende Unterschiede innerhalb seiner eigenen Firma. Ideen und Verhaltensweisen, mit denen er sich nicht anfreunden kann, weist er direkt zurück und verlangt Assimilierung. Er ist sogar bereit, seine Mitarbeiter zu entlassen, wenn sie nicht bereit sind, diese unerwünschten Verhaltensweisen oder Ideen aufzugeben.

Jeffs nächster Schritt

Jeff steht noch ein langer und anstrengender Weg in Richtung Diversity-Reife bevor. Aber er und seine Firma könnten viel gewinnen, wenn er sich dazu entschließen würde, sich auf den Weg zu machen. Diversity-Kompetenzen sind nicht nur für die persönliche Effektivität wichtig. Sie sind auch unerlässlich, wenn es um die Überlebensfähigkeit von Unternehmen geht.

Kapitel 12

Die Pionier-Giraffe: Kirk

Kirks Bericht

Ich bin Manager im Bereich Informationstechnologie, kurz IT-Bereich. Ich leite 22 Mitarbeiter, von denen die meisten im Telefon-gestützten Hardware-Support arbeiten. Ich kam vor fünf Jahren als EDV-Techniker zu dieser Organisation. Damals machte ich das Gleiche wie die Leute, die ich heute leite. Inzwischen habe ich schon einige Management-Ebenen durchschritten und werde wohl auch noch einige durchqueren, bevor ich meine Möglichkeiten in dieser Organisation ausgeschöpft habe.

Ich bin zwar sehr schnell aufgestiegen, aber ich bin immer noch nicht dort, wo ich sein könnte. Ich glaube nicht, dass ich meine persönlichen Fähigkeiten schon ganz ausgeschöpft habe. Ich gehe davon aus, dass ich noch weiter aufsteigen, lernen und Erfolg einfahren kann. In einem Groß-unternehmen muss jeder Erfolg bringen, sonst sind die Anteilseigner nicht zufrieden. Auf meiner jetzigen Position hängt mein eigener Erfolg vor allem vom Erfolg anderer ab. Wenn das Team, mit dem ich jetzt arbeite, nicht in der Lage ist, sich als Ganzes fortzuentwickeln und den neuen Herausforderungen gerecht zu werden, wird es auch nicht als eines der besseren Teams gelten können. Und das bedeutet wiederum, dass man mich auch nicht für einen der besseren Manager halten wird.

Wenn es etwas gibt, das meinen Aufstieg behindern könnte, dann ist es die Organisation selbst. Es gab bei uns einige Veränderungen, und es wird versucht, neue Wege zu gehen. Eventuell werde ich mich entscheiden müssen, ob ich mich nicht eher seitwärts orientiere und mich auf einen anderen Schauplatz in der Organisation verlagere, um dann dort weiter aufzusteigen, oder ob ich erst einmal abwarte und bleibe wo ich bin.

Ich war schon einmal in so einer Situation. Als ich das erste Mal den Schritt ins Management wagte, war ich noch ziemlich neu in dieser Organisation. Es gab zu der Zeit innerhalb der Hackordnung etliche Leute, die über mir standen, und ich fühlte mich nicht gerade als erste Wahl in dieser Organisation. Es gab und gibt in dieser Organisation eine starke Frauendominanz und ich war ein junger weißer Mann. Mein Chef war eine Frau, die etwas älter war als ich. Und ihre Vorgesetzten waren auch wiederum alles ältere Frauen. Ich hatte das Gefühl als würden sie denken: „Vielleicht ist er noch nicht so weit." Ich sah mich einfach nicht als jemanden, der als Nummer eins auf der Beförderungsliste gehandelt wurde.

Zu meiner Überraschung bekam ich die Beförderung und bin seitdem noch oft befördert worden. Trotzdem repräsentiere ich immer noch eine Minderheit auf meinem Gebiet. In meiner ersten Leiterfunktion gab es nur einen schwarzen Mann, der für mich arbeitete. Der Rest des Teams bestand vor allem aus schwarzen Frauen. Vor fünf Jahren steckte der telefonische Hotline-Service noch in den Anfängen, und das Lohnniveau war nicht sehr hoch. Wir hatten Probleme, weiße Männer für diesen Bereich zu finden. Mit ihrem frischen College-Abschluss in der Tasche waren sie sich zu gut, nur am Telefon zu sitzen und Anrufe zu beantworten.

Während der letzten paar Jahre hat sich allerdings einiges geändert. Es gibt heute innerhalb und außerhalb der Organisation viel mehr Karrieremöglichkeiten, auch im Bereich Telefon-Support. Außerdem ist die Bezahlung besser geworden und die Jobs sind im Ansehen gestiegen. Das hat zur Folge, dass die Organisation mehr und mehr integrierend wirkt, da die besseren Aufstiegschancen und die bessere Bezahlung auch immer mehr Männer anzieht.

Als ich in diese Gruppe kam, war ich der elfte Mitarbeiter, der im Telefon-Support Sektor der Organisation eingestellt wurde. Heute sind es über 80 Mitarbeiter. Wir haben heute auch eine bessere Durchmischung. Inzwischen haben wir im Support-Sektor wahrscheinlich eine bessere Diversity-Mischung als die anderen Bereiche.

Antwort auf Diversity

Diversity bedeutet für mich, verschiedene Mischungen von Leuten innerhalb einer Organisation zu haben. Früher glaubte ich, dass Diversity schwarz und weiß bedeutete, und damit hatte es sich. Heute sehe ich zwar Schwarze und Weiße immer noch als Mischung an. Aber als Manager ist

Die Pionier-Giraffe: Kirk

der Umgang mit der religiösen Rechten oder den Homosexuellen das weit größere Problem. Die Menschen haben mehr Probleme damit, sich über Glaubensfragen und Moralanschauungen denn über unterschiedliche Hautfarben hinwegzusetzen.

Diversity bedeutet auch, dass die Leute ganz verschiedene Sachen mit an den Tisch bringen können. Ich finde das gut. Wenn ich mir eine weitere Meinung wünsche, muss ich nur eine weitere Person mit in die Tafelrunde einladen. Nur wenn dieser Jemand genauso aussähe wie ich, hätte er wahrscheinlich auch die gleichen Vorstellungen wie ich. Vielleicht behielte ich ihn sogar hier, weil ich mich durch seine Anwesenheit gestärkt fühlte. Aber das entspricht nicht meiner Vorstellung von Team. Tatsache ist, dass, wenn ich in eine Sitzung gehe, ich meine Aufgabe darin sehe, den Part der Gegenseite zu spielen, egal um was es sich handelt. Wenn jemand sagt, dass er dieses für richtig hält, frage ich: „Und was ist mit jenem?" Ich bin der Geist, der stets verneint. Ich halte das für wichtig.

Meine Arbeit als Manager verlangt, soviel unterschiedliche Meinungen wie möglich ans Tageslicht zu befördern, um dann zu versuchen, all diese unterschiedlichen Ideen zu einem gemeinsamen Übereinkommen zu verschmelzen – sonst müsste die Organisation ja in zehn verschiedene Richtungen gehen.

Diversity-Background

Zu Beginn meiner beruflichen Laufbahn diente ich sechs Jahre beim Militär. Dort lernte ich, die Arbeit in einem diversen Umfeld zu schätzen. Meine erste Berufung führte mich auf die Philippinen, ich wurde also direkt in die Diversity hineingeworfen. Es gab nur zwei Weiße in einer Gruppe von zwölf Soldaten. Der Rest waren Männern und Frauen schwarzer Hautfarbe. Wir hatte einige sehr interessante Diskussionen.

Ich wuchs im Mittleren Westen auf, und der zeichnet sich wahrlich nicht durch sein unterschiedliches Umfeld aus. Iowa weist tatsächlich eine Minderheitenquote von nur zwei Prozent an der Gesamtbevölkerung auf. Ich hatte keine Freunde aus irgendwelchen Minderheitengruppen. Das war keine Frage der Wahl, sondern einfach ein Mangel an Gelegenheit. Einer der Soldaten wollte das nicht glauben. Er meinte, ich hätte die Minderheiten wahrscheinlich nur nicht gesehen. Aber ich sagte: „Nein. Es gibt dort einfach keine Diversity."

Für mich war diese Konfrontation in der Armee notwendig. Ohne sie wäre es mir mit Sicherheit schwerer gefallen, Diversity die Priorität einzuräumen, die ich ihr heute gebe, und ich hätte wohl auch nicht die vielen Vorteile, die sie mit sich bringt, gesehen. Diese Diskussionen waren sehr wichtig und sehr hilfreich für mich.

Heute sieht es so aus, dass ich bei vielen Diversity-Aktivitäten in der Gemeinde und in der Organisation beteiligt bin. Ich arbeite bei verschiedenen Diversity-Gruppen in der Stadt mit. Ich bin auch im Diversity-Rat hier im Betrieb. Ich glaube, meinen ersten Posten im Diversity-Rat hatte ich nur bekommmen, weil ich ein Weißer und außerdem ein Mann war, und es sonst keine anderen weißen Männer im Rat gab.

Am Anfang wusste ich noch nicht viel über die verschiedenen Leute, die Ideen und die Terminologie. Aber je mehr ich reinkam, desto mehr entdeckte ich, wie sehr mich dieses Thema interessierte und wie sehr ich daran glaubte. Ich glaube, dass ich nun einiges an Wert beisteuern kann, und zwar nicht nur, weil ich ein weißer Mann bin.

Zwiespalt von Diversity

Diversity innerhalb der Familie

Ich hatte mit Diversity zu kämpfen. Ich bin ein konservativer Mensch. Meine Frau hat sich freiwillig dazu entschlossen, zuhause zu bleiben und den Haushalt zu führen. Zweimal die Woche gehen wir in die Kirche. Wie schaffe ich es also, mit Leuten umzugehen, die nicht in dieses Umfeld passen? Ich glaube, Grundvoraussetzung ist hier das Wissen darum, dass nicht jeder die gleichen Überzeugungen haben muss.

Zwei Schwestern von mir sind Lesben. Von einer wusste ich es schon lange. Von der anderen habe ich es erst vor kurzem erfahren. Wir wuchsen in einem katholischen Umfeld auf. Mein Vater flüchtete bis auf die andere Seite des Landes, um zu sagen „Nein, das kann nicht sein." Der Rest der Familie ging nicht ganz so weit, aber wir waren sehr unglücklich. Meine Reaktion war, mit meiner Schwester zu reden. Ich traf dann mit ihr die Übereinkunft, dass wir nicht weiter über diese Frage diskutieren würden, weil das nicht produktiv wäre. Bei so fundamentalen Überzeugungen wie zum Beispiel Homosexualität kann man zu keiner Übereinstimmung kommen. Ich würde es nie über die Lippen bringen zu sagen: „Ich glaube, es ist richtig was du tust," und sie würde es nie über die Lippen bringen zu sagen: „Du hast recht, ich werde mich ändern." Sie ist eben so. Ich werde darum keine meiner Schwestern hassen.

Diversity im Arbeitsumfeld

In meinem Arbeitsumfeld habe ich keine Probleme damit, dass Leute einen unterschiedlichen Background haben, und Überzeugungen und Moralvorstellungen, die sich von den meinen unterscheiden. Es ist nicht meine Aufgabe, mich um das Privatleben der anderen zu kümmern. Worauf ich aber achten muss, wenn ich im Büro bin, ist die Frage, was sie der Organisation bringen – wo ihre Stärken liegen, welche Ideen sie haben. So kann auch die Organisation sie schätzen. Egal, wo unsere Unterschiede liegen, ich versuche sie zu verstehen. Wenn ich das nicht schaffe, versuche ich eben, damit zu Rande zu kommen.

Ich erwarte das Gleiche von meinen Mitarbeitern. Ich sage ihnen immer: „Ich erwarte nicht von euch, dass ihr mit euerm Tischnachbar gut Freund sein müsst. Aber wenn ihr hier seid, müsst ihr euch mit dem, der neben euch sitzt, zumindest soweit verstehen, dass ihr ihm oder ihr Fragen stellen oder auf Fragen antworten könnt." Bei den meisten funktioniert das auch. Sie sind erleichtert, dass ich keine Verbrüderung von ihnen erwarte, und auch nicht erwarte, dass wir, sozusagen als Geselligkeitsmaßnahme, nach der Arbeit noch zusammen ausgehen.

Ich hatte aber auch schon Leute, die damit nicht zurechtkamen. Das hat mich erstaunt, aber vermutlich sollte es das nicht. Ich habe ganz junge Mitarbeiter, die gerade ein- oder zweiundzwanzig sind und andere, die schon über fünfzig sind. In dieser Zusammensetzung haben sie natürlich verschiedene Ideale, verschiedene Backgrounds, verschiedene Familien.

Persönliche Konflikte mit Diversity

Ich habe noch ein anderes Problem mit Diversity. Das betrifft den Konflikt zwischen meinem persönlichen Wunsch nach eigener Beförderung und meinem ebenso starken Wunsch nach Beförderung anderer. Es ist allgemein bekannt, dass, gesetzt den Fall, man hat einen Mitbewerber bei einer Stellenausschreibung – eine Frau, zum Beispiel, oder einen Schwarzen –, die Chance, dass der Mitbewerber die Stelle bekommt, hoch ist, weil die Unternehmen rechtlich verpflichtet sind, ihre Diversity-Zusammensetzung zu fördern. Als weißer männlicher Bewerber muss man schon besser sein.

Ich habe Verständnis für diese Entscheidungen. Ich handle ja selbst danach. Wenn ich selbst als Manager über die Beförderung zweier gleich qualifizierter Leute – einer schwarzen Frau oder einem weißen Mann – zu entscheiden habe und sich in meiner Gruppe vorrangig weiße Männer befinden, würde auch ich die schwarze Frau vorziehen. Denn in solchen Fragen kommt es darauf an, was eine Organisation braucht: in Bezug auf die Diversity-Zusammensetzung, die sie bereits hat, und in Bezug auf die, die sie anstrebt, um die Diversity-Quote zu verbessern. Eine Organisation, die aus lauter weißen Männern – oder lauter anderen einheitlichen Leuten – besteht, taugt nicht viel.

Diese Zielgerichtetheit auf eine gesunde Mischung ist zwar gut für meine Organisation, aber sie ist nicht unbedingt gut für mich. Ich will damit sagen, dass zur Zeit junge weiße Männer nicht oben auf der Beförderungsliste stehen, auch wenn sie es eigentlich verdient hätten. Das frustriert nicht nur mich allein. Es ist ursächlich für einen Großteil der Frustration, die viele andere weiße Männer in den 90er-Jahren erleben mussten.

Dieses Thema wird unter vielen weißen Männern diskutiert. Es ist keine Bewegung. Aber kaum sitzen drei Weiße irgendwo außerhalb ihrer Organisation zusammen und es stellt sich heraus, dass sie aus dem Businessbereich kommen, stellt man auch fest, dass sie alle das Gleiche empfinden, egal, ob sie nun aus der gleichen Firma kommen oder aus unterschiedlichen Betrieben. Kaum wird das Thema Diversity in ihren Betrieben erwähnt, schon treiben sie die gleichen Gedanken und Befürchtungen um.

Was viele am meisten irritiert, ist das Gefühl, dass nur die Quote zählt. Ich weiß, dass es nicht stimmt. Manager schauen nicht nur auf die Quote. Aber persönlich bekommt man leicht das Gefühl, dass es so ist. Und wir sind nun mal in der Überzahl. Also denken alle von uns, die noch nicht in die Spitze aufgerückt sind, dass schon zu viele unserer Art dort vertreten sind. Und wir halten es für wenig wahrscheinlich, dass wir die nächsten sein werden, die man zur Beförderung herauspickt.

Verstehen sie mich nicht falsch. Ich finde es großartig, wenn kompetente, starke Frauen Abteilungsleiterstellen bekommen. Auch meine Mutter ist eine sehr starke Frau, die ihre eigene Firma hat. Mein Vater starb, als ich

Die Pionier-Giraffe: Kirk

acht Jahre alt war. Danach arbeitete meine Mutter als Bedienung und besuchte eine Schule, um eine Krankenschwesterausbildung zu machen. Ich hatte männliche und weibliche Babysitter, die nach mir schauten, wenn meine Mutter in der Schule war. Sie heiratete erst nach fünf Jahren wieder; das heißt, fünf Jahre lang musste sie uns Kinder allein unterstützen.

Ich habe nicht in einem großstädtischen Ghetto gelebt; ich lebte in Iowa. Und ich weiß sehr wohl, dass Kampf in Iowa etwas anderes bedeutet als Kampf in der Großstadt. Dennoch war es ein Kampf. Ich halte diese Erfahrungen sehr hoch, weil sie mich stark gemacht haben. Ich glaube auch, dass ich mich so über den Erfolg anderer Diversity-Gruppen freuen kann, gerade weil ich Teil in diesem harten Überlebenskampf war.

Aber so sehr ich mich auch über den Erfolg andersartige Leute freue, so sehr will ich auch selbst befördert werden. Wenn man mich auf eine Abteilungsleiterstelle riefe, würde es niemandem auffallen, und das stört mich. Kaum wird eine andere Frau zum Abteilungsleiter ernannt, ist der Jubel riesengroß. Wenn aber ein weißer Mann eine Abteilungsleiterstelle bekommt, gibt es keinen Jubel, auch wenn er noch so gut ist.

Es wird auch oft nicht verstanden, dass weiße Männer das Bedürfnis haben, darüber zu reden. Das eigentlich traurige ist, dass die Leute unwillkürlich an „Weiße-Männer-Miliz" denken, wenn sich Weiße irgendwo in einer Gruppe treffen. Es gibt bei uns eine Gruppe schwarzer Angestellter und eine Schwulen-Gruppe. Warum haben wir keine Gruppe weißer Männer? Weiße Männer leiden unter dem Gefühl fehlender Unterstützung. Und ihnen fehlt das Gefühl, dass man sich auch nach ihnen umsieht. Sie sehen nur, dass die Quote durch die Gegenseite gefüllt wird. Sie sehen ganze Buchreihen darüber, wie Diversity-Gruppen im Arbeitsumfeld zu installieren seien, und denken: „Und wo ist die Rede davon, wieder mehr weiße Männer im Arbeitsumfeld unterzubringen?"

Es stört mich auch, dass die Leute nicht bereit zu sein scheinen, weißen Männern die Qualitäten zuzubilligen, die das Charakteristische weißer Männer ausmachen. Vor kurzem hatte ich eine Diskussion mit einer jungen schwarzen Frau, einem Single. Vieles von dem, was sie sagte, klang auch genau so, als würde es aus dem Mund einer jungen schwarzen Single-Frau stammen. Und sie war sehr kritisch. Ich sagte ihr: „Ich bin ein weißer Mann aus Iowa. Es war früher tatsächlich so, dass man von den Leuten verlangte, sie sollten so aussehen und sich so verhalten wie weiße Männer. Das hat ja diese ganze Diversity-Bewegung ins Rollen gebracht. Ich werde das nicht von ihnen verlangen, aber ich will auch nicht, dass sie das gleiche mit mir tun."

Es erinnerte mich an einen Film, „The Color of Fear", „Die Farbe der Angst", und ich dachte an all die Schwarzen, die ihren Background verleugnen und zu Hause lassen mussten. Nun scheint es so, dass von weißen Männern verlangt wird, dass sie das, was sie zu weißen Männern macht, draußen vor der Tür lassen sollen. Weiße Männer fühlen sich schnell übergangen. Sie sind durchsetzungsfähig und stark. Sie kämpfen und streiten, weil sie gewinnen wollen. Vielleicht ist das auch der Grund dafür, dass zur Zeit so viele Unternehmen von Weißen geführt werden. Ich habe auch meinen Teil von diesen Eigenschaften mitbekommen. In einer Bewertung, die ein Manager vor einigen Jahren über mich geschrieben hat, hieß es, ich würde mich wohl manchmal zu schnell übergangen fühlen, so als könnte ich nicht meine Meinung ändern. Ich stimmte mit ihm darin überein, dass ich noch an diesen Eigenschaften arbeiten musste, wenn ich befördert werden wollte, und das tat ich.

Aber ich habe viel von einem weißen Mann in mir. Ich war eines von sieben Kindern. Natürlich fühle ich mich schnell übergangen. Natürlich bin ich streitlustig. Und plötzlich wurde von mir verlangt, vieles von dem, was mein Ich ausmachte, draußen vor der Tür zu lassen.

Nach vorne schauen

Diversity ist ein weites Feld. Alles in allem betrachtet glaube ich aber, dass ich in diesem Unternehmen bisher sehr erfolgreich war und ich bin überzeugt, dass andere das auch finden. Und ich habe mich nicht völlig verändert. Ich muss einfach noch herausbekommen, wie ich das, was mein Ich ausmacht, in das Bild, das die Firma will, einpassen kann. Ich glaube, dass ich mich schon ganz schön einpassen musste. Wenn ich erst die richtige Mischung gefunden habe, soweit wie möglich der zu bleiben, der ich bin, und soweit als nötig mich in die Organisation einzupassen, denke ich aber doch, dass sich mein Erfolg hier fortführen lässt.

Kirk als kompetenter Diversity-Respondent

Kirk war bisher in seinem Unternehmen sehr erfolgreich gewesen und er geht davon aus, dass sich dieser Erfolg auch fortsetzen lässt. Er wünscht auch anderen diesen Erfolg. Die Verfechter von Diversity in seiner Organisation sehen ihn zweifellos als Weißen, der ernsthaft an Diversity glaubt, der sein Herz am rechten Fleck hat. Seine Abteilung nimmt für sich in Anspruch, eine der besten Diversity-Durchmischungen in der Organisation zu haben. Er arbeitet im Diversity-Rat des Unternehmens und arbeitet bei verschiedenen Diversity-Gruppen in der Gemeinde mit.

Kirk scheint die Ideale, die Diversity-Vertreter in weißen Männern zu finden hoffen, zu vertreten. Und das tut er auch. Aber er kämpft mit sich und dem Thema. Er ist in Bezug auf seine eigene Karriere weniger optimistisch als er es gerne wäre und er macht sich Sorgen, dass die Diversity, die er unterstützt, die Erfüllung seiner eigenen Ziele schwieriger werden lässt.

Kirk ist eine Pionier-Giraffe – eine der ersten Generation von weißen Männern, die sich ernsthaft mit der Konkurrenz von Leuten, die anders sind als sie, auseinandersetzen muss. Er hat Mut. Seine Beine sind bereits auf dem rechten Weg, aber er hat Mühe, auch sein Herz folgen zu lassen. Er lebt im Zwiespalt, aber der Bruch zwischen seinen expliziten und impliziten Äußerungen und seiner vielschichtigen Besorgnis sind kein Ausdruck von Doppelzüngigkeit oder mangelnder Aufrichtigkeit in seinen Diversity-Anstrengungen. Sie reflektieren stattdessen die Komplexität von Diversity und die Schwierigkeit, ein Pionier auf diesem Gebiet zu sein.

Kirks Diversity-Reife

Kirk zeigt schon eine beachtliche Diversity-Reife. Und es scheint wahrscheinlich, dass er zu einem noch höheren Reifegrad gelangen kann.

Akzeptieren von Verantwortung

Kirk hat sich klar zu einem effektiven persönlichen Umgang mit Diversity bekannt und er arbeitet daran, seiner Organisation in diesem Bereich zu einer ähnlichen Haltung zu verhelfen.

Das Wissen um die eigene Person. Kirk ist sich seiner positiven und negativen Gefühle hinsichtlich Diversity bewußt und er akzeptiert sie. Er weiß, wie und was er fühlt, und er weiß, warum er so reagiert, wie er reagiert. Dieses Sich-selbst-bewusst-sein ist entscheidend für die Erlangung absoluter Diversity-Reife.

Konzeptionelle Klarsicht bezüglich Diversity. Kirk nimmt sich der Diversity als Thema an und er befasst sich mit mehreren Gedankenschulen über dieses Thema. Das geschieht durch seine Arbeit im Diversity-Rat und durch die Mitarbeit in Diversity-Gruppen seiner Gemeinde. Dennoch entspringt nach wie vor vieles von der Ambivalenz, über die Kirk berichtet, aus einer konzeptionellen Konfusion, die zum Teil noch durch einen Mangel an einem, seinem wachsenden Verständnis entsprechenden Vokabular geschürt wird. Er sagt oft *Diversity* wo er *Repräsentation* oder *Eingliederung* meint. Dennoch konnte er seine Definition, inwieweit Mischungen eingegliedert werden sollten, ausdehnen und die wichtigsten neu definieren.

Nur im Hinblick auf Glaubensfragen und Überzeugungen verwendet er den Begriff *Diversity* richtig. Er weiß, dass verstärkte Repräsentation zu einer größeren Ideenvielfalt führen kann, und dass sich das als Wettbewerbsvorteil erweisen kann. Aber er täuscht sich in seiner Ansicht, dass ein Raum voller verschieden aussehender Menschen automatisch zur Vielfalt führt. Es ist durchaus möglich, Leute um sich zu haben, die zwar verschieden aussehen, aber ähnlich denken, vor allem in Organisationen, in denen Assimilierung die Regel ist. Es ist auch gut möglich, Menschen um sich zu haben, die zwar gleich aussehen, aber völlig verschieden denken. Kirk neigt zur Stereotype, er neigt dazu, von der Tatsache des „Aussehen wie…" auf ein „Denken wie…" zu schließen. Er äußert das explizit, als er weiße Männer folgendermaßen beschreibt: „Sie kämpfen und streiten, weil sie gewinnen wollen. Das ist vielleicht auch der Grund dafür, dass zur Zeit so viele Unternehmen von Weißen geführt werden."

Diese Bemerkung entlarvt Kirks Stereotype über Minderheiten und Frauen, indem sie den Umkehrschluss nahelegt, dass sie, da sie keine Unternehmen führen, nicht über diese Qualitäten verfügen. Eigentlich weiß er es besser. Er beschreibt seine Mutter als starke Frau mit einer eigenen Firma.

Das kann aber dazu führen, dass sein Verhalten durch negative Annahmen, deren er sich gar nicht bewusst ist, bestimmt wird. Bei Beförderungen von Frauen oder Vertretern von Minderheiten glaubt er zum Beispiel, dass sie nur auf Grund der Tatsache zustande kam, dass ihnen der Vorzug vor den weißen Männnern gegeben wurde. Zweifellos gesteht er ihnen die gleiche Qualifizierung zu, aber er hat Schwierigkeiten mit der Vorstellung, dass diese Vertreter der Minderheiten oder Frauen vielleicht sogar besser qualifiziert waren. Diese Stereotype bei der Begründung kann dazu führen, dass er die Beförderung von Minderheiten oder Frauen als auf seine Kosten gehend ansieht. Da ist es kein Wunder, dass er sich Sorgen macht.

Auch Kirks Verständnis von weißen Männern als Diversity-Gruppe ist vielschichtig. Auf der einen Seite definiert er weiße Männer explizit als identifizierbare Gruppe – eine die Teil einer Diversity-Zusammensetzung sein könnte. Auf der anderen Seite sieht er sie implizit als Norm und alle anderen als Diversity an.

Kirks Zwiespalt trägt viel zu seiner Besorgnis und seinem unguten Gefühl bei. Einerseits sieht er weiße Männer als die Norm an, andererseits streitet er zu Gunsten aller außer seiner eigenen Bezugsgruppe. Um das so ernsthaft und in gutem Glauben wie Kirk machen zu können, muss man anfangen, sich wie eine Minderheit zu fühlen – nicht so sehr in Bezug auf die Quote sondern in Bezug auf die Schwerpunkte, die sich eine Organisationskultur setzt. Das ist entscheidend. Viele Minderheiten und Frauen misstrauen Unternehmenskulturen, die von und für weiße Männer gemacht wurden. Kirk fühlt ähnlich. Er berichtet, dass er sich als Minderheit fühlt und glaubt, dass die Änderungen, die er unterstützt, nicht ihm zum Vorteil gereichen werden.

Er hört sich in der Tat wie ein Vertreter einer Minderheit an. Seine Aussagen über weiße Männer hätten genauso gut von einer Frau oder einem Vertreter einer traditionellen ethnischen oder kulturellen Minderheitengruppe stammen können:

„Wir werden nicht verstanden und nicht unterstützt."

„Uns wird gesagt, wir sollen unsere Unterschiedlichkeit draußen vor der Tür lassen."

„Jede Gruppe kann sich treffen, nur wir nicht. Wenn mehr als zwei von uns öffentlich miteinander reden, ist es gleich eine Art konspirativer Treff."

„Wir müssen überqualifiziert sein, um eine Promotion zu bekommen. Ich muss heute, wenn ich in ein Interview gehe, besser sein."

Einige würden Kirks Besorgnis als Produkt einer hyperaktiven Einbildung interpretieren. Schließlich sind weiße Männer immer noch von der Anzahl her dominierend und sie haben die hohen Verwaltungsposten in ihren Organisationen inne. Aber die Art seiner Besorgnis ist nicht so. Kirks Besorgnis gründet sich auf die Schwerpunkte der vorgeschlagenen Änderungen, bei denen weiße Männer eben nicht explizit genannt und ihnen auch keine Leistungen versprochen werden. Er glaubt, dass wieder eine Gruppe diskriminiert werden soll. Und er befürchtet, dass es diesmal die weißen Männer sind. In diesem Zusammenhang macht seine Besorgnis Sinn.

Klarsicht in Bezug auf die Erfordernisse

Kirk ist sich über die Erfordernisse ziemlich im Klaren. Er betont die Erfordernisse und die Wettbewerbsvorteile als Basis für den Umgang mit Diversity am Arbeitsplatz. Er erkennt zum Beispiel die strategischen Auswirkungen von Diversity auf die Team- und Innovationsfähigkeit. Diese Erkenntnis führt ja dazu, dass er sich mit seinem Interesse und seiner Arbeit auf dem Spielfeld der Diversity engagiert. Er betont auch die Erfordernisse bei der Annäherung an seine Familie. Seine persönlichen Überzeugungen stehen im Widerspruch zu der sexuellen Orientierung seiner Schwester. Da aber für ihn die Erfordernis, seine Schwestern auch weiterhin zu lieben, maßgebend ist, akzeptiert und toleriert er sie, auch wenn seine Werte nach Ablehnung verlangen.

Positiver Umgang mit Diversity-Spannungen

Kirks Klarsicht in Bezug auf die Erfordernisse geben ihm den Mut, seinen Überzeugungen entsprechend zu handeln und den Willen, auch mit dem aus diesen Spannungen resultierenden Unbehagen zu leben. Er demonstriert diese Qualitäten in seiner Beziehung zu seinen Schwestern. Er demonstriert es durch seinen Einsatz für Diversity und weil er trotz der Befürchtung, sein Engagement könnte sich zu seinem eigenen Ungunsten auswirken, seiner Firma dient.

Zentrale Diversity-Kompetenzen

■ *Die Fähigkeit, Diversity-Zusammensetzungen zu identifizieren.* Kirk demonstriert Kompetenz im Identifizieren von Diversity-Zusammensetzungen und in den Schlussfolgerungen, die er aus den beobachteten Unterschieden zieht. Er versteht zum Beispiel, dass Individuen verschiedenen Alters und verschiedener Verantwortlichkeiten wahrscheinlich auch die Welt verschieden sehen werden. Dadurch kann er Diversity von einer variablen Basis her angehen. Die Mitglieder seiner Belegschaft unterscheiden sich in ihren Werten, Überzeugungen, und Rassen, ihrem Geschlecht und Alter, ihrem Amt, ihrer Arbeits- und Lebenseinteilung, sexueller Veranlagung und Religion. Innerhalb seiner Abteilung ist er sowohl Repräsentant einer dominanten demografischen Gruppe und des Managements, als auch einer numerischen Minderheit. Als solcher fungiert er wechselweise als Giraffe und Elefant.

Die Diversity der verschiedenen Abteilungen untereinander ist eine andere wichtige Zusammensetzung. Von besonderem Interesse für Kirk ist deren relativer Status. Heute erweist man der Telefon-Support-Funktion mehr Respekt, es gibt dort mehr Karrieremöglichkeiten und eine bessere Bezahlung als zu der Zeit, als Kirk in die Firma kam.

Innerhalb seiner Familie identifiziert Kirk die Zusammensetzung der unterschiedlichen sexuellen Orientierungen. Zwei seiner Schwestern sind Lesben. Er geht mit dieser Tatsache um, wie er auch mit Zusammensetzungen am Arbeitsplatz umgehen würde: indem er sich auf die Erfordernisse konzentriert.

Und er erlebt eine bedeutende innerpersönliche Mischung, nämlich seine miteinander im Streit liegenden Ansichten bezüglich Diversity: seiner ehrlichen Überzeugung, dass Frauen und Minderheiten eingegliedert werden sollten, und seiner Befürchtung darüber, was das für ihn bedeuten könnte. Er erkennt diesen Konflikt. Aber er erkennt ihn nicht als Diversity-Mischung.

■ *Die Fähigkeit, Zusammensetzungen und ihre damit verbundenen Spannungen zu analysieren.* Kirk demonstriert Kompetenz beim Analysieren von Zusammensetzungen und den damit verbundenen Spannungen, besonders wenn es darum geht, die Auswirkungen der Spannungen zu erfassen. Er geht nicht von der Voraussetzung aus, dass das Arbeitsumfeld spannungsfrei sein sollte und betont, dass er durchaus das Nicht-Einvernehmen mit anderen schätzen kann. Aber er sagt auch, dass er Diversity-Spannung, die die Arbeitsfähigkeit eines Mitarbeiters einschränken würde, nicht tolerieren würde.

■ *Die Fähigkeit, eine angemessene Reaktion zu wählen.* Kirk fördert wechselseitige Adaption, wenn er von seinen Mitarbeitern fordert, eine Beziehung untereinander zu pflegen, die ihnen die Arbeit erleichtern soll, ohne dass sie gleich in Verbrüderung enden muss. Er unterstreicht die wirtschaftliche Motivation im Umgang mit Diversity und macht sie zu einer Priorität bzw. einem Erfordernis. Er ruft nach Konformität in Bezug auf die Erfordernisse und nach Toleranz auf anderen Gebieten. Das schafft eine gute Basis für ein gutes Diversity-Management.

Als Mitglied des Diversity-Rats sucht er Assimilierung, wenn er nach fortschreitender Eingliederung oder Repräsentation (er nennt es Diversity) ruft.

Im Hinblick auf die sexuelle Orientierung seiner Schwestern wählt er Toleranz, Akzeptanz und Eingliederung. Er ist nicht gewillt, seine Schwestern abzulehnen oder zu hassen, nur weil er mit deren Orientierung nicht einverstanden ist.

Kirk unterdrückt seine eigenen Diversity-Spannungen über Geschlecht, sexuelle Orientierung und Rasse auf zwei Arten. Die Befürchtungen, die ihn quälen, äußert er nur anderen weißen Männern gegenüber, und Ansichten über Minderheiten und Frauen, die sein Selbstwertgefühl verletzen könnten, lässt er außen vor bzw. verleugnet sie.

Kirks nächster Schritt

Kirk wird auch weiter auf seinem Diversity-Weg vorankommen, wenn er zu folgenden Schritten bereit ist:

■ Ordnung in seine konzeptionelle Konfusion über den Unterschied zwischen Eingliederung oder Repräsentation und Diversity zu bringen.

■ Zugang zu seinen impliziten Vorstellungen zu finden, sie sich zu eigen zu machen und zu prüfen, und die, die ihm nur hinderlich sein können, über Bord zu werfen. Schafft er das nicht, könnten sie seine besten Anstrengungen sabotieren.

■ Seine Tendenz zur Stereotype anzugehen.

■ Den Weg der Unterdrückung als einzige Optionsmöglichkeit im Umgang mit Diversity-Spannungen zu verlassen und bereit zu sein, seine Befürchtungen und Gefühle auch denen gegenüber zu äußern, die vielleicht andere Blickwinkel haben. Das kann ihn befähigen, sich den eigenen strittigen Themen, Fragen und Ängsten zu stellen und sie nicht länger im Verborgenen versteckt zu halten. Es wird ihm auch erlauben, sich bei seinen Anstrengungen darauf zu konzentrieren, ein Arbeitsumfeld zu schaffen, in dem kein Mitarbeiter und keine Gruppe bevor- oder benachteiligt wird.

Kirks bisheriges Verhalten lässt darauf schließen, dass er auch jetzt in seinen Anstrengungen nicht nachlassen wird, auch wenn er sich unter Druck fühlt. Er wird wohl auch weiterhin die Pionierrolle ausfüllen und die Frustration und den Zwiespalt, der damit einhergeht, durchmachen. Er hat das Potenzial, ein sehr effektiver Diversity-Respondent zu werden.

Kapitel 13

Diversity-Effektivität:
Die Herausforderungen für Giraffen

G iraffen sehen sich vor die gleichen Diversity-Management-Aufga-
ben gestellt wie Elefanten, aber sie gehen diese Aufgaben von einem
anderen Blickwinkel aus an. Das hat zur Folge, dass ihre Erfahrungen
und Vorstellungen sich mit denen der Elefanten überschneiden, sich in
vielen Punkten aber auch unterscheiden. Es gibt eine beträchtliche Über-
lappung, aber auch bedeutende Unterschiede.

Herausforderungen für Giraffen

Das Erkennen von Diversity-Zusammensetzungen

Wenn man eine Diversity-Zusammensetzung nicht erkennt, kann man
sie auch nicht angehen. Doch scheinen gerade Giraffen große Schwierigkeiten mit dieser grundlegenden Aufgabe zu haben. Das rührt zum Teil
von ihrer Insider-Perspektive her. Wenn man sich selbst als Verfechter
des „rechten Weges" ansieht und davon ausgeht, dass die, die zu einem
höheren Status gelangen wollen, sich diesem Weg anzupassen haben,
hat man wenig Interesse an Diskussionen rund um Diversity. Sollte jemand nicht hineinpassen, wird man ihm die entsprechenden Ratschläge
erteilen, wie er sich passend machen könnte, so wie es die Giraffe in
Kapitel 1 getan hat. Aber es ist unwahrscheinlich, dass man in Diversity
und Diversity-Zusammensetzungen etwas sehen wird, dem man die
eigene ernsthafte Aufmerksamkeit zuteil kommen lassen sollte. Das hat
zur Folge, dass Giraffen, die nur begrenzte Erfahrungen in der Elefanten-Rolle haben, Diversity weder in sich noch in anderen als solche
erkennen und daher auch selten das Bedürfnis haben, sie angehen zu
müssen.

Nicht alle Giraffe haben dieses Problem. Giraffen, die fundamentale Elefanten-Erfahrungen gemacht haben, sind eher in der Lage, Diversity und die Notwendigkeit des Diversity-Managements zu sehen. Sie wissen, wie man sich als Außenseiter fühlt. Und sie wissen, wie wichtig ein effektiver Umgang mit Giraffen-Elefanten-Zusammensetzungen ist.

Kirk, die Giraffe, die die größten Fortschritte in Richtung Diversity-Reife gemacht hat, bietet hierfür ein hervorragendes Beispiel. Er erfuhr den Elefanten-Status am eigenen Leibe, als er als Mann in einer mehrheitlich weiblich dominierten Arbeitsgruppe anfing und seine weitentwickelte Kompetenz mit Diversity kann auf diese frühen Elefanten-Erlebnisse zurückgeführt werden.

Kontext-Verständnis

Diversity um seiner Selbst willen ist von nur geringer Bedeutung. Ihr Wert liegt vor allem in den Auswirkungen, die sie auf die Fähigkeit hat, Zielvorgaben gerecht zu werden. Sie ist also Kontext-gebunden. Man stelle sich zum Beispiel ein Meeting vor, in dem Schwarze und Weiße, Lateinamerikaner und Asiaten beiderlei Geschlechts vertreten sind. Sie unterscheiden sich außerdem in ihren sexuellen Veranlagungen und ihren physischen Fähigkeiten. Sie haben unterschiedliche Bildungsniveaus und haben schon in den unterschiedlichsten funktionalen Bereichen gearbeitet. Ist das eine diverse Gruppe? Im Sinne der Personen-immanenten Diversity ja. Aber weist diese Gruppe auch bedeutende Diversity auf – also Ähnlichkeiten und Unterschiedlichkeiten, die zu ihrer Fähigkeit, Zielvorgaben gerecht zu werden, beitragen können? Das können wir erst wissen, wenn wir auch den Kontext kennen, den Grund des Meetings und die Geisteshaltung der Teilnehmer.

Nehmen wir an, diese Gruppe bestünde aus lauter Wissenschaftlern, allesamt begeisterte Anhänger einer neuen Wissenschaftstheorie, und sie seien zusammengekommen, um zu überlegen, wie sich die Akzeptanz dieser Theorie fördern und durchsetzen lässt. Die entscheidende Qualität in diesem Fall ist der gemeinsam geteilte Glaube an den Wert dieser Theorie, demografische Unterschiede sind irrelevant. Diese Leute werden wahrscheinlich sehr kohärent agieren und sehr wenig verhaltensimmanente Diversity zeigen.

Nehmen wir als nächstes an, dass die Gruppe die Mitglieder eines Stadtrates darstellte, der darüber zu diskutieren hätte, wie ein unerwarteter

Geldsegen zu verteilen sei. In diesem Fall wird Personen-immanente, das heißt attributive Diversity fraglos zum entscheidenden Faktor, da sich demografische Unterschiede in sehr divergierenden Ansichten äußern werden.

Klarsicht über den Kontext ist wesentlich, besonders für Giraffen, die Manager-Positionen innehaben. Ohne diese Klarsicht besteht kaum Hoffnung auf einen effektiven Umgang mit Diversity.

Erfordernisse identifizieren

Wie Elefanten, so müssen auch Giraffen auf die Zusammensetzungen ihrer eigenen Erfordernisse und die ihrer Leit-Giraffen, der Organisation und der Elefanten reagieren. Aber um entsprechend reagieren zu können, müssen sie zuerst verstehen, welches diese verschiedenen Erfordernisse sind.

Schwerpunkt 1: Die eigene Person

So grundlegend wichtig diese Aufgabe ist, so kompliziert ist sie auch. Giraffen wie auch Elefanten sollten am besten damit beginnen, ihre eigenen Erfordernisse zu identifizieren. Sie müssen in der Lage sein, zwischen Annehmlichkeiten – d.h. den Präferenzen, Traditionen und Bequemlichkeiten – und den grundlegenden Erfordernissen unterscheiden zu können. Damit stellen sich Giraffen einer Herausforderung, die auf Elefanten seltenst zukommt. Denn für Giraffen, die ja in der Vergangenheit die Normen aufgestellt haben, kann es sehr verführerisch sein, die Annehmlichkeiten als Erfordernis misszuinterpretieren.

Jeff scheint Opfer dieses Irrtums geworden zu sein. Seine religiösen Überzeugungen bilden seine persönliche Basis, und er kämpft dafür, dass die Moral-Vorschriften der Bibel in seiner Firma ähnlichen Stellenwert erhalten. Er verhält sich seiner Organisation gegenüber, als wäre sie nichts anderes als eine Erweiterung seiner selbst.

Giraffen können diese Falle vermeiden, indem sie sich bestimmte Schlüsselfragen zurechtlegen. Sie können zum Beispiel fragen: „Welches sind meine fundamentalen Erfordernisse im Hinblick auf das Unternehmensziel?"

Gelingt es Giraffen, diese Falle zu umgehen, wartet schon die nächste auf sie: der Irrtum, den eigenen Erfordernissen unangemessene Priorität einzuräumen. Ziel der Giraffen muss sein, auch weiterhin ihren Teil an der Weiterentwicklung des Hauses – auch des Giraffenhauses – beizutragen, um daraus ein Haus zu machen, das allen erlaubt, sich voll und ganz für das kollektive Wohl einsetzen und gleichzeitig die eigenen Erwartungen realisieren zu können. Die, die ihren eigenen Erfordernissen unangemessen große Bedeutung einräumen, behindern ihre Fähigkeit, zum Bau eines solchen Hauses beizutragen.

Giraffen wie Elefanten nehmen sich manchmal nicht genügend Zeit, um ihre fundamentalen Bedürfnisse zu erkunden. Besonders junge Giraffen, die sich stark mit ihrem Giraffen-Status identifizieren, sind dafür anfällig. Da Giraffen die jeweilige Situation dominieren und definieren, sind sie versucht zu sagen: „Ich auch" und sind versucht, die „Erfordernisse" ihrer Förderer und anderer Giraffen zu übernehmen.

Das Problem ist aber, dass sich Giraffen bedeutend unterscheiden. Giraffen, die sich zu sehr auf andere verlassen, wenn es darum geht, wer sie sind und was sie wollen, können leicht die Verbindung mit ihrer wahren Identität und den ihnen eigenen Bedürfnissen und Erfordernissen verlieren.

Schwerpunkt 2: Die Elefanten

Wenn Giraffen ein Haus schaffen sollen, das jedem offen steht, so müssen sie die Erfordernisse der Elefanten identifizieren. Drei Faktoren machen das schwierig.

Erstens die Dominanz. Weil Giraffen so dominant sind, können sie (ohne sich dessen notwendigerweise bewusst zu sein) zu dem Schluss kommen, dass Elefanten Erweiterungen von ihnen selbst sind. Sie werden sich also schwerlich für die Erfordernisse und Unterschiede der Elefanten interessieren, da sie ja annehmen, dass die Elefanten sich ihren Erfordernissen anpassen werden. George scheint von dieser Annahme auszugehen. Er befürwortet zwar die Eingliederung von Unterschiedlichkeit, gleichzeitig geht er aber davon aus, dass sich andersartige Mitarbeiter dem Organisationsweg anpassen und dass sich seine Mitarbeiter seiner Art, an die Dinge heranzugehen, assimilieren werden.

Zweitens die Abneigung. Persönliche Abneigung gegenüber der Andersartigkeit Fremder kann Giraffen davon abhalten, die Erfordernisse der Elefanten kennen zu lernen. Etliche Trainer lehnten Dennis Rodmans Verhalten so sehr ab, dass sie keinerlei Anstrengungen unternahmen, vielleicht auch seine Erfordernisse verstehen und ihnen gerecht werden zu können. Sie schlossen ihn einfach aus ihren Teams aus.

Drittens die Stereotype. Letztlich kann auch das Denken in Stereotypen die Fähigkeit der Giraffen blockieren, Erfordernisse von Elefanten erfassen zu können. Um die Erfordernisse eines Individuums verstehen zu können, muss man das Wesentliche aus einer Person herausfiltern können und nicht nur auf ihre Karikatur oder Stereotype reagieren. Je mehr eine Giraffe in Stereotypen denkt und spricht, desto seltener wird sie Zugang zu den Erfordernissen der Elefanten finden. George denkt in Stereotypen. Für jemanden wie ihn, der zwar „Minderheit" sagt, aber (bewusst oder unbewusst) „arm und ungebildet" meint, wird es schwer werden, die Erfordernisse einer wohlhabenden und aufstrebenden rassischen oder ethnischen Minderheit zu verstehen.

Schwerpunkt 3: Die Organisation und die Leit-Giraffe

Wie Elefanten haben auch Giraffen Probleme damit, die Erfordernisse ihrer Chefs und ihrer Organisation zu identifizieren. Die Gründe sind bei beiden die gleichen, nämlich irreführende Argumentation, überholtes Denken und fehlende Kommunikation von Seiten der Führungskräfte. Allerdings kommt für Giraffen noch ein erschwerender Faktor dazu: Da sie eine natürliche Affinität zu der Leit-Giraffe haben, selbst zur dominanten Insider-Gruppe gehören und sich als Mitglied der Unternehmens-Familie sehen, könnten sie es eventuell auch als gegeben ansehen, dass sie das innere System verstehen. Sie könnten glauben, dass ihre Zugehörigkeit zur Familie ihnen schon den Erfolg garantiert. Giraffen, die diesen Irrtümern unterliegen, sehen wenig Sinn darin, sich Informationen über die Erfordernisse der Leit-Giraffe und der Organisation zu beschaffen.

Oft genug liegt die Ursache für solche Fehlinterpretationen auch bei den Leit-Giraffen. Da sie annehmen, dass die Giraffen genügend eingebunden sind, um die Erfordernisse zu verstehen, sehen sie keinen Grund darin, ihrerseits vermehrte Anstrengungen zu unternehmen – sie vernachlässigen die direkte und klare Kommunikation der Erfordernisse. Ein weiteres Manko, das die Kommunikation von Erfordernissen behindert, ist die implizit oder explizit vermittelte Haltung der Leit-Giraffen: „Wir kümmern uns um unseresgleichen." Auf diese Weise ermutigen sie nicht gerade dazu, Fragen in Bezug auf die Erfordernisse zu stellen. Stattdessen erwarten sie von den Giraffen, dass sie tun, was man ihnen sagt, und darauf vertrauen, entsprechend belohnt zu werden.

Paradoxerweise sind sich Giraffen in so einem Umfeld oft weniger klar über die wirtschaftlichen Erfordernisse als Elefanten, die sehr genau wissen, dass sie sich diese selbst aneignen müssen. Solche Giraffen richten ihr Augenmerk allein darauf, in der Famillie zu bleiben und Beförderungstitel zu sammeln. Ihr begrenztes Wissen über die wirtschaftlichen Erfordernisse bringt sie aber in eine schlechte Position, wenn es um den Umgang mit Diversity geht.

Mangel an Vertrauen

Wenn Giraffen ihren Leit-Giraffen oder ihrer Organisation nicht zutrauen, ein Haus schaffen zu können, das allen offensteht, kann passieren, dass sie Diversity als Nullsummen-Spiel sehen. Eine Gruppe wird gewinnen, die andere verlieren. Die Eingliederung von andersartigen Menschen und die Akzeptanz und positive Umsetzung ihrer Unterschiedlichkeit wird in ihren Augen die Wahrscheinlichkeit, dass Giraffen ausgeschlossen werden, erhöhen. Jeff und Kirk geben dieser Besorgnis Ausdruck. Jeff glaubte, dass er als wiedergeborener weißer Christ keinen Platz mehr in seiner Firma hätte und beschloss, sich von ihr zu distanzieren. Kirk ist überzeugt, dass Diversity für seine Organisation von Vorteil sein wird, aber er fürchtet, dass die weißen Männer die Zeche werden bezahlen müssen.

Eine Folge dieses Misstrauens ist, dass der offene Dialog verschwindet. In der Regel besprechen Giraffen ihre Sorgen nur unter ihresgleichen. Darüber sprechen sie nicht mit Leit-Giraffen oder Elefanten. Das hat aber zur Folge, dass sie sich gegenseitig nur in ihren Ansichten bestärken und die Möglichkeit, über das Gespräch mit anderen zu den notwendigen Änderungen zu finden, nicht gegeben ist.

Fremde Agenden

Giraffen wie Elefanten können außen-bestimmte Agenden haben. Jeffs religiöse Agenda ist zwar für seine Identität wesentlich, aber den Erfordernissen seiner Organisation ist sie fremd. Sein Wunsch, die Moralvorstellungen der Bibel zum Führungsrahmen seines Unternehmens zu machen, hat ihn zum Außenseiter werden lassen.

Den Giraffen-Trumpf spielen

Wenn Weiße sagen: „Ich bin eine Giraffe und bin deswegen schlecht behandelt worden", machen sie in der Tat nichts anderes, als das Verhalten von Elefanten, die ihren Elefanten-Trumpf ziehen, widerzuspiegeln. Sowohl Kirk (Kapitel 12) als auch Jeff (Kapitel 11) spielen den Giraffen-Trumpf, aber Kirk macht es sehr viel häufiger.

Ist das Spielen dieser Karte sinnvoll? Es kann dann sinnvoll sein, wenn das Ziel darin besteht, einen bereits eingeleiteten Wandel zu stoppen und den Rückzug zum vorherigen Status Quo einzuleiten. Das gilt insbesondere dann, wenn die Giraffen dadurch wieder öffentlich in eine einheitliche Position aufrücken. Aber das Spielen des Giraffen-Trumpfes hat auch einen Kehrseite, und zwar besonders in Organisationen, die sich dem Diversity-Prozess verschrieben haben. Es kann nämlich zu Polarisierung und Arbeitsplatzverlust führen. Das Spielen der Giraffen-Karte erweist sich dann eher als ein mittleres oder großes Desaster und führt keineswegs zum gewünschten Erfolg.

Wie auch immer das jeweilige Ergebnis ausfällt, Giraffen, die den Giraffen-Trumpf spielen, schränken ihre eigene Fähigkeit ein, effektiv mit Diversity umzugehen. Denn die durch das Ausspielen des Giraffen-Trumpfes einmal in Gang gesetzte Bewegung kann eine Eigendynamik entwickeln, durch die Fortschritte im Diversity-Management regelrecht boykottiert werden.

Konzeptionelle Verwirrung

Eine häufige Fehlerquelle für Giraffen, besonders aber weiße Männer, sind die fundamentalen Diversity-Prinzipien. Alle drei interviewten weißen Männer sahen Diversity als synonym mit Eingliederung an. Außerdem verstanden sie darunter Eingliederung im Sinne von Attributen, also Personen-immanenten Eigenschaften (z. B. Rasse, Geschlecht, sexuelle Veranlagung). Nur Kirk zeigte sich offen auch für Verhaltens-immanente Diversity und nur Kirk begann, auch weiße Männer und letztendlich auch sich selbst als Teil der Diversity-Zusammensetzung zu sehen.

Alle drei weißen Männer wollen etwas für andere – für die, die „andersartig" sind – tun; alle hoffen, den richtigen Weg dafür gefunden zu haben. Aber alle lassen Handlungsvorgaben vermissen, nach denen sie ihre Reaktionen ausrichten könnten. Keiner von ihnen sieht die Zusammensetzung der Erfordernisse und nur einer von ihnen hat die wirtschaftliche Motivation für Diversity-Management erkannt. Folglich erleben sie alle reichlich Frustration. Kirk versucht, sich selbst durch seine Arbeit in Diversity-Gruppen und durch Lesen weiterzubilden. George (Kapitel 10) und Jeff wurschteln sich so durch.

Versagen beim Einnehmen der Pionier-Rolle

Für Elefanten, die sich in Giraffen-Land vorwagen, ist es einfach, sich in der Pionierrolle zu sehen. Giraffen, die diese Elefanten aufnehmen, sind nicht weniger Pioniere, aber diese Tatsache ist weniger offensichtlich. Das Resultat ist, dass sie nach wie vor in die Vergangenheit schauen, um sich in die Zukunft führen zu lassen. Dabei wäre ihnen besser gedient, wenn sie sich für eine sich wandelnde Zukunft rüsten würden.

Der Bau eines Hauses sowohl für Giraffen als auch für Elefanten ist Pionierarbeit. Die meisten Häuser – und Organisationen – wurden für eine relativ homogene Gruppe gebaut. Nur von wenigen wird erwartet, dass sie auch für eine ausgesprochen diverse Zusammensetzung von Bewohnern funktionieren. Und nur wenige Giraffen haben Erfahrung mit dieser anspruchsvollen Aufgabe. Da sie sich der Tatsache, Pionierarbeit zu leisten, nicht bewusst sind, fehlt ihnen auch der Ansporn, höhere Diversity-Effektivität zu erreichen. Und weil sie nicht über das nötige Wissen in Bezug auf Diversity und ihren Pionierstatus verfügen, können sie auch nicht die Komplexität und die Herausforderung der Situation erfassen. Das hat zur Folge, dass sie gar nicht realisieren, wie nötig auch sie Bildung, Training und Weiterentwicklung haben.

Seltsamerweise geben auch Giraffen, die sich dieses Mangels an Bereitschaft bewusst sind, ihr Wissen nicht an die Leit-Giraffen weiter. Dennoch erwarten sie von diesen, alles zu wissen und mit jeder Situation zurechtzukommen. George zum Beispiel handelt, als ob seine Vorgesetzten eigentlich genau wüssten, was sie mit und für Diversity tun sollten, aber sich schlicht weigerten, es zu tun. Er geißelt sie also für den Mangel an Aktion anstatt auszuloten, wie er selbst zu ihrem Fortschritt beisteuern könnte. Man muss kein Experte für Ethik und Logik sein, um zu erkennen, dass Leit-Giraffen auf Diversity ebenso unvorbereitet sind wie Giraffen.

Was die Sache noch verkompliziert, sind die Leit-Giraffen, die sich in die Brust werfen und daher stolziert kommen, als ob sie genau wüssten, was sie tun. Dabei tappen auch sie nur im Dunkeln, mit dem einzigen Unterschied, dass sie es nicht zugeben können. Sie tun so, als würden sie sich auf ausgetretenen Pfaden bewegen und nicht auf Pioniergelände.

Letzendlich wird dadurch aber verhindert, dass eine Theorie, ein Modell, ein Werkzeug, das allen helfen könnte – Leit-Giraffen, Giraffen und Elefanten – gefunden und weitergegeben wird. Unfähigkeit und fehlende Bereitschaft, die Tatsache von Pionierarbeit anzuerkennen, verhindert Fortschritt durch alle Unternehmensebenen hindurch.

Verantwortung abtreten

Ähnliches passiert auch auf anderem Gebiet: Giraffen verschleiern ihren eigenen Mangel an Bereitschaft nur allzugern dadurch, dass sie sich ganz auf die Elefanten verlassen, wenn es darum geht, mit Diversity-Lösungen aufzuwarten. Dabei setzen Giraffen oft voraus, dass Elefanten, da sie ja über „diverse", sprich andersartige Eigenschaften verfügen, alles über „Diversity" wüssten.

Typischerweise erzählen Elefanten den Giraffen dann meist, wie sie mit *ihren* Erfordernissen umgehen sollten, und das tun sie recht gut. Aber sie können natürlich nicht alle Erfordernisse in der Zusammensetzung nennen. Giraffen, die auf diese einseitigen Vorschläge eingehen, stellen dann mit wachsendem Erstaunen fest, dass Elefanten ja gar nicht alles über Diversity-Effektivität wissen. Für manche Giraffen wird diese Erkenntnis zu einer willkommenen Entschuldigung dafür, das Diversity-Thema nicht weiterzuverfolgen – das beste Rezept für eine desaströse Vogel-Strauß-Politik.

Der Umgang mit Ismen

Viele würden sagen, dass dieser Faktor auf der Liste der Herausforderungen eigentlich an die erste Stelle gehört hätte. In der Tat schränken Rassismus, Sexismus und andere Ismen die Fähigkeit der Giraffe, als effektiver Diversity-Respondent zu fungieren, ein. Doch die hier geführte Diskussion über die Herausforderungen richtet sich an die Fälle, in denen Giraffen, die unfähig oder unwillig sind, sich auf dem Gebiet von Diversity-Management vorwärts zu entwickeln, gerade nicht Opfer von Ismen waren. Jeder der bereits diskutierten Faktoren könnte hierbei einen hindernden Einfluss haben.

Eine der wichtigsten Schlussfolgerungen daraus ist, dass jeder Anstrengung, Hindernisse auf dem Weg zum Fortschritt aus dem Weg zu räumen, eine diagnostische Komponente vorausgehen muss, um zu sehen, welche Faktoren überhaupt am Werk sind.

Richtlinien zum Umgang mit den Herausforderungen

Ebenso wie es Parallelen zwischen den Herausforderungen für Giraffen und Elefanten gibt, so gibt es auch Parallelen zwischen den Faktoren, die ihnen dabei helfen können, Diversity-Effektivität zu erlangen.

Verantwortung übernehmen

Giraffen sind ebenso geneigt, ihren Organisationen die Schuld für Ineffektivität im Diversity-Management zu geben, wie es Elefanten sind. Die Versuchung ist groß, sich zurückzulehnen um zuzuschauen und abzuwarten, dass die Chefs irgendetwas tun, oder sich gar aktiv den Bestrebungen zu widersetzen. Jeff zum Beispiel überwachte misstrauisch das Verhalten innerhalb seiner Organisation und er setzte sich zur Wehr, als er nicht damit einverstanden war. George gibt sich mit dem, was er angesichts der unternehmerischen Zwänge „so tun kann", zufrieden, und er kritisiert andere für ihren Mangel an Aktion. Nur Kirk ist dabei, bedingt durch seine Arbeit im Diversity-Rat und durch seine Lektüre, eine führende Rolle einzunehmen.

Und doch müssen Giraffen ihre Führungsrolle bei den Diversity-Anstrengungen, die ihre Firmen unternehmen, akzeptieren. Wenn sie Diversity-Belange auf individuelles Verhalten reduzieren, so behindern sie die Fähigkeit ihrer Firma, den für das eigene Überleben notwendigen Erfordernissen gerecht zu werden und schmälern ihren eigenen Status als Führer innerhalb der Organisation.

Akzeptieren des Pionierstatus

Giraffen werden es leichter haben, ihre Führungsrolle anzunehmen, wenn sie ihren Pionierstatus akzeptieren. Es fällt ihnen dann leichter zu erkennen, dass die Konfusion und die relative Ineffizienz, mit der ihre Anstrengungen einhergehen, auf die Neuheit des Diversity-Managements zurückzuführen ist, und nicht auf ihre Inkompetenz oder ihre Vorurteile.

Für Giraffen, die nicht zwischen affirmativer Aktion und Diversity-Management unterscheiden können, wird sich das als sehr schwierig erweisen. Sie wissen, das es affirmative Aktionen schon eine ganze Weile gibt und denken: „Das ist doch nicht neu." Giraffen wie Kirk, die sich sowohl durch ihre Neugier auf Diversity als auch durch ihren positiven Umgang mit den Nuancen von Diversity-Managment auszeichnen, können durch ihren Beitrag eine tragende Rolle im Diversity-Reife-Prozess ihrer Organisationen spielen.

Die Rolle des Mentors übernehmen

Elefanten berichten, dass Förderung bei Diversity-Themen essenziell wichtig für ihren Erfolg im Unternehmen war. Von den Giraffen berichtet dagegen keine, dass sie um Förderung gebeten oder welche erhalten hätte. Keine schien es für notwendig zu halten. Entweder weil sie sich selbst als außerhalb der Zusammensetzung stehend ansehen oder weil sie ihre Pionierrolle nicht realisierten. Und doch brauchen Pionier-Giraffen, ebenso wie Elefananten, Hilfe. Dies kann damit beginnen, dass sie sich gegenseitig unterstützen, damit diese Hilfe später auch anderen Personen, die sich im effektiven Umgang mit Diversity üben wollen, zugute kommen kann.

Um als Förderer von Giraffen aufzutreten, muss man nicht unbedingt in der gleichen Organisation arbeiten und man muss auch nicht immer eine Giraffe sein. Auch ein Elefant kann hier hilfreich sein. Am sinnvollsten ist es, sich nach einer Vielzahl von Förderern für ganz speziell zugeschnittene Rollen zu suchen. Die Fragen und die Gefühle, die mit Diversity einhergehen, sind sehr komplex und es ist kein Thema, das einer alleine bewältigen könnte.

Anwendbarkeit des Erlernten

Der Prozess des Diversity-Managements schafft eine Struktur zum Umgang mit allen Diversity-Zusammensetzungen. Diese breite Anwendbarkeit ist wichtig, da sie den Leuten erlaubt, ihre Kompetenzen an Zusammensetzungen weiterzuentwickeln, die ihnen besonders zusagen und die mit wenig Stress verbunden sind. Es erlaubt auch, frühere Erfahrungen in Lektionen umzuwandeln, die dann auf bestehende Zusammensetzungen angewendet werden können. Giraffen, die Erlerntes von einem Umfeld in das andere transferieren können, haben gute Chancen, effektive Diversity-Respondenten zu werden.

Reife Sichtweisen entwickeln

Empathie

Empathie, die Fähigkeit, sich in den anderen hineinzuversetzen, kann Giraffen helfen, Diversity zu verstehen und darauf zu reagieren. Dies trifft vor allem dann zu, wenn Unterschiede in Bezug auf eine oder mehrere Dimensionen Spannungen hervorrufen. Wir wissen, dass die Fähigkeit, auch im Angesicht von Spannungen weiterzumachen, ein wichtiger Aspekt der Diversity-Reife ist. Giraffen, die schon persönliche Erfahrungen als Elefant oder Außenseiter gemacht haben, sind in manchen Bereichen empathischer als Giraffen, die noch keine solchen Erfahrungen hinter sich haben. Dieser besondere Background befähigt die erstgenannten dazu, auch unter Stress oder bei Spannungen standfest zu bleiben.

Kirk bietet so ein Beispiel. Er wuchs mit nur einem Elternteil in einer Familie auf, die wirtschaftlich stark zu kämpfen hatte. Er war eine Minderheit in einem zum Großteil weiblichen Umfeld, und er hat zwei lesbische Schwestern. Diese Erfahrungen haben es ihm ermöglicht, Unterschiede mit den Augen der Empathie zu betrachten. Seine Erfahrungen in der Kindheit haben ihm gezeigt, wie wichtig es ist, sich auf die Erfordernisse zu konzentrieren. Seine Erfahrungen bei der Arbeit halfen ihm zu dem Wissen, wie es ist, wenn man sich nicht als erste Wahl bei den Beförderungen fühlt. Diese Kombination von Erfahrungen schufen eine Basis, von der aus er die sexuelle Orientierung seiner Schwestern aus einer liberalen Sicht beurteilen lernte. Seine Erfordernis war, in einer liebevollen Beziehung zu seinen Schwestern zu bleiben, zumal er sich der Bürde, als Außenseiter abgestempelt zu werden, sehr wohl bewusst war.

Kirks Interview enthält treffende Einsichten in die Perspektiven sowohl von Giraffen als auch von Elefanten. Wenn er sich durchringen sollte, diese Sichtweisen mit den Mitgliedern jeder der beiden Gruppe zu teilen, könnten er beiden Seiten helfen, den jeweils anderen besser zu verstehen.

Tolerieren der eigenen Zwiespältigkeit

Ebenso wie effektive Diversity-Repondenten lernen müssen, in der Spannung zu leben, müssen sie auch eine positive Einstellung zu Ambivalenz finden. Diversity-Management verlangt nach einem Umbau des Giraffenhauses, und zwar so, dass es sowohl Giraffen als auch Elefanten gerecht werden kann, und keiner von beiden benachteiligt wird. Da Diversity-Management etwas neues ist, weiß niemand genau, wie das Haus auszusehen hat oder wie verhindert werden kann, dass der Gruppe, die sich in der numerischen Minderheit befindet, ein Minderheitsstatus zugesprochen wird.

Giraffen wissen das. Auch die, die ernsthaft Diversity und Diversity-Management unterstützen, können diesen Zwiespalt fühlen. Sie wissen weder, ob das eine, noch ob das andere in ihrem Interesse ist. Obwohl Jeff und Kirk in unterschiedlichen Organisationen arbeiten, teilen sie doch eine gemeinsame Sorge: Beide sind sie sich nicht sicher, ob der Bau eines Hauses, das beiden – sowohl Giraffen als auch Elefanten – gerecht wird, überhaupt möglich ist. Es ist keine unbegründete Sorge, zumal in Situationen, in denen Giraffen allen Grund haben, an ihrer Kompetenz in Diversity-Management zu zweifeln.

Diversity-Reife erlangen heißt für Giraffen auch, diesen Zwiespalt zu akzeptieren und eine positive Sicht gegenüber der Ambivalenz, die damit einhergeht, zu finden. Die Entscheidung einer Giraffe, den Umgang mit Diversity zu wählen, unterscheidet sich von der des Elefanten – das zeigen uns diese Ambivalenzen und Ungewissheiten. Elefanten machen es voller Hoffnung und mit großer Erwartung. Giraffen machen es aus Überzeugung und mit nicht wenig Beklemmung darüber, wie sich die Dinge wohl entwickeln werden. Es ist wichtig, diesen Unterschied herauszustellen.

Wenn Giraffen effektive Diversity-Respondenten werden wollen, müssen sie sich durch einige komplexe Themen durcharbeiten. An erster Stelle aber steht der Entschluss, dass Diversity-Management für die Organisation wünschenswert ist und die Einsicht, dass die harte Arbeit am Aufbau von Diversity-Effektivität auch für sie von persönlichem Nutzen sein kann.

Für Menschen, die ihr Leben lang davon überzeugt waren, sie wüssten, wie die Dinge so im Leben laufen, und die auch keinen Grund sehen, etwas daran zu ändern, kann es sehr schwer werden, bis an diesen Punkt der Einsicht zu gelangen. Zumal ein Schritt von so fundamentalen Ausmaßen mit Sicherheit beunruhigend ist. Der einzige Grund, den man hat, um sich solchen Anstrengungen zu unterziehen, ist das Vertrauen, dass der Nutzen über die Dauer der Zeit betrachtet weitaus größer ist.

Diversity-Effektivität: Die Herausforderungen für Giraffen

Teil 5

Wege in Richtung Diversity-Effektivität

Kapitel 14

Der individuelle Weg

Es ist heute ein allgemein anerkannter Grundsatz, dass Engagement der Leit-Giraffe, Wandel der Organisationskultur und veränderte Systeme notwendige Voraussetzungen für Diversity-Effektivität in Organisationen sind. Dem ist auch nicht zu widersprechen. Was nicht richtig ist, ist die Ansicht, die Leit-Giraffe sei der einzig Verantwortliche für Diversity-Management, und dass er oder sie aus eigenen Kräften eine Diversity-effektive Organisation aufbauen könne.

Die Diversity-Effektivität einer jeden Organisation hängt letztendlich von einer Kombination mehrerer Faktoren ab: einer Leit-Giraffe, die sich diesem Thema verschrieben hat, den notwendigen Veränderungen in der Kultur und dem System, und der Bereitschaft und Fähigkeit von einzelnen Mitgliedern – seien es nun Giraffen oder Elefanten – unter dem Aspekt ihrer verschiedenen Perspektiven effektiv miteinander zu interagieren.

Nur über das persönliche und individuelle Engagement einzelner Männer und Frauen innerhalb einer Organisation kann es gelingen, dort ein Umfeld entstehen zu lassen, in dem echte Diversity gedeihen kann. Dabei spielt es keine Rolle, ob dieses Engagement aus einer rein altruistischen oder ganz und gar egoistischen Motivation heraus geschieht, oder ob es eine Kombination von beidem ist. Das Endresultat ist das gleiche: Jeder Mitarbeiter, der einen höheren Grad an Diversity-Reife und -Effektivität erreicht, gereicht der Organisation insgesamt und damit allen ihren Mitgliedern zum Nutzen.

Das ist der Punkt, an dem jeder einzelne von uns auf den Plan tritt. In diesem Kapitel schauen wir uns die verschiedenen Wege an, wie jeder von uns seine Fähigkeiten als effektiver Diversity-Respondent weiterentwickeln kann.

Die eigene Rolle akzeptieren

Am Anfang eines jeden Weges steht das Ja zur eigenen Verantwortung. Wir sind selbst verantwortlich für den Grad an Diversity-Effektivität, den unsere Organisation bisher erreicht hat. Alles andere hängt von diesem ersten mutigen Schritt ab.

Die meisten Menschen weisen eine Eigenverantwortung dafür, dass Diversity in ihrer Organisation Wurzeln fassen kann, von sich. Für diese Aufgabe sind, in ihren Augen, andere zuständig. So kenne ich einen Fall aus einem mir vertrauten Unternehmen: Der Chief Executive Officer und sein Führungsstab (die Leit-Giraffen) wiesen die Manager der mittleren Führungsebenen an, dafür zu sorgen, dass die „notwendigen Veränderungen" durchgesetzt würden. Diese Manager verwiesen aber auf einzelne Mitarbeiter und deren Gewerkschaft und sagten, dass sie angesichts solcher massiver Hindernisse nichts unternehmen könnten. Die einzelnen Mitarbeiter dagegen warfen den Managern vor, sie würden die Nachfolge verweigern und die Sache nicht ernsthaft genug verfolgen. Aber keiner sah den Balken im eigenen Auge. Oft genug kommen Diskussionen nicht einmal so weit. Stattdessen zuckt ein jeder mit den Schultern und sagt: „Dafür ist der Chef zuständig", auch wenn gar nicht klar ist, welcher Chef denn nun gemeint ist.

In Wahrheit sind alle diese Aussagen richtig und falsch zugleich. Natürlich spielen all diese „anderen" Leute oder Gruppen eine Rolle wenn es darum geht, Diversity-Effektivität zu erlangen, genauso wie auch die eine Rolle spielen, die die Verantwortung weiterzuschieben versuchen. Solange der Wunsch nach Veränderung nicht die gesamte Organisation ergriffen hat, besteht wenig Aussicht auf Erfolg.

Warum macht es auch dann Sinn, sich mit den eigenen Reaktionen im Umgang mit Diversity zu befassen, wenn die Macht allem Anschein nach in den Händen anderer liegt? Die Antwort ist einfach: Weil wir die einzige Person sind, auf die wir direkten Zugriff haben. Diversity-Management fängt bei uns an und setzt sich fort in der Familie und unter Gruppen- und Arbeitskollegen.

Die eigenen Ansichten prüfen

Eine wichtige Hilfestellung bei der Klärung der eigenen Vorbehalte können die folgenden Fragen bieten:

„Betrachte ich Diskussionen über Alternativvorschläge als verlorene Zeit?"

„Reagiere ich gereizt, wenn jemand von sich behauptet, er hätte eine bessere Idee?"

„Stört es mich, wenn andere sich in einer Art und Weise kleiden, die sich von der meinen unterscheidet?"

„Bereiten mir Veränderungen Unbehagen?"

Wird eine oder mehrere dieser Fragen mit Ja beantwortet, deutet das darauf hin, dass ich mich mit Eingliederung wohler fühle als mit Diversity. Das kann ein Alarmsignal sein, besser darauf zu achten, bei welchen Gelegenheiten ich mir mein eigenes Fortkommen dadurch verbaue, dass ich Diversity ablehne – auch wenn ich noch gar keine Möglichkeit hatte, sie objektiv zu überprüfen.

Das eigene Verhalten überwachen

Auch Menschen, die von sich behaupten, eifrige Kämpfer für Diversity-Effektivität zu sein, nehmen sich meist nicht die Zeit, um ihr eigenes Verhalten bei der Konfrontation mit Diversity-Themen zu bewerten. Sie „wissen" schon im Voraus, wo die anderen stehen und gehen davon aus, dass bei ihnen alles in Ordnung ist. Wenn man aber die persönliche Verantwortung für Diversity-Effektivität akzeptiert hat und bereit ist, sich auf diesen Weg einzulassen, muss man auch damit beginnen, sich über die eigenen Verhaltensmuster in Spannungs-geladenen Diversity-Situationen klar zu werden.

Das kann einerseits geschehen, indem man die eigenen Verhaltensweisen in Diversity-reichen Situationen beobachtet. Eine Art Tagebuch kann hier sehr hilfreich sein. Ein über den Zeitraum von mindestens zwei Wochen geführtes Tagebuch kann uns mit einem ganzen Bilderbogen an Diversity-Skizzen versorgen, der unser Diversity-bezogenes Verhalten näher beleuchten hilft. Wichtig bei so einem Tagebuch ist es, alle Begegnungen mit Diversity und unser Verhalten darauf wie eine Art Chronik aufzuzeichnen. Am Ende dieser Periode sollten die Eintragungen noch einmal durchgeschaut und analysiert werden. Das sollte auf der Grundlage der folgenden Fragen geschehen:

- Habe ich alle Diversity-Zusammensetzungen, auf die ich traf, erkannt?

- Welche Spannungen stachen mir ins Auge?

- Welche Spannungen habe ich persönlich empfunden?

- Wie wohl bzw. unwohl habe ich mich mit diesen Spannungen gefühlt?

- Wie habe ich auf die Zusammensetzungen reagiert? Wie auf die Spannungen?

- Wie angemessen waren meine Reaktionen? Haben sie mir dabei geholfen, den Erfordernissen und Fragen gerecht zu werden oder machten sie die Sache eher schwieriger?

- Wie flexibel bin ich? Verlasse ich mich in der Regel immer nur auf eine oder zwei Reaktionen oder passe ich mich in meiner Reaktion der jeweiligen Situation an?

- Wie beurteile ich als Laie meine Qualität als Diversity-Respondent?

- Muss ich mich noch steigern?

- Welche Vorteile brächte mir das?

- Wie entscheidend wären diese Vorteile?

- Bin ich gewillt, die harte Aufgabe der Selbstüberwachung anzugehen und die Verhaltensweisen, die nicht zu meiner Diversity-Effektivität beitragen, aufzugeben?

Für die, die ihre Beobchtungen in einer strukturierteren Art und Weise festhalten wollen, gibt es die Möglichkeit, sich eine Art Tabelle mit Freispalten zu folgenden Übertiteln anzulegen:

- Ort

- Situation

- Wichtige Unterschiede und Übereinstimmungen

- Diversity-Spannungen

- Reaktion auf diese Spannungen

- Resultat

Wie kann das funktionieren? Nehmen wir zum Beispiel an, Sie nähmen an einer Sitzung des Stadtrates teil. Es geht darum, die Einführung einer kommunalen Steuer zu beraten, durch die die nötigen Mittel für den Bau einer neuen Schule aufgebracht werden sollen. Nach der Sitzung würden Sie sich zuhause hinsetzen und so viel wie möglich von dem, was Ihnen über die tatsächlichen Geschehnisse noch in Erinnerung geblieben ist, in die jeweiligen Spalten eintragen. Das vollständige Ausfüllen der Freispalten sollten Sie jedoch auf später verschieben, da es hierfür eine gewisse Reflexion braucht. Erst nach Ablauf einer Woche sollten Sie sich die Übersicht wieder vornehmen und die restlichen Spalten ausfüllen. Ihre Eintragungen könnten dann vielleicht so wie die Diversity-Management-Übersicht auf Seite 260 aussehen.

So eine persönliche Niederschrift – egal ob sie nun in der Form eines erzählerischen Tagebuches oder der einer Tabelle erfolgt – kann uns dabei helfen, die Diversity-Zusammensetzungen und Spannungen, mit denen wir in der Regel zu tun haben, zu identifizieren. Und sie können uns dabei helfen, einen besseren Blick für unsere Reaktionen auf Diversity und deren Zusammensetzungen und Spannungen zu bekommen.

Die eigenen Prioritäten überdenken

An diesem Punkt sollte man eine Pause einlegen und die eigenen Ziele und Prioritäten überdenken: d. h. die persönliche Mission und Vision und die eigenen Zielvorstellungen. Ohne diese Vorgabe gibt es keinen Kontext, der für unsere Entscheidungsfindung in Bezug auf Diversity-Fragen relevant sein könnte.

Mission und Vision hängen von unseren Lebenszielen ab, und davon, wie wir diese zu erreichen gedenken. Strategien beschreiben Pläne, um die Missionen und Visionen zu erfüllen, während Ziele und Zielvorstellungen die kurz- bzw. längerfristigen Handlungsprioritäten reflektieren. Diese Variablen gilt es zu spezifizieren, wenn wir unsere zwingenden persönlichen Motive, warum wir unsere Diversity-Fähigkeiten ausbauen wollen, identifizieren wollen.

Die zwingenden Motive können, sie müssen aber nicht mit unserer Arbeit zusammenhängen. Familie oder ein bestimmtes soziales oder religiöses Umfeld sind für viele die vorrangigere Herausforderung. Vielleicht wollen wir einfach nur effektiver auf die Differenzen, die es mit

Meine persönliche Diversity-Management-Tabelle

Ort	Situation	Wichtige Unterschiede und Übereinstimmungen	Diversity-Spannung	Meine Reaktion auf diese Spannung	Resultat
Rathaus	Beratung über die Einführung einer kommunalen Steuer	Leute mit bzw. ohne Kinder im Grundschulalter	Befürworter und Gegner der Steuer	Ich schlug eine Vertagung der Angelegenheit vor. Bis dahin sollten die Stadträte eine Zusammenstellung der Vor- und Nachteile beider Seiten vorlegen. Das nächste Treffen könnte in zwei Wochen stattfinden.	Nach einigem Zögern wurde meinem Vorschlag entsprochen; die Stadträte versprachen, die nötigen Informationen zu beschaffen.
		Alter	heftige und unschön verlaufende Diskussion		
		Einkommen			

Der individuelle Weg

unserem Nachbarn oder den Kindern gibt, reagieren können. Oder wir wollen bestimmte Dinge in der Gemeinde durchsetzen und müssen dafür mit den unterschiedlichsten Leuten zusammenarbeiten. Wichtig ist, dort anzufangen, wo unsere zwingenden Motive liegen. Das Erlernte kann dann später auf andere, zweitrangigere Arenen übertragen werden.

Bereitschaft zu lernen

Es sollte Ihnen zum jetzigen Zeitpunkt nicht mehr an der nötigen Motivation fehlen, sich ein konzeptionelles Verständnis von Diversity aneignen zu wollen. Allerdings wird es einige Zeit und Energie in Anspruch nehmen, bis Sie sich ein funktionierendes Verständnis dieser Konzepte erarbeitet haben.

Beginnen Sie damit, Ihr theoretisches Wissen aufzustocken: lesen Sie Bücher und Artikel, nehmen Sie an Seminaren teil und nutzen Sie autodidaktisches Material. Dann können Sie damit beginnen, die erlernten Konzepte in die Praxis umzusetzen.

Viele empfinden es als hilfreich, die Sache gemeinsam mit einem Lernpartner anzugehen. Außerdem macht es dann mehr Spaß. Wir können das Gelesene miteinander diskutieren und Seminarnotizen austauschen. Besonders hilfreich ist es, wenn wir jemanden haben, mit dem wir die Eintragungen in unserem persönlichen Diversity-Tagebuch besprechen können. Man kann sich gegenseitig bei der Analyse der niedergeschriebenen Begegnungen helfen und so sicherstellen, dass keinem irgendein signifikanter Punkt der sich abspielenden dynamischen Prozesse entgeht. Ein offenes Gespräch mit dem Lernpartner über die Empfindungen, die wir bei diesen Begegnungen hatten, kann fast wie eine Erleuchtung sein.

Eine weitere gute Gelegenheit, um sich über die fundamentalen Konzepte klar zu werden, kann das Unterrichten bieten. Oft lernt der, der den Unterricht gibt, mehr als seine Schüler. Deswegen bitten auch Unternehmen ihre Manager verstärkt darum, die Diversity-Konzepte selbst weiter zu vermitteln.

Einen Plan entwerfen

Es kann passieren, dass wir während der Reflexions- und Lernphase Sichtweisen, Vorstellungen und Verhaltensmuster an uns entdecken, die uns dabei behindern könnten, den gewünschten Grad an Diversity-Reife zu erreichen. Wir sollten dann darüber nachdenken, wie wir uns diese Gebiete besonders erarbeiten könnten. Wir können zum Beispiel unser Diversity-Tagebuch nach Anhaltspunkten auf die dynamischen Prozesse durchschauen, die sich für uns als verwirrend erwiesen haben. Wenn wir einen Lernpartner haben, sollten wir mit ihm darüber sprechen. Und schließlich sollten wir einen Plan entwerfen, wie wir weiter auf diesem Weg der persönlichen Weiterentwicklung gehen.

Nehmen wir zum Beispiel an, wir haben an uns die ausgeprägte Tendenz zum Handeln auf Grundlage der persönlichen Präferenzen anstatt der Erfordernisse festgestellt. Ein Aktionsplan müsste dann den Schwerpunkt darauf setzen, die eigenen Fähigkeiten bei der Identifizierung der entscheidungsrelevanten Punkte auszubauen, und unsere Kompetenz, zwischen relevanten Erfordernissen einerseits und Traditionen, Präferenzen und Bequemlichkeiten andererseits zu unterscheiden und die Vor- und Nachteile von Alternativvorschlägen abzuwägen, zu erweitern. Der Plan ruft nach einer Verlangsamung des Entscheidungsprozesses, in der Hoffnung, wir könnten auf diese Weise zu neuen Einsichten gelangen und zu einer besseren Akzeptanz von Erfordernissen als einzig entscheidungsrelevantem Kriterium.

Das wiederum kann die Erstellung zusätzlicher Entwicklungspläne notwendig machen. Nehmen wir zum Beispiel folgendes an: bei der Analyse unserer Entscheidungen fällt uns auf, dass wir uns deswegen so auf unsere Präferenzen stützen, weil es uns an Kommunikationskompetenz fehlt. Besprechungen von Themen, über die wir schon eine vorgefasste Meinung haben, sehen wir nicht als Chance, andere Sichtweisen kennen zu lernen und uns weiterzuentwickeln, sondern wir tendieren dazu, solche Besprechungen eher als Gelegenheit zu sehen, bei der es gilt, unsere Sache durchzuboxen. In diesem Fall läge es nahe, sich aufs Zuhören und die Auseinandersetzung mit anderen Sichtweisen zu konzentrieren. Nach einer Weile wird unsere Bevorzugung von Präferenzen nicht mehr so ausgeprägt sein.

Umsetzung in die Praxis, wo immer es geht

Oft hören wir Entschuldigungen wie: „Ich würde ja gerne meine eigene Diversity-Effektivität erhöhen, aber meine Firma stellt sich quer." Und in der Tat passiert es manchmal, dass jemand, der die Überzeugung und den Willen hat, Veränderungen durchzubringen, durch sein Arbeitsumfeld schachmatt gesetzt wird.

Doch darf uns so ein Umfeld nicht daran hindern, unseren Marsch in Richtung Diversity-Effektivität zu beginnen. Wir müssen nicht erst warten, ob unsere Firma auch Schritt halten kann. Wie das geht? Indem wir Diversity-Kompetenzen in einem anderen Umfeld praktizieren: in der Familie, der Kirche, in der Nachbarschaft oder anderen lokalen Vereinen und Gruppen.

Tatsächlich sehen viele Menschen, die in die Diversity-Konzepte eingeführt werden, sofort den Bezug zu ihrem Umfeld außerhalb der Arbeit. Ein Manager sagte: „Ich kenne viele Kirchengemeinden, die das brauchen könnten." Und ein anderer bemerkte: „Normalerweise bereitet es mir Mühe, Arbeitspraktiken auf meine Familiensituation zu übertragen. Hier dagegen hatte ich Mühe, nicht ständig an die Übertragbarkeit auf meine Familiensituation zu denken."

Die, die ihren Weg außerhalb ihres Unternehmens beginnen, können ihr Wissen und ihre Kompetenzen zu gegebener Zeit in ihre Unternehmen einbringen und ihre Firma auf diese Weise auf dem Weg in Richtung Diversity-Effektivität unterstützen.

Es ist kein leichter Weg. Wenn man ein effektiver Diversity-Respondent werden will, erfordert es Engagement, Anstrengung und Zeit. Jetzt fragen Sie sich vielleicht: „Ist es das wert?" Wir glauben ja. Die Fähigkeit, sich souverän unter Leuten und in Situationen zu bewegen, die uns ungewohnt sind, ist eine Gabe, die weit über den spezifischen Nutzen, den sie vermittelt, hinausgeht. Diese Fähigkeit kann unsere Welt erweitern und unser Zutrauen soweit stärken, dass wir hochfliegende Träume und deren Verwirklichung wagen lernen.

Kapitel 15

Ein Haus für Diversity

Wie Individuen so unterscheiden sich auch Organisationen stark in der Qualität der Effektivität ihres Umgangs mit Diversity. Die Aufgabe von Organisationen besteht darin, ein, wie ich es genannt habe, „internes Umfeld für Diversity-Management" zu schaffen. Im Kontext der Fabel von der Giraffe und dem Elefanten betrachtet, bedeutete dies, dass die Giraffe ein Haus für Diversity bauen müsste – das heißt, sie müsste einen Mittelweg finden, um ihrer Verantwortung gerecht zu werden und dem Haus eine Form geben, die auch dem Elefanten zupass käme, und zugleich darauf zu achten, dass das Haus auch weiterhin für sie selbst und ihre Familie bewohnbar bleibt.

Leit-Giraffen von Organisationen können diesen Prozess in die Wege leiten, indem sie öffentlich ihre Überzeugung äußern, dass es der Weiterentwicklung der Organisation dienen würde, wenn man effektive Diversity-Respondenten als Mitarbeiter gewinnen könnte. Desweiteren sollten sie die Mitarbeiter, die Diversity-Reife und Diversity-Kompetenz anstreben, unterstützen und belohnen. Und sie müssen die mittlere und obere Management-Ebene, die ja für die Schaffung eines internen Umfeldes für Diversity-Management verantwortlich sind, mit den nötigen Werkzeugen ausstatten und ihnen die nötige Unterstützung gewähren.

Erfordernisse für ein internes Diversity-Management-Umfeld

Ein internes Umfeld für Diversity-Management erfordert zwei Dinge: kollektive Diversity-Reife auf Seiten der Manager und eine Organisationskultur, die diese Manager bei deren Bemühen um effektiven Umgang mit Diversity unterstützt. Diese Aufgliederung in zwei Hauptpfeiler ist ähnlich der Systematik, die ich bei der Beschreibung des effektiven Diversity-Respondenten benutzte. Aber es gibt einen entscheidenden Unterschied: Die für den effektiven Diversity-Respondenten als wesentlich beschriebenen fundamentalen Diversity-Kompetenzen vermitteln dem Einzelnen eine sehr spezifische Handlungsvorgabe für seinen Umgang mit individuellen Situationen. Organisationskultur ist etwas anderes. Eine Kultur, die die Führungsrichtlinien eines Unternehmens und die Systeme und Praktiken, die sich daraus ergeben, umfasst, ist wie die Bande eines Spielfeldes, innerhalb dessen sich alle anderen Aktivitäten abspielen. Ihr Einfluss ist allmächtig.

Nur die wenigsten Organisationen haben alle ihre Kultur-relevanten Fragen gelöst. Diversity-reife Unternehmen sind aber sehr fleißig, was ihren Umgang mit diesen Problemen angeht. In diesen Organisationen stellen Manager Fragen wie zum Beispiel die folgenden:

„In unserer Kultur gilt der Grundsatz ‚Wir sind eine große glückliche Familie'. Das klingt zwar oberflächlich gut, aber es behindert, wie wir festgestellt haben, unsere Qualitäten in effektivem Diversity-Management. Es hält uns davon ab, alle Mitarbeiter einzugliedern und begünstigt unfairerweise die traditionellen Angestellten. Aber wir schrecken davor zurück, diesen Grundsatz aufzugeben, weil wir die Konsequenzen fürchten. Wie können wir den Familien-Grundsatz fahren lassen, ohne gleichzeitig die Kohäsionskraft, die wir so nötig brauchen, zu verlieren?"

„Wir wissen, dass der Sonderstatus des Marketing-Departments zu Unstimmigkeiten mit den anderen Abteilungen führt. Aber dieser Sonderstatus hat seine praktische Bewandnis. Denn ohne Marketing kein Profit. Wie können wir den anderen Abteilungen zu einem ebenbürtigen Status verhelfen, ohne unser profitbildendes Potenzial einzuschränken?"

Da ich schon an anderer Stelle über den Prozess des Kulturwandels geschrieben habe, möchte ich in diesem Kapitel das Augenmerk auf die Diversity-Reife von Organisationen legen. Dennoch ist wichtig daran zu erinnern, dass der Erfolg oder Misserfolg von Anstrengungen auf dem Gebiet der Diversity von dem Einfluss, den sie auf die Organisationskultur haben, abhängt.

Diversity-Reife von Organisationen

In der Diskussion um die Diversity-Reife von Organisationen kommen viele Merkmale zur Sprache, die auch bei der Bestimmung der individuellen Diversity-Reife wichtig sind. Nur dass wir nun die Manager als Kollektiv betrachten.

Wir wollen zum Beispiel wissen, ob sich die Manager als Kollektiv über Mission und Vision im Klaren sind, und wir untersuchen, wieweit sie das zwingende wirtschaftliche Motiv für den effektiven Umgang mit Diversity formuliert haben und wie viel sie von den Diversity-Konzepten verstanden haben. Wir wollen auch wissen, wie sie als Gruppe ihre Ein- bzw. Nicht-Eingliederungs-Entscheidungen bezüglich Diversity treffen und ob sie im Umgang mit Unterschiedlichkeit diese generell Kontext-bezogen interpretieren oder nicht. Wir interessieren uns dafür, ob sie gewillt und fähig sind, mit der Komplexität und den Spannungen, die eine diverse Belegschaft mit sich bringt, fertig zu werden. Und schließlich wollen wir wissen, ob sie eine klare Handlungsvorgabe und einen Prozessablauf entwickelt haben, mit deren Hilfe sie festlegen können, welche Diversity-Anstrengungen die Organisation überhaupt initiieren wird, und – wenn ja – in welcher Reihenfolge, und ob sie einen strategischen Plan zur Umsetzung dieses Prozess ausgearbeitet haben. Die Übersicht auf S. 276 und 277 umreißt die verschiedenen Verhaltensweisen von Organisationen mit unterschiedlicher Diversity-Reife und zeigt den Zusammenhang mit diesen Merkmalen auf.

Wie zu erwarten war, spiegeln die für Organisationen spezifischen Qualitäten und Überzeugungen letztendlich auch eine Liste der Punkte wider, die auch für den Einzelnen relevant sind. Doch das organisationelle Mandat beinhaltet eine breitere Anwendungsbasis.

Bedeutung von Diversity-Reife für Organisationen

Die Diversity-Reife einer Organisation spielt vor allem dann eine Rolle, wenn es darum geht, wie schwer oder leicht es den einzelnen Mitarbeitern fällt, effektive Diversity-Respondenten zu werden. Reaktionen auf Diversity laufen nicht in einem Vakuum ab. Sie geschehen innerhalb von Interessengruppen, Familien, Unternehmen und Arbeitsteams. Auch der effektivste Diversity-Respondent wird nur beschränkten Einfluss ausüben können, wenn er von seiner Organisation nicht unterstützt wird.

Diversity-reife Individuen werden in einem Diversity-unreifen Umfeld große Schwierigkeiten haben, ihre Kompetenzen zu verfeinern. Die eigentlichen Verlierer sind aber die Organisationen, und zwar in vieler Hinsicht. Die einzelnen Mitarbeiter ziehen sich zurück und reagieren nur noch mit Zynismus. Ihre Manager verlagern ihre Energien auf andere Gebiete, da sie keinen Vorteil in dem angestrebten Reifeprozess sehen. Nachdenkliche Mitarbeiter werden sich vielleicht zur Kündigung entschließen. Und die Organisation wird als Folge von all dem an Wettbewerbsvorteil verlieren.

Umgekehrt produzieren effektive Diversity-Respondenten, die in einem sie unterstützenden Umfeld arbeiten, kompetente Organisationen. Hier gilt das Prinzip der Reziprozität: Individuen brauchen eine unterstützende, Diversity-reife Organisation; die Organisation braucht die Verhaltensweisen und Einsichten von Diversity-reifen Individuen. Die Dynamik des einen beeinflusst die Dynamik des anderen.

Im Folgenden betrachten wir, welche Merkmale bei Organisationen in Bezug auf Diversity-Reife eine Rolle spielen.

Merkmale von Diversity-Reife in Organisationen

Mission und Vision

Die Führung von Diversity-reifen Unternehmen entwickelt und vermittelt zwei Missionen und Visionen: eine allgemeine Mission und Vision und eine Diversity-Management-bezogene Mission und Vision. Die erste dient als Kitt zwischen der Organisation und ihren verschiedensten Mitarbeitern. Die zweite schafft die Motivation für ein unternehmensweites Engagement zum Aufbau von Diversity-Effektivität.

Zu Beginn dieses Prozesses steht die Prüfung der allgemeinen Vision und Mission und die Bestimmung der Diversity-Zusammensetzungen, die explizit oder implizit darin enthalten sind. Die identifizierten Zusammensetzungen bilden die Ausgangsbasis, von der aus die Schaffung

Ein Haus für Diversity

einer Diversity-bezogenen Mission und Vision angegangen wird. Die Führung versucht, diese Missionen und Visionen bei jeder Gelegenheit miteinander zu verbinden. Dadurch vermittelt sie sowohl dem einzelnen Mitarbeiter als auch den Managern die wesentliche Aussage: „Wir haben uns auf den Weg in Richtung Diversity-Management begeben, weil wir ohne dieses unseren wirtschaftlichen Zielvorstellungen und Erfordernissen nicht mehr gerecht werden können."

Im Kontrast dazu stehen Führungskräfte in Organisationen mit geringer Diversity-Reife. Auch sie mögen sich über Mission und Vision ihrer Organisation im Klaren sein. Aber sie schaffen keinen Zusammenhang zwischen Diversity-Management und Mission oder Vision bzw. zwischen Diversity-Management und dem Fortbestand der Organisation. Sie verweisen nicht auf Diversity, wenn sie die Mission und Vision des Unternehmens zur Sprache bringen. Und sie unterlassen es, die Mission und Vision in Betracht zu ziehen, wenn sie ihre Entscheidungen bezüglich Diversity treffen. Stattdessen verhalten sie sich wie eine Diversity-Feuerwehr, die nur in Krisensituationen ausrückt, um so schnell wie möglich einen Brandherd zu löschen.

In Organisationen mit mittlerer Diversity-Reife sehen die Manager zwar den Zusammenhang zwischen der Fähigkeit zu Diversity-Management und Mission und Vision. Aber dieser Zusammenhang wird nicht offiziell durch die Entwicklung eines Missions- bzw. Visionsmodells zum Thema Diversity-Management unterstrichen.

Ein zwingendes wirtschaftliches Motiv

Die Führung in Unternehmen mit hoher Diversity-Reife macht mehr als nur eine Verbindung zu schaffen zwischen ihrer Mission und Vision und Diversity-Effektivität. Sie weiß, dass sie für das Management von Diversity ein zwingendes wirtschaftliches Motiv braucht. Die Entwicklung und Artikulierung dieses Motivs erfolgt durch die Identifizierung der wichtigsten Diversity-Zusammensetzungen – Zusammensetzungen, die, will man lebensfähig bleiben, einen erfolgreichen Umgang unerlässlich machen. Dabei sind sich die Führungskräfte bewusst, dass die entscheidenden Mischungen meist die Zusammensetzungen sind, die den Arbeitsplatz und nicht die, die die Belegschaft betreffen. So kann sich der Umgang mit Zusammensetzungen aus Aufkäufen und Fusionierungen, d. h. funktioneller Diversity, als äußerst gewinnträchtig erweisen.

Egal um welche Diversity-Themen es sich nun handelt – angegangen werden immer die, die die größtmögliche Förderung der unternehmerischen Lebensfähigkeit und der Gewinneinfahrung versprechen. Später wird das Gelernte dann auf Themen der Belegschafts-Diversity transferiert.

Erst das Bewusstsein, dass es ein zwingendes unternehmerisches Motiv gibt, macht Diversity-Management zu einer wichtigen und profitablen Angelegenheit. Die Suche nach Wettbewerbsvorteil führt Mitarbeiter und Organisationen durch die Spannung und Komplexität des Prozesses. Ein Fehlen dieses Bewusstseins wirkt sich hinderlich aus.

Führungskräfte von Organisationen mit geringer Diversity-Reife sehen kein unternehmerisches Motiv für den Umgang mit Diversity, die zudem meist nur Rassen- oder Geschlechts-spezifisch definiert wird. Für diese Führungskräfte ist der Umgang mit Diversity ein Preis, den man zu zahlen hat, und nicht ein Nutzen oder Gewinn.

Die Führung von Organisationen mit mittlerer Diversity-Reife sucht zwar ein zwingendes wirtschaftliches Motiv und arbeitet oft hart an seiner Entwicklung, aber ihr fehlt die Flexibilität, Arbeitsplatz-Zusammensetzungen als die signifikanten Zusammensetzungen zu erkennen. Folglich sucht sie ein Motiv, das auf den Belegschafts-Zusammmensetzungen aufbaut. Dieses kann wohl wichtig sein, aber ihm fehlt der tiefgreifende Einfluss, um daraus auch ein zwingendes wirtschaftliches Motiv werden zu lassen.

Klarsicht in Bezug auf die Diversity-Konzepte

Manager von Diversity-reifen Organisationen definieren Diversity angemessen, sie verstehen den Unterschied zwischen Eingliederung und Diversity und sie kennen den Unterschied zwischen den verschiedenen Diversity-Ansätzen. Sie handeln in einer Art und Weise, die mit ihrem Wissen im Einklang steht.

Manager von Organisationen mit mittlerer Diversity-Reife haben zwar ein bestimmtes Wissen über die Natur von Diversity und seiner Dynamik und über die Unterschiede zwischen den verschiedenen Diversity-Ansätzen, aber sie setzen ihr Wissen nicht konstant genug in die Tat um.

Managern von Organisationen mit geringer Diversity-Reife fehlt die konzeptionelle Klarsicht und das Gefühl für den Zusammenhang zwischen dem Diversity-Management und der Lebensfähigkeit ihrer Organisation. Diversity beschränkt sich für sie darauf, sich im Umgang mit Minderheiten und Frauen politisch korrekt zu verhalten. In puncto konzeptioneller und prozessualer Handlungsvorgabe herrscht bei ihnen nur Verwirrung. Diversity und affirmative Aktion sind für sie dasselbe. Beide existieren nur zu Gunsten von Minderheiten und Frauen.

Ein- bzw. Nicht-Eingliederung von Personen-immanenter und Verhaltens-immanenter Diversity

Besonders schnell sichtbar wird die Diversity-Reife einer Organisation in der Reaktion ihrer Manager auf Personen-immanente und Verhaltens-immanente Diversity. Diversity-reife Organisationen haben einen Standard nach dem sie ihre Entscheidungen zur Ein- bzw. Nicht-Eingliederung von Diversity fällen. Dieser lautet: Welche Auswirkung wird die Eingliederung dieses Individuums, das die und die Charakteristika zeigt, auf unsere Fähigkeit haben, die unternehmerischen Zielvorstellungen umzusetzen? Entsprechend reagieren bzw. entscheiden sie dann.

Organisationen mit geringer Diversity-Reife zeigen zwei Arten von Reaktionsmustern. Manche Organisationen zeigen wenig Offenheit in Bezug auf Diversity – egal welcher Art. Sie operieren zwar im Rahmen der Gesetze, gehen aber keinen Schritt weiter als erfordert. In diesen Organisationen tendieren die Manager unbewusst zu Exklusivität und Ausschluss. Diskussionen oder ein In-Frage-stellen ihrer Haltung findet meist nicht statt. Das Resultat ist, dass die in dieser Firma angestellten Frauen oder Vertreter von Minderheiten sich beschweren, sie seien hier nur eine Art „Vorzeigeneger“. In solchen Organisationen wird Verhaltens-immanente Diversity soweit als möglich ausgeschlossen, und, wenn das nicht möglich ist, bestenfalls toleriert. Allerdings werden die Organisationen, die diese extreme Form von Reaktion zeigen, mittlerweile rar.

Organisationen mit ähnlich geringer Diversity-Reife können auch ein zweites, nur scheinbar unterschiedliches Profil aufweisen. Die Führungskräfte in diesen Organisationen sind zwar bereit, Personen-immanente, d. h. attributive Diversity zu akzeptieren, lehnen aber Verhaltens-immanente Diversity ab. Von „Andersartigen“ wird erwartet, dass sie sich den Organisationsnormen anpassen, und zwar sowohl in Bezug auf die Erfordernisse als auch in Bezug auf die Nicht-Erfordernisse.

Ich will als Beispiel zwei Arten von ganz unterschiedlichen Unternehmen aufführen, die recht gut in diese Profile passen würden. Bei dem einen Unternehmen könnte es sich zum Beispiel um einen großen Produktionsbetrieb handeln. Produziert wird nicht für den Endverbrauchermarkt, und es gibt so gut wie keine „Diversity"-Tradition. Die Manager sehen zwar das ganze Getue um Diversity, das um sie herum zu Gange ist, und fragen sich, ob ihnen da etwas Wichtiges entgeht. Sie sehen zwar keinerlei wirtschaftlichen Nutzen und auch kein zwingendes Motiv. Dennoch meinen sie besorgt, man müsste vielleicht doch etwas tun, egal was „es" nun sei. Sie befassen sich kurz mit dem Thema, kommen dann aber zu dem Schluss, dass „der Nutzen (egal worin er auch liegen mag) in keinster Weise dem Aufwand von Zeit und Geld entspricht".

Bei dem anderen Unternehmen könnte es sich um eine große Gesellschaft handeln, die, auf Grund der Anstrengungen, die sie bei der Einstellung, Beförderung und Unterstützung von Minderheitenvertretern und Frauen unternommen hat, schon mehrere Auszeichnungen für ihre Pionierrolle auf dem Gebiet von Diversity erhalten hat. Dieses Unternehmen hat USA-weit den Ruf, ein guter Arbeitsplatz für Frauen und Minderheiten zu sein, und es unterhält eine Vielzahl an „Diversity-Aktivitäten" und einen umfassenden „Diversity-Plan". Die, die in der Organisation arbeiten, wissen aber, dass nicht alles Gold ist was glänzt. Die Organisation ist zwar offen für Personen-immanente oder attributive Diversity, aber bei Verhaltens-immanenter Diversity besteht sie nach wie vor auf Assimilierung. Die Führung hat im Grunde weder die Unternehmenskultur, die internen Systeme noch den Umgang mit andersartigen Beschäftigten verändert. Stattdessen richtet sich ihr alleiniges Augenmerk auf die Erfassung und Förderung von Frauen und Minderheitengruppen durch spezielle Entwicklungsprojekte, wie gezielte Trainingseinheiten für Mitglieder dieser Gruppen im Hinblick auf spätere Beförderung und Aktivitäten rund um das Thema „Diversity". Solche Aktivitäten sind zwar in vielen Umgebungen angezeigt, aber letztendlich berühren sie kaum die Oberfläche des Themas „Diversity". Es genügt nicht, eine Sache nur Diversity zu nennen – man muss Diversity auch tatsächlich umsetzen und verwirklichen.

Organisationen mit mittlerer Diversity-Reife haben sich noch einer anderen Herausforderung zu stellen. Die Manager in diesen Organisationen wissen, dass sie sowohl den Umgang mit attributiver als auch mit Verhaltens-immanenter Diversity suchen müssen. Aber dieses Unterfangen erweist sich als wahre Herkulesarbeit und dieselben Manager, die attributiver Diversity so positiv gegenüberstehen, spüren nun ihren Enthusiasmus rapide schwinden. Sie sind schlicht unvorbereitet auf die Verhaltens-immanente Diversity, die zusammen mit der attributiven Diversity auf sie eindringt, und ihnen fehlt die Kompetenz, um darauf zu reagieren. Viele versuchen dennoch einen zweiten Anlauf. Sie lesen Bücher, nehmen an Kursen teil oder bereiten sich anderweitig vor, um dieser neuen Herausforderung zu begegnen.

Konzentration auf die Erfordernisse

Diversity-reife Organisationen geben sich ihre Erfordernisse selbst und räumen ihnen die entsprechende Priorität ein. Sie sind sich ihrer sicher. Sie entwerfen ihre Politik, ihre Systeme und Prozessverfahren bereits im Hinblick auf diese Erfordernisse, und bemühen sich, Präferenzen, Bequemlichkeiten und Traditionen nicht zum Zuge kommen zu lassen.

Mir ist selbst ein Unternehmen bekannt, dessen Führung solche Qualitäten bewies. Die Führung stand unter Druck auf Grund ihrer unklaren Unternehmenspolitik bei Beförderungen in den höheren Managementebenen. Sie beschloss etwas dagegen zu tun. Sie begann damit, unternehmenspolitische Richtlinien und Systeme festzulegen, die sicherstellten, dass alle in Betracht kommenden qualifizierten Bewerber – sowohl Interne als auch Externe – über offene Stellen in Kenntnis gesetzt würden und sie die Möglichkeit, sich darauf zu bewerben, eingeräumt bekämen. Dann entwickelte sie ein Prozessverfahren, um die echten Erfordernisse einer jeden Position festzusetzen.

Ganz wohl war der Führung nicht bei der Einführung des neuen Systems, da die Auswahlverfahren für die höheren Positionen früher stark auf Präferenzen beruht hatten. Die Führungskräfte mit dem meisten Einfluss hatten ihre Zöglinge ins Spiel gebracht, die dann auch meist für die vorgeschlagenen Stelle eingestellt wurden.

Die ersten paar Monate unter dem neuen System waren in der Tat schmerzlich. Im ersten Jahr nach der Einführung waren drei Stellen zu vergeben gewesen. Sie wurden durch zwei Externe und einen Internen besetzt. Zwei Dinge wurden dabei deutlich: (1) Die drei Personen, für die man sich entschieden hatte, waren extrem fähige und für ihre neuen Funktionen hoch qualifizierte Leute. (2) Diese drei Zugänge hatten beträchtliche Diversity in puncto Nicht-Erfordernisse mit eingebracht.

Die Führung stellte fest, dass das Firmen-Umfeld nicht so gut bei denen funktionierte, die von außen geholt worden waren, wie es bei Insidern der Fall war. Daher entschlossen sie sich zu einer weiteren Aktion. Gegenwärtig bringen sie ihre Organisationssysteme und Praktiken auf den neuesten Stand, um Raum sowohl für attributive oder Personen-immanente Diversity als auch für Verhaltens-immanente Diversity zu bieten. Ohne solche Veränderungen könnte es passieren, dass diese hoch kompetenten Mitarbeiter die Firma als ungastlich und eng empfinden und sich entscheiden würden, ihr Glück anderswo zu versuchen.

Obwohl Manager in Organisationen mit mittlerer Diversity-Reife oft darum wissen, dass Assimilierung eigentlich nur in puncto Erfordernisse verlangt werden sollte, verlangen sie dennoch kulturelle Anpassung auch in Bezug auf Nicht-Erfordernisse. Und wenn sie manchmal ihren Mitarbeitern erlauben, die in ihren Augen geschmacklose Unterschiedlichkeit auszuleben, dauert es meist nicht lange, bis sie ihre Freimütigkeit bereuen. Dennoch sind sich diese Manager oft über das, was sie nicht wissen, im Klaren. Und ihr Streben nach einem prozessualen Fundament und Ausbau ihrer Diversity-Kompetenz ist durchaus ernsthaft gemeint.

Manager in Organisationen mit geringer Diversity-Reife haben die Verbindungslinie zwischen Diversity und Erfordernis oft gar nicht gezogen. Entweder lassen sie Diversity so weit es geht unberücksichtigt, oder sie verbinden attributive Diversity so eng mit Anstrengungen vom Typ der affirmativen Aktion, dass sie es nicht schaffen, Diversity im Kontext der Erfordernisse zu betrachten. Die Akzeptanz von attributiver Diversity wird oft als etwas betrachtet, „das man halt tun muss".

Interessanterweise haben gerade sehr erfolgreiche Unternehmen oft die größten Schwierigkeiten mit dem Begriff der Erfordernisse. Sie glauben genau zu wissen, worin der Schlüssel zum Erfolg liegt, und sie sind überzeugt, dass sie einfach nur auf diesem Weg weitergehen müssten. Nach so vielen erfolgreichen Jahren wird die Organisation als eine Art Institution betrachtet und ihre Lebensfähigkeit als gesichert angesehen. Sie vermischen Erfordernisse, Traditionen, persönliche Präferenzen und Bequemlichkeiten um ihre Aktionen zu rechtfertigen.

So lange das Umfeld der Organisation stabil bleibt, stützt diese Verquickung der Motive die Organisation. Erst wenn das Umfeld sich ändert, entstehen die Probleme. Nun gälte es, neue Erfordernisse zu identifizieren und anzunehmen. Nur lassen sich die alten Erfordernisse, die so schön mit Präferenzen, Traditionen und Bequemlichkeiten verquickt sind, nicht so leicht abschütteln. Die Hartnäckigkeit dieser alten Erfordernisse kann dazu führen, dass Unternehmen und Führung Verwirrung empfinden und gleichsam in einer Art Zeitverzerrung gefangen gehalten werden. Diesen Unternehmen fällt es schwer, auf ein Umfeld zu reagieren, das so gar nicht mehr dem früheren gleicht.

Das Thema Erfordernisse wird dann vorrangig, wenn Unternehmen sich internationalisieren. Ein Manager stand einmal vor der versammelten Front seiner Kollegen und verteidigte feurig seine Überzeugung, dass das Unternehmen keine seiner Werte und Standards würde aufgeben müssen, wenn es sich auf den globalen Markt ausdehnte. Später kamen mehrere Führungskräfte zu ihm, um ihm eingehendere Fragen bezüglich der Herausforderungen, die sie im Ausland zu erwarten hatten, zu stellen. Der Manager konnte nur einfältig grinsen. Auf solche Diskussionen über Diversity und ihre Auswirkungen war er nicht vorbereitet.

Ein Diversity-reifer Manager in einer Diversity-reifen Organisation hätte stattdessen die Bedeutung der Erfordernisse unterstrichen, ohne notwendigerweise auch auf die hausinternen Präferenzen einzugehen. Er oder sie hätte gewusst, dass diese sich in anderen Kulturen als unangebracht erweisen könnten.

Unternehmen, die sich angewöhnt haben, den Schwerpunkt auf die Erfordernisse zu legen, platzieren wie selbstverständlich sowohl Personen-immanente als auch Verhaltens-immanente Diversity in den Kontext, wenn sie darüber entscheiden, wie sie mit ihnen umzugehen haben. Sie vermitteln allen Mitarbeitern die Vorstellung, dass Unterschiede akzeptabel sind, solange sie die Umsetzung der Zielvorstellungen nicht behindern. Ein gutes Beispiel hierfür bietet ein in einer großen US-Stadt angesiedeltes, enorm erfolgreiches Einzelhandelsunternehmen.

Dieses Unternehmen, das für die chicen und gepflegten Uniformen und das gute Benehmen seiner Angestellten bekannt war, und für seine Intoleranz gegenüber Unordnung und mangelnder Sauberkeit, expandierte in eine ländliche Gegend, die in dem Ruf stand, einen legeren und lockeren Lebensstil zu pflegen. Als der neue Markt nicht so erfolgreich war

Grade der Diversity-Reife von Organisationen

Variable	Geringe Reife (1)	Geringe Reife (2)	mittlere Reife	hohe Reife
Klarsicht in Bezug auf Mission und Vision	gering-hoch	gering-hoch	mittelmäßig	hoch
Wissen um zwingendes wirtschaftliches Motiv	gering	gering-mittelmäßig	mittelmäßig	hoch
Klarsicht in Bezug auf Konzept und Prozess	gering	gering	gering-mittelmäßig	hoch
Ein- bzw. Nicht-Eingliederung von attributiver Diversity	„Vorzeigeneger" überwiegen	wird akzeptiert	widersprüchliche Akzeptanz	hohe Akzeptanz
Ein- bzw. Nicht-Eingliederung von Verhaltens-immanenter Diversity	geringe Akzeptanz	geringe Akzeptanz	widersprüchliche Akzeptanz	hohe Akzeptanz

Merkmal				
Konzentration auf Erfordernisse	Ein- bzw. Nicht-Eingliederung aller, unabhängig ihres Einflusses auf die Fähigkeit, den unternehmerischen Zielvorstellungen gerecht zu werden	Assimilierung in puncto Erfordernisse, Traditionen, Präferenzen und Bequemlichkeiten	Kulturelle Anpassung bei Erfordernissen und einigen Nicht-Erfordernissen	Assimilierung nur in Bezug auf Erfordernisse
Positiver Umgang mit Diversity-Spannungen	schwach entwickelt	schwach entwickelt	mäßig ausgeprägt	stark ausgeprägt
Entwicklung einer Handlungsvorgabe und eines Prozessverfahrens	Notwendigkeit wird nicht erkannt	Notwendigkeit wird nicht erkannt	Führung erkennt die Notwendigkeit, hat aber keinen Prozess in Gang gebracht	Führung hat ein Prozessverfahren entwickelt und folgt ihm
Strategischer Diversity-Management-Plan	Führung hat keinen Plan oder nutzt einen, der nur der Eingliederung dient	Manager haben keinen Plan oder nutzen einen, der nur der Eingliederung dient	Führung ist im Begriff, einen Plan zu entwickeln	Führung hat einen Plan und nutzt ihn als Führer bei der Durchsetzung des Prozessverfahrens

wie erhofft, begann man, sich intensiver mit der Niederlassung und speziell den Kunden dort zu befassen.

Man fand heraus, dass die Kunden in dieser ländlichen Region im Gegensatz zu den urbanen Gebieten eine legerere Atmosphäre bevorzugten, nach dem Motto „Kommt so wie ihr seid". Die geschniegelte Sauberkeit des neuen Geschäftes, so beklagten sie, würde ihnen das Gefühl geben, sie müssten sich vor dem Einkaufen erst in Schale werfen. Dieser Hinweis kam an. Die Angestellten kleideten sich nicht mehr ganz so vorschriftsmäßig, die Regelungswut des Unternehmens wurde etwas eingedämmt. Die Gewinnzahlen gingen nach oben.

Unternehmen mit niedriger Diversity-Reife trennen oft „Diversity" von Erfordernissen. Ihrer Führung fehlt eine konstante Systematik, um ihre Reaktionen auf Unterschiede strukturieren zu können. Die Folge ist, dass diese Reaktionen oft eine beträchtliche Variationsbreite und Unausgewogenheit aufweisen.

Positiver Umgang mit Diversity-Spannung und Komplexität

Manager von Diversity-reifen Organisationen erkennen an, dass das Leben komplexer wird, wo Diversity zum Ausdruck gebracht wird, aber sie verstehen, dass das Teil der Dynamik von Diversity ist. Sie sind gewillt, die Spannung, die entsteht, wenn stark unterschiedliche Leute zusammenarbeiten, durchzustehen.

Diese Spannung kann auf jeder Ebene erlebt werden. Sie kann bei den Interaktionen zwischen zwei Abteilungen, die in ein und demselben Gebäude untergebracht sind, auftreten oder auch zwischen zwei Zweigniederlassungen in weit voneinander entfernt liegenden Ländern. Die Reaktion der Organisation ist immer dieselbe: Spannung tolerieren aber sich dennoch die Zeit nehmen, die Umstände ausführlich zu analysieren. Dann ist die Führung auch in der Lage, ungeachtet der vorhandenen Komplexität, effektiv agieren zu können. Sie könnte zum Beispiel entscheiden, dass die Spannung zwischen den beiden Teams einer höheren Produktivität eher zuträglich ist, und es dabei bewenden lassen. Sie könnte alternativ dazu aber auch entscheiden, dass die Spannungen zwischen den Mitgliedern eines über-funktionalen Teams das Team von seinen Zielen ablenkt und beschließen, einzuschreiten.

Weil Manager in Organisationen mit hoher Diversity-Reife die Verbindung zwischen Diversity-Management und unternehmerischem Erfolg sehen, reagieren sie nicht übermäßig stressbetont auf Diversity-Spannungen.

Manager in Organisationen mit mittlerer Diversity-Reife tendieren dazu, den Schwerpunkt auf Harmonie zu legen. Auf diese Weise ersticken sie aber nicht nur die Spannungen, sondern auch Kreativität und Innovation. Da die Führung von Organisationen mit geringer Diversity-Reife meist keine Diversity zulässt, unterdrückt oder verleugnet sie dadurch auch die Präsenz von Spannungen.

Klare Handlungsvorgaben und Prozessverfahren

Diversity-reife Unternehmen geben sich eine Handlungsvorgabe und ein Prozessverfahren, die sie in ihren Diversity-Anstrengungen führen sollen. Dies hilft ihnen bei der Identifizierung der Erfolgserfordernisse und der Bewertung von Erfolg.

Unternehmen mit geringer Diversity-Reife fehlen solche Handlungsvorgaben und Prozessverfahren. Diese Unternehmen gehen oft einigen Diversity-Irrtümern in die Falle, die da wären:

- *Die Aktivitäten-Falle.* Die Manager bemessen den Erfolg nach Anzahl und Umfang der Aktivitäten.

- *Die Public-Relations-Falle.* Die Manager bemessen den Erfolg danach, wie wohlwollend die Medien und andere externe Gesellschaften über ihre Anstrengungen berichten.

- *Die Trainings-Falle.* Die Manager bemessen den Erfolg nach der Anzahl der Trainingskurse, die absolviert wurden.

- *Die Event-Falle.* Die Manager bemessen den Erfolg nach den Events, wie zum Beispiel unternehmensweit durchgeführten Diversity-Konferenzen.

- *Die Bewusst-seins-Falle.* Die Manager bemessen den Erfolg nach dem Grad des bestehenden „Bewusst-seins".

Keiner dieser Ansätze ist falsch, und jeder mag zu gegebener Zeit und an einem bestimmten Ort seine Berechtigung haben. Ohne führende Handlungsvorgabe und Prozessverfahren, können sie den Managern und ihren Organisationen jedoch einen falschen Eindruck ihres Diversity-Fortschrittes vermitteln.

Ein strategischer Plan

Diversity-reife Organisationen erkennen die Notwendigkeit eines kontinuierlichen Fortschreitens in Richtung Diversity an und machen Pläne, dieses in die Tat umzusetzen. Ein gängiger Ansatz ist die Entwicklung eines strategischen Planes für Diversity-Management. Die Führung einer Organisation entwickelt diesen Plan sehr frühzeitig und folgt ihm unbeirrt. So hält sie ihre Organisation auf dem Weg was die Diversity-Anstrengungen angeht. Dieser strategische Diversity-Management-Plan dient zu mehreren Zwecken.

■ Er soll die Mitarbeiter über den Zweck der Organistion und die Richtung der eingeschlagenen Diversity-Management-Anstrengungen informieren.

■ Er soll die Mitarbeiter einer Organisation motivieren, ihre persönlichen Diversity-Zielvorgaben zu erfüllen.

■ Er soll die Struktur, Klarsicht und Berechenbarkeit schaffen, um diesen Vorgaben gerecht werden zu können.

Um sicher zu stellen, dass der Plan dies auch erfüllt, muss die Führung einer Organisation zumindest das Folgende berücksichtigen:

■ Sie muss ein zwingendes wirtschaftliches Motiv entwickeln für die drei Schlüsselbereiche Belegschaft, Arbeitsplatz und Markt. Ohne dieses Motiv werden die Anstrengungen als von außen bestimmt angesehen werden und das Engagement wird entsprechend bescheiden bleiben.

■ Sie muss die mit Diversity zusammenhängenden Fragen, die einer besonderen Behandlung bedürfen, identifizieren. Es ist wichtig, dass Diversity breit genug definiert wird, damit ihr auch strategische Bedeutung zukommen kann.

■ Sie muss die Reihenfolge festlegen, in der die Aufgaben angegangen werden sollen. Einige Initiativen können simultan ablaufen; andere dagegen müssen schon aus reiner Notwendigkeit heraus aufeinander folgen.

Als nächstes muss die Führung planen, wie und wann sie die Themen angeht. Sie muss festlegen, welche Ansätze gebraucht und welche Strategien benutzt werden, wer für den Erfolg verantwortlich gezeichnet wird und wann man mit der detaillierten Planung und Umsetzung beginnt.

Unternehmensführer in Organisationen mit mittlerer Diversity-Reife haben vielleicht einen „Diversity-Plan"; aber er kann kaum strategisch genannt werden, obwohl der Plan sehr wohl Ideen für das Diversity-Management als auch konkrete affirmative Aktionen beinhalten kann. Ihnen fehlt schlicht und einfach noch die Verschmelzung von notwendigem Diversity-Wissen und seinen Konzeptionen zu einem großen Ganzen. Aber manches lässt darauf schließen, dass sie es noch tun werden.

Unternehmensführer in Organisationen mit geringer Diversity-Reife sehen keinen Grund, warum sie einen strategischen Diversity-Management-Plan entwickeln sollten. Entweder haben sie schon einen Plan des Typs affirmative Aktion oder sie sehen Diversity als ein zu unbedeutendes Thema an, als dass es strategische Planung erforderte. Nur allzu leicht finden sich diese Organisatonen in der Rolle des Beklagten wieder – bei auf Grund von Diversity-Verletzungen vor Gericht anhängigen Sachen.

Zusammenfassung

Müssen sich Wirtschaftsorganisationen wirklich mit dem Thema Diversity befassen? Nur wenn sie im Geschäft bleiben wollen. Jeder Betrieb, der glaubt, er könne die Belange von Diversity ignorieren und dennoch im modernen globalen Wirtschaftsumfeld – das ja schon per definitionem ein unterschiedliches ist – florieren, steuert dem Untergang entgegen.

Stolperstein für viele Organisationen ist die bestehende Konfusion darüber, was denn Diversity genau ist. Dies ist ein Überbleibsel aus früheren Tagen, als viele Leute unter Diversity die Eingliederung von Arbeitern aus Minderheitengruppen verstanden. Oft wurde diese Anschauung durch Moralvorstellungen oder eine individuelle Ethik motiviert, manchmal reagierte man auf gesetzliche Vorgaben, immer aber ging es darum, Menschen einzugliedern, denen die Chancen früher verbaut worden waren.

Den Schwerpunkt auf Eingliederung zu legen, ist vom sozialen oder gesetzlichen Standpunkt aus nicht falsch, aber vom wirtschaftlichen

Standpunkt aus betrachtet ist es ineffektiv. Egal welches nun die ursprünglichen Beweggründe waren, das Problem bleibt immer das gleiche: jede Eingliederung produziert unweigerlich Diversity mit all ihrer Komplexität und Spannung. Die meisten Organisationen suchten nur Repräsentation. Und sie bekamen – Diversity! Sie nahmen an, dass nicht-traditionelle Mitarbeiter ihre Unterschiede draußen vor der Tür lassen würden. Ihnen wurde aber schnell klar, dass diese das nicht zu tun gedachten.

Seitdem müssen sich Organisationen immer wieder mit dieser Realität auseinandersetzen. In Wahrheit gibt es nur sehr wenige Organisationen (wenn es überhaupt welche gibt), die die volle Diversity-Reife erreicht haben. So sind es also die Unternehmen mit mittlerer Diversity-Reife, die als Vorhut in diesem Kampf um Diversity operieren. Sie sind die derzeitigen Diversity-Pioniere. Manche machen Fortschritte, während andere sich nur im Kreis zu bewegen scheinen. Die meisten Pioniere beginnen gerade erst damit, die Notwendigkeit eines systematischen führenden Prozessverfahrens zu erfassen.

Die Manager in diesen Organisationen wissen zwar, dass ihre Effektivität im Umgang mit Diversity-bezogenen Fragen wichtig für die wirtschaftliche Lebensfähigkeit ihrer Organisation ist, aber sie kämpfen dennoch damit.

Wahrscheinlich werden sie in ihrem Kampf fortfahren. Diversity ist zu komplex und vielschichtig, als dass ein einfaches Management möglich wäre. Doch der Lohn, der auf die Organisationen und Manager, die standhaft bleiben, wartet, ist groß.

Der Lohn eines effektiven Diversity-Managements wirkt reziprok. Diversity-reife Organisationen erlangen dadurch Wettbewerbsvorteile, dass sie die Produktivität und Entwicklung von Angestellten auf allen Unternehmensebenen fördern, die in konzentrierter und effektiver Weise auf Unterschiede und Übereinstimmungen zu reagieren gelernt haben. Diese Mitarbeiter wiederum bringen, durch ihre Präsenz und ihr Handeln, mehr Fähigkeit zum Diversity-Management in die Organisation. Zusammen bauen sie – die einzelnen Mitarbeiter und ihre Organisation – ein Haus für Diversity; eines in dem die unterschiedlichsten Menschen maximale Produktivität und Flexibilität bei der Verfolgung ihrer eigenen Ziele und der ihres Unternehmens erreichen können.

Anhang

Anhang A: Aktions-Optionen

In meinem Buch „Redefining Diversity" habe ich acht Aktions-Optionen identifiziert, d.h. Arten, in denen Menschen und Organisationen typischerweise auf Diversity reagieren:

1. *Verstärkung/Verminderung.* Dies bezieht sich auf Entscheidungen, durch Ein- bzw. Nicht-Eingliederung bestimmter Komponenten und ihrer Veränderlichkeiten das Maß an Diversity zu verstärken oder zu vermindern. Seminare, die die „Erweiterung des Denkspektrums" der höheren Führungskräfte zum Ziel haben, dienen der Verstärkung der Diversity der Denkweisen. Die Entlassung von Mitarbeitern, die den in sie gesetzten Erwartungen an ihr Verhalten oder ihre Leistung nicht gerecht werden konnten, ist der Versuch, Diversity zu vermindern.

2. *Verleugnung.* Darunter versteht man die oft unbewusste Entscheidung, Diversity dadurch klein zu reden, dass ich sie für nicht existent erkläre. Wenn jemand sagt: „Ich verstehe gar nicht, warum diese Abteilungen im Streit miteinander liegen; schließlich arbeiten wir alle für das gleiche Unternehmen", so ist das der Versuch, vor der Realität von Diversity die Augen zu verschließen. Das Gleiche gilt im Übrigen auch für die sogenannten Gutwill-Sprüche, wie zum Beispiel: „Unter der Haut sind alle Menschen gleich."

3. *Assimilierung.* Sie bedeutet das Kleinreden von Diversity, indem man darauf besteht, dass sich „Minderheiten-Komponenten" den Normen des dominanten Faktors anzupassen haben. Die Regelung, dass Angestellte nur Englisch – oder irgendeine andere Amts- oder Landessprache – sprechen dürfen, ist der Versuch, Assimilierung zu erzwingen. Gleiches gilt auch für Entscheidungen des Hauptunternehmens, in allen Abteilungen, ungeachtet ihrer Verschiedenheit oder Ähnlichkeit, die gleichen Systeme durchzusetzen.

4. *Unterdrückung.* Darunter versteht man das Kleinreden von Diversity durch Verbannung aus dem Bewusstsein. Der Einzelne weiß um einen Unterschied, aber er verdrängt ihn nur zu bereitwillig aus seinem Be-

wusstsein. Ein typisches Beispiel ist das Motto „Nur nichts fragen, nur nichts sagen", das die gängige Praxis des US-Militärs im Umgang mit der sexuellen Orientierung widerspiegelt. Oder die Direktive vieler Organisationen, ihren Mitarbeitern die Diskussion politischer und religiöser Themen während der Arbeit zu untersagen.

5. *Isolierung.* Dahinter verbirgt sich die Entscheidung, Diversity dadurch anzugehen, dass ich andersartige Komponenten zwar in meine Zusammensetzung mit aufnehme, diese dann aber abseits zu deponieren versuche: zum Beispiel indem ich die Forschungs- und Entwicklungsabteilung in einem anderen Gebäude unterbringe oder indem ich die Registratur einer Klinik in das Kellergeschoss verbanne. Bestimmte Betriebsfeiern dann abzuhalten, wenn die Mitarbeiter der zweiten Schicht keine Zeit haben, ist auch eine Art von Isolierung. Menschen können sowohl physisch als auch in Folge von unzureichendem Informationsfluss isoliert werden.

6. *Tolerierung.* Diese Option ist sehr gebräuchlich. Diversity wird in einer Art und Weise angegangen, die zwar nach außen den Eindruck vermittelt, als gäbe es „einen Raum für alle", gleichzeitig aber werden die Interaktionen zwischen den Komponenten der Zusammensetzung auf oberflächlichen Austausch beschränkt. Statements wie „Die im anderen Gebäude sind zwar alle verrückt, aber wir müssen nun mal mit ihnen zusammenarbeiten" illustrieren die Dynamik von Tolerierung. Mitarbeiter, die tolerieren, fühlen sich oft sehr edelmütig; Mitarbeiter, die toleriert werden, fühlen sich erniedrigt.

7. *Aufbau von Beziehungen.* Diese Option übt den Umgang mit Diversity, indem sie zu einer Haltung der Akzeptanz und des Verständnisses ermutigt. Sensibilisierungs-Training, das den Teilnehmern helfen soll, ihre Vorurteile und Stereotypen zu überwinden, ist ein Beispiel für diesen Ansatz; ebenso funktionsübergreifende soziale Events, die dem Kennenlernen von Mitarbeitern anderer Abteilungen dienen sollen.

8. *Förderung wechselseitiger Adaption.* Diese Option basiert auf einem soliden Verständnis der Erfordernisse. Wenn die Umstände echte Erfordernisse beinhalten, ist die wechselseitige Adaption die einzig richtige Aktion: alle Parteien machen die jeweils erforderlichen Angleichungen, um den Erfordernissen gerecht zu werden und die jeweilige Arbeit zu Ende bringen zu können. Wenn die Umstände Nicht-Erfordernisse beinhalten, werden Unterschiede schlicht als Faktum akzeptiert. Manager, die diese Option verwenden, erwarten von ihren Leuten

und Organisationseinheiten, dass sie sich dort adaptieren und ändern, wo Erfordernisse involviert sind, auf allen anderen Gebieten Diversity aber schlicht und einfach akzeptieren.

Diese Aktionswahlmuster können in Kombinationen auftreten, und sie tun es in der Regel auch. Keine ist per se gut oder schlecht; es hängt alles vom Kontext ab. Und jede kann letzlich bei jeder Diversity-Zusammensetzung benutzt werden.

Von diesen acht Optionen billigt nur die letzte, die Förderung wechselseitiger Adaption, eindeutig Diversity. Das bedeutet aber nicht, dass die Förderung wechselseitiger Adaption die einzige richtige Option wäre. Das Augenmerk von effektiven Diversity-Respondenten liegt nicht auf der unbedingten Vergrößerung von Diversity. Wenn wir den Umfang der Diversity betrachten, die heute schon in der Bevölkerung – also dem Amalgam, aus dem die Unternehmen ihre Belegschaft ziehen – existiert, wird klar, dass das schon von sich aus der Fall sein wird. Statt dessen versuchen Organisationen, Diversity in einer Art und Weise anzugehen, die die Umsetzung von individuellen und organisationellen Zielen fördert. Und dies wird, aller Wahrscheinlichkeit nach, die Verwendung aller dieser Optionen benötigen.

Anhang B: Bewertungsbogen
Einstufungs- und Kontrolltest

PDRI-Einstufungstest			Grad der Diversity-Reife	PDRI-Kontrolltest		
Frage	Antwort	Punktzahl		Frage	Antwort	Punktzahl
1			*Hohe Diversity-Reife (85–100 Punkte)* Sie demonstrieren beträchtliche Diversity-Reife im Umgang mit den Unterschieden und Übereinstimmungen, die Menschen so mit an den Arbeitsplatz bringen.	1		
2				2		
3				3		
4			*Mittlere Diversity-Reife (70–85 Punkte)* Sie haben sich über Diversity Gedanken gemacht, und Sie sind offen dafür, neue Ideen und Verhaltensweisen für den Umgang mit Diversity zu lernen. Sie zeigen den Wunsch, Diversity effektiver anzugehen, aber Sie sich noch nicht im Klaren darüber, wie Sie das anstellen sollen.	4		
5				5		
6				6		
7				7		
8			*Geringe Diversity-Reife (50–70 Punkte)* Sie haben sich noch nicht viel Gedanken über die Unterschiede und Ähnlichkeiten am Arbeitsplatz gemacht oder darüber, wie man mit diesen produktiver umgehen könnte. Sie haben noch einen langen Weg vor sich, wenn Sie im Umgang mit Diversity so effektiv als möglich werden wollen.	8		
9				9		
10				10		
Gesamtpunktzahl				Gesamtpunktzahl		

Anhang C: Antwortschlüssel PDRI-Einstufungstest

Ich habe fünf grundsätzliche Merkmale von Diversity-reifen Individuen identifiziert. Ihre im Test erreichte Punktzahl basiert darauf, in welchem Umfang ihre Antworten diese Merkmale reflektieren. Suchen Sie nun zuerst die entsprechenden Punktzahlen für ihre Antworten heraus. Dann gehen Sie zu Anhang D und betrachten Sie ihre Antworten erneut auf der Grundlage dieser Merkmale.

1. a. *5 Punkte.* Sie versuchen zwar, Unterschiede zur Sprache zu bringen, dennoch verhelfen bei diesem Szenario andere Optionen zu einem aktiveren Management von Unterschieden.
   b. *5 Punkte.* Das ist eine Politik des „Nichtstuns".
   c. *10 Punkte.* Indem Sie prüfen, was gut für den Betrieb ist, bekommen Sie auch eine klarere Vorstellung davon, wie Sie vorgehen sollen.
   d. *7 Punkte.* In dieser Art von Politik steckt ein großes Potenzial, das sich äußerst positiv auswirken kann.

2. a. *5 Punkte.* Sie verhalten sich zu passiv bei Diversity (oder besser dem Mangel an solcher) anstatt eine aktive Rolle einzunehmen.
   b. *10 Punkte.* Sie bemühen sich aktiv um Stellungnahme durch andere und setzen sich einigen möglicherweise herausfordernden Diskussionen aus.
   c. *7 Punkte.* Dies kann die Situation verbessern und es zeigt Ihr Bewusstsein für die Notwendigkeit von Diversity-Management. Um ein Diversity-reifer Manager zu werden, sollten Sie von bloßer Motivation zu verstärktem Engagement übergehen.
   d. *5 Punkte.* Im Grunde sagen Sie: „Dies ist nicht mein Problem."

3. a. *7 Punkte.* Ihre Absichten sind gut.
   b. *10 Punkte.* Der Diversity-reife Manager erkennt, dass Diversity gut für das Unternehmen ist.

c. *5 Punkte.* Wenn Sie bei dieser Denkweise bleiben, werden Sie Schwierigkeiten damit haben, den Nutzen von Diversity-Management zu verinnerlichen.

d. *5 Punkte.* Sie sehen zwar sich selbst, nicht aber Ihre Firma.

4. **a.** *5 Punkte.* Dieser Ansatz kann zwar effizient sein, aber er zeigt keinerlei Bewusstsein für die Besonderheiten Ihres Kundenstammes.

   b. *5 Punkte.* Sofern Sie nicht außergewöhnlich intelligent und erfahren sind, sollten Sie bei anderen um Hilfe anfragen und sicher gehen, dass Ihr Vorschlag auf der Tagesordnung bleibt.

   c. *10 Punkte.* Dies zeigt, dass Sie Spannungen tolerieren können, wenn es darum geht, hochwertige Resultate zu erzielen.

   d. *7 Punkte.* Sie zeigen Sensibilität für Ihr lokales Umfeld, aber Sie müssen sich auch klar darüber werden, welche Aktionen gut für ihr Unternehmen sind.

5. **a.** *7 Punkte.* Ihnen gelingt Diversity-Management im Umgang mit Beschwerden.

   b. *5 Punkte.* Ihr Mangel an Aktion zeigt Ihr Unbehagen mit den Spannungen, die durch einen direkteren Umgang mit der Situation hervorgerufen werden könnten.

   c. *10 Punkte.* Durch die Diskussion mit diesem Mitarbeiter beweisen Sie Ihre Diversity-Manangement-Qualitäten am Arbeitsplatz.

   d. *5 Punkte.* Damit geben Sie eine Direktive vor. Obwohl es wichtig ist, ist es doch eine relativ passive Aktion. Wahres Diversity-Management würde sich in einer direkteren Beteiligung und Einbeziehung äußern.

6. **a.** *10 Punkte.* Solange ihre Kollegin den Erfordernissen gerecht wird, ist die Art und Weise, wie sie das tut, ohne Belang.

   b. *5 Punkte.* Ausschlaggebend für ihr Vorgehen, Ihre Vorgesetzte mit diesem Thema zu belasten, sind nicht die Erfordernisse, sondern Ihre rein persönlichen Präferenzen.

   c. *5 Punkte.* Unterschwellig gehen Sie davon aus, dass Unterschiedlichkeit gleichbedeutend mit Minderwertigkeit ist. Ihre Kollegin wird den Erfordernissen gerecht und sie hat keinerlei Andeutungen gemacht, dass sie irgendwelche Hilfe nötig hätte.

   d. *7 Punkte.* Sie fragen ihre Kollegin direkt um Ihre Meinung. Wenn Sie Ihre Einladung auch nur als das sehen und auch ein Nein als Antwort akzeptieren können, geben Sie sich und anderen die Möglichkeit, einmal zu hören, was Ihre Kollegin zu sagen hat.

7. **a.** *5 Punkte.* Damit verschlechtern Sie ihre Position und Sie können in eine eventuell noch schwierigere Situation geraten.

b. *5 Punkte.* Sie ziehen nur einen Teil der Belange in Betracht, nicht aber auch den anderen Teil.

c. *7 Punkte.* Sie schaffen die Werkzeuge, um über Streit zu einer Lösung zu kommen.

d. *10 Punkte.* Sie richten ihr Augenmerk auf das Wohl Ihrer Firma.

8. a. *7 Punkte.* Sie sehen, dass es darüber hinaus vielleicht noch andere Faktoren gibt, die, bei richtigem Umgang, der Verbesserung der Beziehung zwischen Teamleiterin und Großkunden dienen können.

b. *5 Punkte.* Damit befriedigen Sie zwar die Bedürfnisse Ihres Kunden, was ja auch durchaus in ihrem Interesse liegt, aber Sie unterstützen nicht Ihre eigenen Mitarbeiter.

c. *5 Punkte.* Sie zeigen zwar Engagement, wenn es darum geht, Kundenwünsche zu befriedigen, aber Sie ignorieren die Fähigkeiten Ihrer Mitarbeiter und spielen Ihren Wert herunter.

d. *10 Punkte.* Sie treffen Ihre Entscheidungen auf Grundlage der Erfordernisse.

9. a. *5 Punkte.* Ein Gruppenmeeting, dem ein starkes gemeinsames Interesse zu Grunde liegt, zeigt wenig Diversity, auch wenn die Teilnehmer sich stark in ihren Attributen unterscheiden.

b. *7 Punkte.* Sie demonstrieren Verständnis für die Tatsache, dass in der Diskussion um Diversity Überzeugungen und Verhaltensweisen bedeutender sind als Attribute.

c. *5 Punkte.* Dies Gruppe zeigt zwar demografische Unterschiede, aber es ist unwahrscheinlich, dass sie echte Unterschiedlichkeit aufweist.

d. *10 Punkte.* Sie demonstrieren Wissen um die Komplexität von Diversity und der Notwendigkeit, jede Situation im Kontext bewerten zu müssen.

10. a. *10 Punkte.* Die Diversity-reife Person erkennt, dass gute Angestellte nicht immer als Stereotype daher kommen.

b. *7 Punkte.* Das scheint zwar wie eine Situation auszusehen, in der es nur Gewinner gibt, aber diese Verhaltensweise zeigt letztendlich nur, dass Sie nicht gewillt sind, Diversity in Situationen zu akzeptieren, in denen diese Diversity die Fähigkeit, den Erfordernissen gerecht zu werden, gar nicht beeinträchtigen würde.

c. *5 Punkte.* Sie übernehmen weder Verantwortung für Ihre Mitarbeiter noch für Ihre Kunden.

d. *5 Punkte.* Sie mögen damit Ihre Kundschaft zwar (zeitweilig) beschwichtigen, aber im Grunde gehen Sie das Problem nicht an.

Anhang D: Merkmale von Diversity-reifen Individuen

1. Sie akzeptieren die eigene Verantwortung für das Diversity-Management.

2. Sie besitzen Klarsicht in Bezug auf den Kontext.
   - Sie kennen sich selbst.
   - Sie kennen die Organisation.
   - Sie verstehen die fundamentalen Diversity-Konzepte und Definitionen.

3. Sie orientieren sich an den Erfordernissen.
   - Sie können zwischen Präferenzen, Traditionen und Bequemlichkeiten auf der einen Seite und Erfordernissen auf der anderen Seite differenzieren.
   - Sie betrachten die Unterschiede im Kontext, wenn sie ihre Ein- bzw. Nicht-Eingliederungs-Entscheidungen treffen.

4. Sie können Diversity-Spannungen positivieren.

5. Sie sind bereit, sich ständig weiterzubilden.

Anhang E: Interpretation der im PDRI-Einstufungstest erreichten Punktzahl

Es spielt keine Rolle welche Punktzahl Sie auf der Persönlichen Diversity-Reife-Index-Skala erreicht haben. Dieses Buch kann jedem helfen, sein Zutrauen und Vermögen im Umgang mit Diversity zu steigern.

Die im *Einstufungstest* erreichten Punktzahlen dienen der Überprüfung ihres Urteilsvermögens und der Klarsicht ihrer Reaktion in Bezug auf Diversity und den sie begleitenden unvermeidlichen Komplexitäten. Dieser Test kann Ihnen also wertvolle Informationen über ihre Effektivität im Umgang mit Unterschiedlichkeiten und Übereinstimmungen am Arbeitsplatz geben, also dort, wo Sie in Zusammenarbeit mit ihren Kollegen daran arbeiten, den persönlichen und den organisationellen Zielen gerecht zu werden.

Ich habe drei Grade von Diversity-Reife identitfiziert: hohe Diversity-Reife, mittlere Diversity-Reife und geringe Diversity-Reife. Im Anschluss an die Erläuterungen zu diesen drei Stufen finden Sie Vorschläge, wie Sie beim Lesen des Buches verfahren sollten, um den Lernerfolg zu maximieren. Zum Beispiel glaube ich, dass jeder Leser von der Zusammenarbeit mit einem Lernpartner profitieren würde – also jemandem mit dem man über die Ideen reden und seine Ansichten austauschen könnte. Je mehr Sie die vorgestellten Konzepte als Herausforderung empfinden, desto eher sollten Sie von der Diskussion mit anderen profitieren.

Dies sind natürlich nur Vorschläge. Letztendlich müssen Sie selbst die Art zu lesen finden, die Ihnen am ehesten entgegenkommt.

85–100 Punkte: Hohe Diversity-Reife

Glückwunsch! Ihre Antworten lassen darauf schließen, dass Sie beträchtliche Diversity-Reife im Umgang mit den Unterschiedlichkeiten und Übereinstimmungen, die die Leute mit an den Arbeitsplatz tragen, zeigen. Dennoch bleibt festzuhalten, dass der Grad an Diversity-Reife eines jeden

Einzelnen Kontext-bezogen bleibt. Daher zeigt auch niemand in allen Bereichen den gleichen Reifegrad.

Um am bestmöglichen von diesem Buch profitieren zu können, schlage ich vor, dass Sie sich dem Buch auf die folgende Weise nähern:

■ *Lernen Sie die Merkmale zu identifizieren, die Sie zu einem reifen Diversity-Respondenten machen.* Auf diese Weise stärken Sie Ihr Selbstvertrauen. Tatsächlich schafft das Ausrichten der eigenen Handlungen an einem Handlungs- und Prozessrahmen mehr Zutrauen, als es ein rein intuitives Verhalten vermitteln kann. Anhang D fasst alle Merkmale des Diversity-reifen Individuums zusammen. Lektüre und Analyse verleihen ihm Substanz.

Erweitern Sie die Anzahl und Arten der Situationen, in denen Sie in einer Diversity-reifen Weise handeln. Nehmen Sie zum Beispiel an, Sie hätten keine Probleme damit, Unterschiede in Stil und Verhalten von Seiten Ihrer Arbeitskollegen zu akzeptieren. Wenn dagegen Ihr Sohn oder Ihre Tochter oder ein anderes Familienmitglied sich in einer Weise verhält, die Sie selbst für unangebracht halten, fühlen Sie sich herausgefordert und irritiert. In diesem Falle sollten Sie bei der Lektüre vor allem zwei Ziele im Auge behalten: Sie sollten erstens Ihre schon beeindruckende Diversity-Reife am Arbeitsplatz noch zu verbessern suchen und zweitens erkunden, wie Sie die in dem Buch dargelegten Lektionen auf Ihr familiäres Umfeld übertragen können. (Kapitel 12 bietet ein Beispiel für jemanden, der das geschafft hat.)

■ *Eignen Sie sich die zentralen Diversity-Management-Kompetenzen an, die Ihnen erlauben, spezifische Diversity-Situationen routinemäßig anzugehen und sie effektiv zu meistern.* (Voraussetzung dafür, ein effektiver Diversity-Respondent zu werden, ist die KOMBINATION von Diversity-Reife und Kenntnis der zentralen Kompetenzen.)

■ *Versuchen Sie, ein As in Diversity-Management zu werden.* Vielleicht sollten Sie eine Gruppe ins Leben rufen, um gemeinsam das Buch lesen und Ihre jeweiligen Reaktionen und Perspektiven mit anderen austauschen zu können.

70–85 Punkte: Mittlere Diversity-Reife

Ihre Antworten lassen vermuten, dass Sie sich schon Gedanken über Diversity gemacht haben und dass Sie offen für neue Ideen und Verhaltensmuster für den Umgang damit sind. Vermutlich haben Sie schon den Wunsch verspürt, Diversity effektiver angehen zu können, aber Ihnen war bisher nicht klar, wie Sie das anstellen sollten. Sie werden daher in geradezu idealer Weise von der Lektüre dieses Buches profitieren können. Ihnen dürfte es nicht schwer fallen, die Schlüsselkonzepte einigermaßen schnell zu begreifen und Ihren Diversity-Reife-Grad flott verbessern zu können.

Am profitabelsten für Sie dürfte sich folgende Vorgehensweise erweisen:

1. Lesen Sie als erstes Kapitel 1 und 2 dieses Buches, unter Bezugnahme auf Anhang D wo nötig.

2. Lesen Sie dann das Buch als Ganzes.

3. Lesen Sie Kapitel 1 und 2 noch einmal, um Ihre Kenntnis der Grundprinzipien zu „zementieren".

4. Lesen Sie wiederum die Berichte und die sich anschließenden Analysen und vergleichen Sie sie. Sie werden auf diese Weise leichter begreifen können, inwieweit die Rollen, die uns zugeteilt sind, unsere Sichtweisen und Perspektiven beeinflussen. Diese wiederholte Aufarbeitung des Stoffes wird Ihnen helfen, sich selbst und die anderen besser zu verstehen.

5. Machen Sie sich Notizen über Ihre Beobachtungen und suchen Sie immer wieder Gelegenheiten, dieses Buch und Ihre Beobachtungen mit anderen zu diskutieren.

50–70 Punkte: Geringe Diversity-Reife

Ihre Antworten lassen darauf schließen, dass Sie sich bisher wenig Gedanken über Unterschiede und Übereinstimmungen am Arbeitsplatz gemacht haben, oder darüber, wie man mit diesen am produktivsten umgehen könnte. Viele der in diesem Buch präsentierten Ideen dürften für Sie neu sein und viele werden Sie als Herausforderung Ihrer tiefsten Überzeugungen empfinden. Bleiben Sie dennoch dran! Wachsende Diversity-Reife wird Ihnen in Ihrer eigenen Karriere dienlich sein und sie kann Sie befähigen, Ihre Organisation in puncto Produktivität und Erfolg zu optimieren. Sie kann Ihnen auch helfen, die Qualität Ihrer persönlichen Beziehungen zu verbessern.

Um größtmöglichen Nutzen aus diesem Buch zu ziehen, sollten Sie das Folgende beachten:

1. Wählen Sie sich einen Lernpartner.

2. Lesen Sie Kapitel 1 und 2 eingehend und schlagen Sie, wo nötig, unter Anhang D nach.

3. Identifizieren Sie die Ideen und Vorstellungen, die Sie als Herausforderung empfinden oder die Sie verwirren, und diskutieren Sie sie mit Ihrem Lernpartner.

4. Lesen Sie diese Kapitel noch einmal.

5. Gehen Sie nun zu dem Teil über, der die Rolle behandelt, die Sie in der Regel in Ihrer Organisation spielen (Leit-Giraffe, Elefant, Giraffe) und lesen Sie die darin aufgeführten Berichte und Analysen. Identifizieren Sie die Personen, deren Reaktion auf Diversity der Ihren am meisten entspricht *und* die der Ihren am wenigsten entspricht. Lesen Sie die Analysen dieser Berichte mit besonderer Sorgfalt. Bitten Sie Ihren Lernpartner, das gleiche zu tun und diskutieren Sie die jeweiligen Reaktionen.

6. Lesen Sie nun auch das restliche Buch und diskutieren Sie Ihre generellen Empfindungen mit Ihrem Lernpartner.

7. Lesen Sie die verschiedenen Teile noch einmal und vergleichen Sie die Berichte und Analysen. Sie können so leichter begreifen, wie die uns zugeschriebenen Rollen unsere Sichtweisen und Perspektiven beeinflussen. Auf diese Weise werden Sie auch sich selbst und andere besser verstehen lernen. Es kann sogar sein, dass Orte und Verhaltensweisen zu Tage treten, bei denen Sie von einer Veränderung in Ihrer Sichtweise und Ihrem Verhalten profitieren würden.

8. Fahren Sie damit fort, Ihre Beobachtungen und Reaktionen mit Ihrem Lernpartner zu diskutieren.

Anhang F: PDRI-Kontrolltest

Jetzt, da Sie das Buch vollständig gelesen haben, ist es Zeit für den PDRI-Kontrolltest. Danach können Sie die in dem Einstufungs- und Kontrolltest erreichten Punktzahlen miteinander vergleichen, um zu sehen, in welchem Umfang sich Ihre Diversity-Reife durch die Beschäftigung mit diesem Buch weiterentwickelt hat.

Wie schon der Einstufungstest, so basiert auch dieser Kontrolltest auf verschiedenen Szenarien. Gehen Sie wieder alle zehn Szenarien nacheinander durch und lesen Sie dabei alle auf die verschiedenen Szenarien zugeschnittenen Reaktionen. Wählen Sie dann den Buchstaben der Reaktion, die am ehesten der Handlung, mit der Sie auf das Szenario reagieren würden, entspricht. Tragen Sie den Buchstaben in den in Anhang B vorbereiteten Bewertungsbogen ein. Wenn Sie den PDRI-Kontrolltest vollständig ausgefüllt haben, nehmen Sie sich den Antwortschlüssel des Kontrolltests aus Anhang G vor und suchen Sie die für Ihre jeweilige Reaktion bzw. Ihre jeweiligen Buchstaben vermerkten Punktzahlen heraus. Notieren Sie Ihre Einzel- und Gesamtpunktzahlen auf Ihrem Bewertungsbogen. Für die Interpretation Ihrer Gesamtpunktzahl und weitere Ratschläge lesen Sie Anhang H.

1. *Sie und ein anderer Manager der mittleren Führungsebene wurden damit beauftragt, einen wichtigen Bericht für das Board Ihrer Firma zu schreiben. Nach intensiver Planung, Organisation und Analyse machen Sie und Ihr Kollege sich an die Ausarbeitung. Ihnen wird schnell klar, dass Ihr Kollege, der kein Muttersprachler ist, über keinerlei Ausdrucksmittel für die schriftliche Gestaltung des Textes verfügt. Obwohl er sein Diplom an einer angesehenen Universität gemacht hat, ist es ihm nicht möglich, sich klar und akkurat auszudrücken. Was würden Sie tun?*

   a. Ihnen wird bewusst, dass Sie für die Ausarbeitung eines qualifizierten Berichtes Überstunden werden machen müssen, um seine Unfähigkeit auszubügeln. Es ärgert Sie, aber Sie tun es.
   b. Sie mögen Ihren Kollegen. Da Ihnen klar wird, dass er trotz seines langen Bildungsweges scheinbar nie einen entsprechenden Unter-

richt in schriftlicher Gestaltung erhalten hat, übernehmen Sie die Verantwortung und schreiben den Bericht.

c. Sie gehen davon aus, dass Ihr Kollege Fähigkeiten besitzen muss, die von dem Unternehmen geschätzt werden – schließlich ist er als Manager der mittleren Führungsebene für diese Aufgabe ausgewählt worden. Sie besprechen mit ihm die Situation, um herauszufinden, wie und wo er am besten zu diesem Bericht beitragen kann.

d. Sie werden noch verrückt. Sie sagen Ihrem Vorgesetzten, dass Ihr Kollege seine Aufgabe nicht erfüllen kann und dass sie jemand anderen an seiner Stelle benötigen.

2. *Sie sind Personalleiter in einem großen Kaufhaus. Eine Gruppe von Angestellten kommt zu Ihnen, um sich über einige Kollegen zu beschweren. Sie sagen, dass manche Mitarbeiter in der Pause, beim Füllen der Regale und manchmal auch in Kundengesprächen Spanisch reden würden. Außerdem sei ihnen aufgefallen, dass die Spanisch-sprechenden Angestellten immer lachen würden, wenn ein Nicht-spanisch-Sprechender vorbeiginge. Da sie sich mit dieser Situation nicht wohl fühlen, wünschen sie, dass Sie etwas dagegen tun. Welche der folgenden Vorgehensweisen würde am ehesten der Ihren entsprechen?*

a. Sie berufen eine Versammlung ein oder verteilen ein Memo, in dem Sie ausdrücklich darauf hinweisen, dass es den Angestellten während der Arbeitszeit nicht gestattet ist, sich in einer anderen als der Landes- und Amtssprache zu unterhalten.

b. Sie erklären den Beschwerdeführern, dass sie und die Spanier diese Angelegenheit unter sich ausmachen müssten und dass das Unternehmen keine Probleme damit hätte, wenn sich seine Angestellten auf Spanisch unterhielten.

c. Sie sprechen mit einigen der Spanisch-sprechenden Mitarbeiter und bitten sie, das Spanisch sprechen doch zu unterlassen, wenn Nicht-spanisch-redende Mitarbeiter anwesend sind.

d. Sie rufen zu einem Dialog zwischen den beiden Mitarbeitergruppen auf, um zu überlegen, in welchen Situationen es unbedingt erforderlich ist, dass Englisch – oder irgendeine andere Amts- oder Landessprache – gesprochen wird, um den Erfordernissen gerecht werden zu können (zum Beispiel wenn es darum geht, Verletzungsrisiken auszuschließen). Sie versuchen auf eine Übereinkunft hinzuarbeiten, die besagt, dass, außer bei den zuvor ausgearbeiteten Gelegenheiten, Spanisch gesprochen werden darf. Sie suchen nach

Wegen, wie Sie den Mitarbeitern der beiden Gruppen dabei helfen könnten, ihr gegenseitiges Misstrauen zu überwinden.

3. *Sie arbeiten in einem Produktionswerk. In der Gruppe, für die sie zuständig sind, ist auch eine alleinerziehende Mutter mit zwei kleinen Kindern. Diese Mitarbeiterin hatte bisher immer gute Beurteilungen bekommen. Da sie eine Flexibilisierung der Arbeitszeit anstrebt, damit sie mehr Zeit mit ihren Kindern verbringen kann, kommt sie zu Ihnen und bittet Sie um Hilfe. Aber in Ihrem Betrieb war Gleitzeit bisher kein Thema. Wie würden Sie reagieren?*

   a. Sie schlagen vor, dass Sie beide einen Formantrag ausarbeiten, der dann der Führung des Betriebs vorgelegt werden soll.

   b. Sie erklären ihr, dass Sie ihre Situation verstehen, aber dass Sie keine Einflussmöglichkeiten haben, da die Firma flexible Arbeitszeiten bisher abgelehnt hat.

   c. Sie schlagen ihr vor, dass sie mit ihrer Anfrage doch zum Betriebsrat der Firma gehen soll. Sie lassen die Mitarbeiterin auch wissen, dass Sie ihren Antrag, sofern diese Instanz sich dafür einzusetzen sollte, unterstützen würden.

   d. Sie setzen sich mit der Frau zusammen und arbeiten mit ihr eine Analyse ihrer jetzigen Tätigkeit bzw. ähnlicher Arbeitsvorgänge aus, um festzustellen, inwieweit die Einführung von flexiblen Arbeitszeiten die Abwicklung dieser Arbeitsvorgänge beeinträchtigen würde. Eine Entscheidung darüber, wie Sie auf das Dilemma der Mitarbeiterin zu reagieren gedenken, fällen Sie erst, wenn Ihre Analyse erste Ergebnisse zu Tage gebracht hat.

4. *Welche von den folgenden Antworten spiegelt am ehesten Ihre Annäherung an Diversity am Arbeitsplatz wider?*

   a. Ich versuche sicherzustellen, dass in meiner Firma Leute unterschiedlicher Rasse, unterschiedlicher Volkszugehörigkeit und unterschiedlichen sozialen Backgrounds eingestellt werden.

   b. Ich bin ständig auf Gelegenheiten aus, in denen ich mit Menschen unterschiedlicher Rasse, unterschiedlicher Volkszugehörigkeit und unterschiedlichen sozialen Backgrounds zusammenarbeiten kann.

   c. In Situationen, die durch interkulturelle Missverständnisse geprägt werden, versuche ich, als Bindeglied zu fungieren.

   d. Den ganzen Tag mit den Arbeitskollegen zu verbringen, macht nicht immer Spaß. Bei manchen fällt es mir besonders schwer. Aber ich kann Unterschiede, die mich stören, akzeptieren, solange sie mich nicht in meiner Arbeitsfähigkeit beeinträchtigen. Ich ziehe nur dann einen Schlussstrich, wenn ein bestimmter Unterschied es mir unmöglich macht, meine Arbeit zu erledigen.

5. *Sie leiten eine Gruppe, die mit der Vorbereitung wichtiger Verkaufsverhandlungen mit einer großen Firma betraut ist. Einer Ihrer fähigsten Kollegen geht sehr offen mit seiner Homosexualität um. Nun machen Sie sich Sorgen, ob sein Verhalten und seine Gespreiztheit sich nicht negativ auswirken wird – schließlich hoffen Sie, diesen Kunden für Ihre Firma zu gewinnen. Was würden Sie tun?*

   a. Sie sprechen mit dem Mitarbeiter, erklären Ihre Bedenken und bitten ihn, sich im Dienste der Firma bei den Verkaufsverhandlungen etwas zurückzuhalten.

   b. Sie ändern seinen Verantwortungsbereich und setzen ihn mehr oder weniger für Hintergrundtätigkeiten ein. Sein Platz bei den direkten Verkaufsverhandlungen mit dem potenziellen Kunden wird einem anderen Mitarbeiter übertragen.

   c. Nichts! Schließlich gibt es bisher keinerlei Anzeichen dafür, dass er nicht auch weiterhin gute Arbeit leisten wird.

   d. Nichts! Sie schätzen die Beiträge und die Gesellschaft Ihres Kollegen und Sie sehen keinen Grund, womöglich noch seine Gefühle zu verletzen.

6. *Sie arbeiten für eine etwas puritanische Firma, die vor kurzem ein im High-Tech-Bereich sehr erfolgreiches Unternehmen aufgekauft hat. Die Mitarbeiter dieser neuen Tochter sind es gewohnt, ihre Stunden frei und flexibel einzuteilen, in Jeans und T-Shirt zur Arbeit zu kommen und auch mal den Pizza-Service zu bestellen, wenn sie gerade die Laune überkommt. Ihnen wurde die Verantwortung für die Integration der neuen Firma in das Gesamtunternehmen übertragen. Welche der folgenden Vorgehensarten würde der Ihren entsprechen?*

   a. Sie berufen ein Meeting mit der Unternehmensführung ein und sagen dem Board, dass es sich hier seine üblichen Direktiven „an den Hut stecken" sollte. Schließlich ist der High-Tech-Bereich von zentraler Bedeutung für den Erfolg des Gesamtunternehmens.

   b. Sie berufen ein Meeting mit dem Mitarbeiterstab der neu aufgekauften Firma ein. Sie erklären, dass Ihr Unternehmen zwar die Kreativität und Arbeit dieser Firma schätzt, es aber trotzdem ein Image hochzuhalten hat und dass die neuen Mitarbeiter sich den politischen Regeln und dem Prozedere der neuen Mutter anzupassen haben.

   c. In der Phase, in der Ihre alte Besetzung und die neuen Mitarbeiter miteinander zu interagieren beginnen, suchen und sprechen Sie über Ähnlichkeiten der beiden Belegschaften und ermutigen die einzelnen Mitarbeiter, die positiven Dinge des jeweils anderen zu sehen. Sie zeigen Wege auf, wie die verschiedenen Mitarbeiter zu einer guten Zusammenarbeit finden könnten.

   d. Sie stellen eine Task-Force-Truppe mit Mitarbeitern aus beiden Gruppen zusammen, die mit der Aufgabe betraut wird, politische Regeln und Vorgehensweisen zu entwickeln, die dem Unternehmen erlauben wird, den mit der Akquirierung verbundenen Zielsetzungen gerecht zu werden.

7. *Sie bemerken, dass es in Ihrem Büro einen häufigen Wechsel vor allem der weiblichen Angestellten gibt und dass die allgemeine Arbeitsmoral bei der verbliebenen Belegschaft sehr schlecht ist. Sie sind eine höhere Führunskraft. Was würden Sie tun?*

   a. Sie bringen das Thema bei eine Manager-Konferenz auf. Bevor Sie entscheiden, was zu tun sei, wollen Sie sehen, ob andere die gleiche Beobachtung gemacht haben.

   b. Sie gehen zu der Human-Resources-Abteilung und bringen Ihre Sorgen vor. Sie bitten darum, sich dieses Problems anzunehmen.

   c. Sie treffen sich im Stillen mit einigen von den Mitarbeitern, die gekündigt haben, und mit solchen, von denen Sie wissen, dass sie unzufrieden sind. Sie hören sich ihre Belange an und schauen, ob dieser Unzufriedenheit vielleicht ein gemeinsames Motiv zu Grunde liegt.

   d. Sie sitzen die Sache aus. Ihr Büro hat schon mehrere Stürme dieser Art überstanden und wird auch jetzt überleben. Außerdem gehört es nicht zu Ihrem unmittelbaren Verantwortungsbereich, sich um diese Art von Problemen zu kümmern.

8. *Sie sind sitzen einem mittelständischen Unternehmen vor. Einer Ihrer langjährigsten Hauptabteilungsleiter ist in den Ruhestand gegangen und Sie müssen diese Lücke wieder schließen. Hierfür haben Sie zwei Kandidaten ins Auge gefasst, die beide zum aktuellen Mitarbeiterstab Ihres Unternehmens gehören. Beide haben exzellente Zeugnisse und Beurteilungen und beide sind bei der Belegschaft sehr beliebt. Der eine ist Vertreter einer rassischen Minderheit, der andere ist ein Weißer. In Ihrer Firma gibt es noch keinen farbigen Hauptabteilungsleiter und Sie*

stehen unter beträchtlichem Druck von Seiten der Aktionäre, doch endlich einen Minderheitsvertreter in eine höhere Position zu befördern. Wie treffen Sie Ihre Entscheidung darüber, welchen der beiden Bewerber Sie befördern sollen?

a. Sie wählen den Minderheiten-Kandidaten. Damit zeigen Sie Ihr Engagement für affirmative Aktionen und Diversity und gleichzeitig befriedigen Sie die Anteilseigner und nehmen etwas von dem Druck, der auf Ihrem Unternehmen lastet.

b. Sie besprechen sich mit anderen höheren Führungskräften, um zu sehen, ob die Unternehmenskultur schon reif für einen farbigen Hauptabteilungsleiter ist. Sie schließen sich ihren Empfehlungen an.

c. Sie teilen die Stelle und schaffen zwei Abteilungsleiterposten, die mit beiden Bewerbern besetzt werden.

d. Sie öffnen die Suche nach einem geeigneten Kandidaten auch nach außen, so dass man Ihnen bei Ihrer Entscheidung zumindest keine Voreingenommenheit vorwerfen kann.

9. *Sie sind Investment-Banker und Ihre Firma besitzt eine Niederlassung in einem osteuropäischen Land. Die Belegschaft in diesem Übersee-Büro besteht fast einheitlich aus weißen Männern. Nun hat sich aber Ihre Firma der Diversity der Belegschaft verschrieben. Was tun Sie?*

a. Sie warten, bis in der Niederlassung ein Problem auftaucht, für dessen Lösung Hilfestellung durch Ihre Firma benötigt wird. Nun stellen Sie – ohne Ansehen von Rasse, Nationalität oder Geschlecht – ein Team Ihrer talentiertesten Angestellten zusammen, das zur Problemlösung in die Zweigniederlassung geschickt wird. Nach erfolgreichen Abschluss dieser Erfahrungen verweisen Sie auf die Vorteile, die solche „diversen" Teams mit sich bringen.

b. Sie tun nichts. Das Übersee-Büro bringt gute Leistung und Business ist immer noch wichtiger als soziale Ausgewogenheit.

c. Sie sagen nichts. Sie haben keine Kontrolle über die Auswahlverfahren bei Bewerbungen. Außerdem sah es in diesem Übersee-Büro nie anders aus.

d. Sie überprüfen die Leistungs- und Wettbewerbsfähigkeit dieses Betriebes. Trägt die derzeitige Zusammensetzung optimal zur Profitabilität Ihres Unternehmens bei? Wenn dem so ist, lassen Sie die Dinge laufen. Wenn dem nicht so ist, entwickeln Sie eine Einstellungskampagne vor Ort, um die Anzahl der weiblichen Beschäftigten und der Minderheiten zu erhöhen.

10. *Sie sind Leiter der Produktion Ihres Unternehmens. Sie nehmen an einem Manager-Meeting teil, auf dem es um affirmative Aktionen und Diversity geht. Die anderen Manager beklagen sich, sie könnten keine qualifizierten und für Beförderungen in Frage kommenden Minderheitenvertreter und Frauen finden. Ihnen fällt auf, dass die Manager zumeist weiße Männer sind. Offensichtlich haben Minderheitenvertreter und Frauen große Probleme damit, in Ihrer Organisation zu Erfolg und Ansehen zu kommen. Wie reagieren Sie auf diese Entdeckung?*

a. Sie stellen ein Kommittee aus Mitarbeitern zusammen, das mit der Aufgabe betraut wird, herauszufinden, warum es in Ihrem Bereich an Minderheiten und Frauen in den höheren Ebenen fehlt.

b. Sie ändern die Beförderungspraxis, um auch Frauen und Minderheiten eine größere Mobilität nach oben zu ermöglichen.

c. Sie geben die fehlende Diversity in den oberen Ebenen zu und dokumentieren, welchen negativen Einfluss dies auf das Geschäft haben kann und in der Tat auch hat.

d. Sie führen einige affirmative Aktionen durch, da Sie befürchten, dass Ihr Unternehmen gerichtlich belangt werden könnnte, wenn diese Situation noch länger anhielte.

Anhang G: Antwortschlüssel Kontrolltest

Ihre im PDRI-Kontrolltest erreichte Punktzahl basiert darauf, in welchem Umfang Ihre Antworten die fünf Schlüsselmerkmale von Diversity-reifen Individuen reflektieren. Suchen Sie nun zuerst die entsprechenden Punktzahlen für Ihre Antworten heraus. Wenn der Wunsch dazu besteht, können Sie noch einmal zu Anhang D zurückgehen und Ihre Antworten auf der Grundlage dieser Merkmale überprüfen.

1. a. *7 Punkte.* Ihre Reaktion ist verständlich.
   b. *5 Punkte.* Obwohl Ihre Reaktion wahrscheinlich durch Ihr Mitgefühl motiviert ist, laufen Sie Gefahr, Diversity auf Kosten der Geschäftstüchtigkeit zu tolerieren.
   c. *10 Punkte.* Sie respektieren die Entscheidung Ihrer Firma darüber, was gut ist für den Betrieb.
   d. *5 Punkte.* Ihre Reaktion ist verständlich, aber Sie sollten Ihre Energien besser dafür aufwenden, das Problem zu lösen.

2. a. *5 Punkte.* Ihre Reaktion zeigt keinen Respekt vor Diversity, erlaubt es nicht, eventuellen Kundenwünschen gerecht zu werden und verhindert jedes freie und offene Gespräch auf Seiten der Spanisch-Sprechenden.
   b. *7 Punkte.* Obwohl Sie den Beschwerde-führenden Mitarbeitern helfen, Diversity besser zu verstehen, demonstrieren Sie Ihre Unfähigkeit, ernsthaft auf ihre Beschwerden einzugehen.
   c. *5 Punkte.* Diese Reaktion kann dazu führen, dass die besonderen Beiträge, die die Spanier leisten können, geschmälert werden, und außerdem zeigt sie keinen Respekt vor Diversity.
   d. *10 Punkte.* Sie zeigen die Bereitschaft, eine Lösung zu suchen, die allein auf den Arbeits-Erfordernissen basiert und nicht auf persönlichen Präferenzen oder Ärgernissen.

3. a. *7 Punkte.* Sie zeigen, dass Sie das Problem Ihrer Angestellten ernst nehmen und dass Sie ihr dabei helfen wollen, ein für beide Seiten

zufriedenstellendes Ergebnis zu finden. Aber die Erfordernisse sind Sie damit nicht angegangen.

b. *5 Punkte*. Sie sagen im Grunde, dass das nicht Ihr Problem ist, da es nicht in Ihren Verantwortungsbereich fällt.

c. *5 Punkte*. Sie sagen, dass das nicht Ihr Problem ist, das es nicht in Ihren Verantwortungsbereich fällt. Das Versprechen, ihr beizustehen, aber ansonsten die Aktion ganz dieser Mitarbeiterin zu überlassen, zeugt von keiner Diversity-Reife.

d. *10 Punkte*. Sie nehmen sich einerseits die Zeit, die Auswirkungen dieser Bitte auf die Fähigkeit der Arbeiter, den organisationellen Erfordernissen gerecht zu werden, zu analysieren, andererseits zeigen Sie aber auch den Willen, ihre Bitte ernsthaft zu unterstützen.

4. a. *5 Punkte*. Sie versuchen nur, Ihrer Firma einen anderen Anstrich zu geben.

b. *7 Punkte*. Indem Sie nach Gelegenheiten suchen, demonstrieren Sie Ihre Bereitschaft, Chancen zu nutzen und sich persönlich weiterzuentwickeln. Dies ist der erste Schritt hin zur Eigenverantwortung für den persönlichen als auch den organisationellen Wandel.

c. *5 Punkte*. Das ist eine rein passive Haltung.

d. *10 Punkte*. Sie lassen sich in Ihrer Reaktion auf Unterschiedlichkeiten von den Auswirkungen leiten, die diese Unterschiede auf Ihre Arbeitsfähigkeit haben.

5. a. *5 Punkte*. Sie bekommen das, was man eine schwierige Konversation mit einem Kollegen nennen könnte, aber Sie verlangen auch eine ganze Menge.

b. *5 Punkte*. Wenn er wirklich so ein fähiger Kollege ist, warum ihn nur für die Hintergrundarbeiten einsetzen?

c. *10 Punkte*. Der beste Indikator für die zukünftige Leistungsfähigkeit eines Kollegen sind seine früher erbrachten Leistungen. Die Annahme, Ihr Kollege könnte alles falsch machen, hieße nur, die eigenen Vorurteile und Verdächtigungen mit in die Situation einzuschmuggeln.

d. *7 Punkte*. Er wird zwar mit einbezogen, aber aus den falschen Gründen. Bei der Arbeit zählt die Fähigkeit des Einzelnen, seinen Job zu erledigen. Sie belügen Ihren Kollegen und Ihre Firma, wenn Sie ihn nur als „nett" bezeichnen.

6. a. *5 Punkte*. Wenn Sie die Standards der neuen Firma derart willkommen heißen, entwerten Sie gleichzeitig die, zu denen sich die Mitarbeiter Ihrer alten Firma bekennen.

b. *5 Punkte.* Sie lassen sich zwar auf Diskussionen mit dem Personal der neu aufgekauften Firma ein, geben den Mitarbeitern aber im Grunde genau vor, wie sie sich zu kleiden und zu verhalten haben. Das könnte dazu führen, dass Sie den kreativen Geist, der ja schließlich zu ihrem Unternehmenserfolg geführt hat, ersticken.

c. *7 Punkte.* Das ist zumindest ein Anfang. Aber die Leute müssen erst einmal lernen, eine gute und fruchtbare Zusammenarbeit zu Wege zu bringen, bevor sie sich miteinander wohl fühlen können.

d. *10 Punkte.* Die einzige Art um diese beiden Gruppen zur effektiven Zusammenarbeit miteinander zu bewegen, ist das Engagement für ein gemeinsames Ziel und eine Übereinkunft, wie dieses erreicht werden kann.

7. a. *10 Punkte.* Es ist nicht leicht, diese schweren Fragen auf die Tagesordnung zu bringen, daher ist Ihre Bereitwilligkeit, dies zu tun, der beste Beweis für Ihr Engagement für die Firma und seine Angestellten. Ihre Bereitschaft, sich erst die eigenen Beobachtungen bestätigen zu lassen, bevor Sie sich zu wilden Schlussfolgerungen verleiten lassen, ist auch sehr lobenswert.

b. *5 Punkte.* Obwohl Sie den traditionellen Betriebsweg gehen, geben Sie in gewisser Weise den Schwarzen Peter weiter, anstatt Ihre eigene Zeit und Energie zu investieren.

c. *7 Punkte.* Sie tragen Informationen aus den wichtigsten Quellen zusammen. Aber wenn Sie ihre Annahmen nicht vorher mit anderen besprechen, kann Sie das zu einem vorschnellen Urteil verleiten.

d. *5 Punkte.* Sie haben das Problem zwar gesehen, aber Sie reagieren nicht.

8. a. *10 Punkte.* Die Demonstration seines Engagements für die Förderung von Minderheiten ist für Ihr Unternehmen eine absolute Erfordernis geworden – das muss zu diesem Zeitpunkt klar sein. Ein Versagen hierin würde man als Indifferenz den Anteilseignern gegenüber deuten.

b. *7 Punkte.* Die Bereitschaft, andere in die Entscheidungsfindung mit einzubeziehen, ist bewundernswert. Aber Organisationskulturen sind zäh und es ist unwahrscheinlich, dass die Führungsspitze die alten Praktiken aufgeben wird. Voraussetzung allen Wandels ist es, dass eine Person oder eine Gruppe den Schritt nach vorne wagt und das Notwendige tut. Zu warten, bis sich jeder mit einer Bewegung gemütlich tut, bedeutet Stillstand.

c. *5 Punkte.* Das ist ein schwacher Ausweg, der eher noch größeren Aufruhr verursachen wird, als dass er zur Lösung des Problems beitragen kann.

d. *5 Punkte.* Eine schlechte Idee. Nebenbei bemerkt, beweist das gar nichts. Es geht doch darum, unter den derzeitigen Prioritäten das Beste für die Firma durchsetzen zu wollen.

9. a. *7 Punkte.* Der Versuch, das Engagement Ihrer Firma für Belegschafts-Diversity vermitteln zu wollen, ist ein ehrenwertes Ziel. Aber es ist unwahrscheinlich, dass Sie diese Auffassung erfolgreich vermitteln können, solange die beiden Unternehmen sich nicht auf eine gemeinsame Zielsetzung geeinigt und eine funktionierende Geschäftsbeziehung aufgebaut haben.

b. *5 Punkte.* Eine passive Reaktion.

c. *5 Punkte.* Eine passive Reaktion.

d. *10 Punkte.* Sie machen Ihre Reaktion abhängig davon, was am besten für das Unternehmen ist.

10. a. *5 Punkte.* Das ist eine Minimal-Reaktion.

b. *7 Punkte.* Das ist eine gute Idee und sie sollte mit Sicherheit umgesetzt werden, sobald die Fakten auf dem Tisch liegen. Aber ihre jetzige Umsetzung würde nur blindes Handeln ohne adäquates Verständnis bedeuten.

c. *10 Punkte.* Wenn Sie das bald tun und die Ergebnisse Ihrer Führung vermitteln, schaffen Sie so den Boden, von dem aus sich Ihre Führung auf ein beherztes Engagement einlassen kann. Denn Sie werden ein zwingendes wirtschaftliches Motiv für die Aktion geschaffen haben.

d. *5 Punkte.* Das sollten Sie schon längst getan haben.

Interpretation Ihrer Punktzahlen aus dem PDRI-Kontrolltest.

Ihre bei dem PDRI-Kontrolltest erreichten Punktzahlen können Ihnen Ihre Gesamt-Diversity-Reife aufzeigen und sie können Ihnen auch den Umfang, in dem Sie die in diesem Buch dargelegten Konzepte verstanden und sich zu Eigen gemacht haben, aufzeigen. Beim Vergleich der Ergebnisse des Einstufungs- und Kontrolltests wird deutlich, wie sich ihre Diversity-Reife im Laufe der Lektüre dieses Buches entwickelt hat.

Die Bewertung ist die gleiche wie beim PDRI-Einstufungstest. Eine Punktzahl zwischen 85 und 100 Punkten zeigt einen hohen Diversity-Reifegrad an. Eine Punktzahl zwischen 70 und 85 Punkten deutet auf eine mittlere Diversity-Reife hin. Eine Punktzahl von 70 Punkten und weniger lässt darauf schließen, dass Sie nach wie vor einen weiten Weg vor sich haben, wenn Sie noch einen möglichst effektiven Umgang mit Diversity finden wollen.

Obwohl die PDRI-Punktzahlen Ihnen natürlich einen wertvollen Schlüssel in die Hand geben, um zu erfahren, wie hoch die Wahrscheinlichkeit ist, dass Sie effektiv auf Unterschiede und Ähnlichkeiten am Arbeitsplatz werden reagieren können, erzählen sie doch nicht die ganze Geschichte.

Sie können zum Beispiel nur das Ausmaß erfassen, in dem Sie Diversity-Reife erkennen, aber sie können nicht das Ausmaß erfassen, in dem Sie sie auch demonstrieren. Und sie helfen Ihnen nicht bei der Einschätzung ihrer fundamentalen Diversity-Management-Kompetenzen.

Unabhängig von Ihrer Punktzahl im Einstufungstest, wird Praxis und kontinuierliches Lernen vonnöten sein, wenn Ihre Diversity-Reife und Ihre Diversity-Effektivität weiter Fortschritte machen sollen.

Entscheidend für diesen kontinuierliche Fortschritt wird sein, dass Sie eine Methode finden, wie Sie Ihre Diversity-bezogenen Interaktionen registrieren und überwachen können. Die in Kapitel 14 vorgestellte Diversity-Management-Tabelle kann so eine Methode sein. Machen Sie sich mehrere Kopien der in Anhang H abgedruckten Tabelle. Stecken Sie diese Zettel am besten in Ihren persönlichen Terminkalender, sodass Sie sie leicht zur Hand haben und sich darauf Notizen machen können. Nutzen Sie diese Zettel täglich, solange bis sich bestimmte Muster herauskristallisieren lassen und die effektive Aktion für Sie selbstverständlich wird. Nehmen Sie sie auch danach immer mal wieder vor, um Ihr Gedächtnis aufzufrischen und um Ihren Fortschritt zu dokumentieren.

Kontinuierliches Lernen erfordert das Sich-nutzbar-machen aller Informationsquellen, die Ihnen erlauben, Ihr Wissen auf den neuesten Stand zu bringen und Ihr Interesse immer wieder neu zu wecken. Eine solche Informationsquelle ist unsere Web-Seite *www.rthomasconsulting.com.*, auf der wir Sie jederzeit herzlich willkommen heißen.

Einige letzte Ratschläge noch: Reden Sie mit allen aus Ihrer Umgebung über Diversity-Fragen. Nutzen Sie Ihre Einblicke und praktizieren Sie Ihre Kompetenzen in so vielen Arenen als möglich. Lehren Sie andere, seien Sie risikobereit und beweisen Sie, welchen Nutzen und Vorteil Ihnen und Ihrer Organisation aus Ihren wachsenden Fähigkeiten erwachsen.

Anhang H: Diversity-Management-Tabelle

Meine Diversity-Management-Tabelle

Ort

Situation

Wichtige Unterschiede / Übereinstimmungen

Diversity-Spannungen

Meine Reaktion auf die Diversity-Spannungen

Resultat

Notizen

Stichwortverzeichnis

Bibel 214, 218
Bibelgruppe 170
Bildung 96

C

Chicago Bulls 49, 60
Christ 214 f.

D

Dialog 92, 93
Diskriminierung 118, 177, 187 ff.
Disziplin, mentale 52
Diversity 27, 29 ff., 37 ff., 41, 43 f.,
   120, 122, 166 ff., 171, 173 ff.,
   180, 200, 202 f., 205 ff., 209 f.,
   213 ff., 218 f., 224 ff., 230 ff.,
   239 f., 244 ff., 257 f., 265, 270,
   272, 274 f., 278, 281 f.
–, als Vielfalt von Gedanken und
   Meinungen und Ansichten 157
–, als Vielfalt, die Gedanken, Standpunkte und Verhaltensweisen
   einschließt 161
–, ein Null-Summen-Spiel 218
–, von Meinung, Kompetenz und
   Erfahrung 159
–, Artikulation der wirtschaftlichen
   Motivation für 37
–, attributive 40, 241, 273 f.
–, attributive oder Personen-immanente 274
–, Definition von 39, 116
–, demografische 119, 154
–, Dynamik von 27
–, echte 148
–, effektiver Umgang mit 265, 267
–, Ein- bzw. Nicht-Eingliederung von
   attributiver 276
–, Ein- bzw. Nicht-Eingliederung von
   Verhaltens-immanenter 276
–, ein Haus für 265, 282
–, Konflikt mit 227
–, Organisations-interne 38
–, Personen-immanente 40, 240

–, Personen-immanente oder attribu-
   tive 272
–, Personen-immanente, d. h. attribu-
   tive 271
–, Verhaltens-immanente 40, 46,
   177, 208, 240, 245, 271 f., 273 ff.
Diversity-Anstrengung 231, 248,
   267, 279
Diversity-Belange 248
Diversity-Bewegung 230
Diversity-bezogene Mission und
   Vision 269
Diversity-bezogenes Verhalten 257
Diversity-Durchmischung 231
Diversity-Effektivität 33 ff., 35 f., 38,
   43, 83, 89, 93 f., 111, 134, 176,
   181, 192 f., 239, 246 ff., 252,
   255 ff., 263, 268 f.
–, Wege in Richtung 253
Diversity-Grad 40
Diversity-Gruppe 226, 229, 231 ff.
Diversity-Irrtümer 279
Diversity-Kompetenz 34, 38, 122,
   159
–, effektive 43
–, zentrale 34, 110, 136, 149, 161,
   177, 207, 235
Diversity-Kompetenzen in einem anderen Umfeld praktizieren 263
Diversity-Kompetenzen, die drei zentralen 44
Diversity-Komplexität 41, 121
Diversity-Konzept 36, 43, 46
Diversity-Management 28 f., 32, 38,
   41, 43, 49, 61 f., 80, 83, 91 f., 94,
   107, 149, 161 f., 164, 180, 186 f.,
   190, 210, 236, 240, 245 f., 248 ff.,
   255 f., 269 ff., 279, 281 f.
–, effektives 134, 282
–, Effektivität im 151
–, internes Umfeld für 265
–, strategischer Plan für 280
Diversity-Management-Plan, strategischer 277, 280 f.

einpassen 29, 230
Einschätzung, kontext-bezogene 42
Einstufungs- und Kontrolltest,
   Bewertungsbogen 289
Einstufungstest 15, 16, 17, 18, 19,
   20, 21
Einzelhandel 99f.
Elefant 25ff., 89f., 92f., 95ff.,
   181ff., 188ff, 191ff., 241ff., 255
–, assimilierter 99
–, erfolgreicher 174
–, nicht-assimilierter 138
–, wütender 125
Elefanten-, d.h. Minderheitsstatus
   217
Elefanten
–, Diversity-reife 193
–, Herausforderung für 181f.
Status des 95, 96
Elefanten-Erfahrung 181, 240
Elefanten-Netzwerk 192
Elefanten-Rolle 239
Elefanten-Status 96, 181, 189, 207,
   240
Elefanten-Trumpf 188, 245
Empathie 250
Endziel 161
–, Übereinstimmung über unser 158
Engagement, individuelles 255
Erbe 196
Erfolg 31, 213
–, unternehmerischer 279
Erfolgserfordernis 279
Erfolgsregel 31, 205
Erfordernis 35f., 46, 57f., 60f.,
   79f., 83ff., 87f., 90ff., 119ff.,
   135, 137f., 149f., 152, 162f.,
   183, 190, 206, 219, 234, 236,
   242f., 246ff., 250, 262, 265, 271,
   273ff., 277f., 286f., 292
–, echtes und falsches 41
–, eigenes 242
–, Identifizierung von persönlicher
   184

–, persönliche 36
–, persönliches 182
–, unternehmerisches 208
–, wirtschaftliches 81, 175, 219f.
Erfordernisse, identifizieren 241
Erfordernissen, Kommunikation von
   243
Erscheinungsbild, physisches 96
Erstarkung 87
Event 286
Event-Falle 279

F
Fabel 23, 27, 29
Farbiger 168
Firma, eigene 213, 216f.
Firmenpolitik 212
Förderer 156, 192, 249
Förderung 156, 249
– wechselseitiger Adaption 179
Frau 30, 77f., 112, 113, 119, 121,
   126, 131, 154, 156f., 159, 201
–, schwarze 125
Frauendominanz 224
Frauengruppe 78
Frauen-Gruppe, asiatisch-amerikani-
   sche 115
Frauenorganisation 77
Führer 281
Führerschaft 89
Führung 88, 94, 270, 273ff., 278,
   280
Führungskraft 87, 89, 269ff.
Führungsrolle 248f.
Führungsspitze 47
Funktion, Diversity der 164
Funktionsstatus 97

G
Gedanken, Meinungen und Sicht-
   weisen 164
Gefüge, hierarchisches 86
Geplänkel, politisches 212
Gesamt-Diversity-Reife 307

Stichwortverzeichnis

Danksagung

Eine Reihe von Personen haben auf vielfältige Weise zu diesem Buch beigetragen. Ich möchte ihnen allen meinen Dank ausdrücken.

Danken möchte ich meiner Frau Ruby und meinen Kindern Shane, April und Jarret für ihre fortwährende Unterstützung bei „Dads Arbeit". Ihre Geduld und ihr Verständnis erlaubten mir, Leit-Giraffen, Giraffen und Elefanten auf ihren diversen Diversity-Wegen zu begleiten. Ihre ständige Unterstützung war von unschätzbarem Wert.

Danken möchte ich auch meiner Mutter, der seligen Icye P. Thomas, meiner Großmutter, der seligen Lela M. Potts, und meinem Vater Rufus R. Thomas Sr. für das, was sie geleistet haben. Sie alle haben mich, jeder auf seine eigene Weise, während all meiner Lehr- und Wanderjahre unterstützt.

Dank sagen möchte ich auch all den Leit-Giraffen, Giraffen und Elefanten, deren Erfahrungen in dieses Buch mit eingeflossen sind. In besonderem Maße verpflichtet fühle ich mich all denen gegenüber, die mir erlaubten, über viele Jahre hinweg von ihnen zu lernen und mich mit ihnen weiterzuentwickeln. Ohne ihre Unterstützung hätte ich dieses Buch nicht schreiben können.

Wertvolle Hilfe erhielt ich auch von Seiten meiner Kollegen vom R. Thomas Consulting and Training Center. Marjorie Woodruff führte einige der Interviews und assistierte mir bei der Entwicklung des Aufbaus und der Klarheit meines Vorentwurfes. Ihr Echo bei der Identifizierung und Interpretation der Interviews und der Beantwortung der Frage, welche Lehren daraus im Hinblick auf den Diversity-Management-Prozess gezogen werden können, war mir besonders wichtig. Thurmond Woodard und Elizabeth Holmes lasen das Manuskript und offerierten mir ihre hilfreichen Kommentare.

Wieder einmal durfte ich von der professionellen und effektiven Führung durch Adrienne Hickey, der leitenden Lektorin von AMACOM, bei der Entwicklung dieses Projekts profitieren.

Ich danke auch Maggie Stuckeys Assistenz bei der Ausarbeitung des Endentwurfes des Manuskriptes. Meinem Assistenten Myke Harris-Long danke ich für seine Hilfe bei der EDV-Logistik.

Die Illustrationen für das Buch stammen von Fentress & Associates. MACRO International entwickelte den Persönlichen Diversity-Reife-Index.

Bei allem Dank, den ich den oben genannten Personen und Organisationen für ihre Beiträge schulde, bin ich mir doch sehr wohl bewusst, dass die Verantwortung für dieses Buch bei mir liegt. Ich hoffe, dass es vielen Leit-Giraffen, Giraffen und Elefanten zum Status eines effektiven Diversity-Respondenten verhelfen kann.

Der Autor

Dr. R. Roosevelt Thomas ist CEO der
R. Thomas Consulting and Training
in Atlanta, Georgia, und Gründer des
American Institute for Managing Diversity.
Er gehört zu den profiliertesten Experten
für Diversity-Kompetenz in den USA.
Seine Mitstreiterin *Majorie I. Woodruff*
ist verantwortlich für die Curriculum-
Entwicklung der R. Thomas Consulting
and Training.
(Webseite: *www.rthomasconsulting.com*)